OUTDOOR ATTITUDE

SPORT ET AVENTURE

OUTDOOR ATTITUDE

SPORT ET AVENTURE

Hugh McManners

terres éditions

Édition originale publiée sous le titre :
Outdoor Survival Guide
© 2007 Dorling Kindersley Limited
80 Strand, London WC2R ORL
Dorling Kindersley Limited
est une marque de Penguin

Auteur : Hugh McManners

© Blue Earths Publishers Limited
© Terres Éditions pour la version française

Réalisation : InTexte
Traduction de l'anglais : Chantal Mitjaville, Francine Sirven

Dépôt légal : février 2008
ISBN : 978-2-35530-023-3

Imprimé à Singapour

AVERTISSEMENT

Certaines des techniques de survie exposées dans cet ouvrage seront mises en pratique uniquement en cas d'urgence, lorsque la survie d'un ou de plusieurs individus est engagée. L'auteur et l'éditeur ne sauraient être tenus pour responsables des blessures, dommages, pertes ou persécutions qui pourraient résulter de la bonne ou mauvaise mise en application des informations proposées. L'exercice des techniques de survie devra faire l'objet d'une demande d'autorisation auprès des propriétaires fonciers et obéir à la réglementation en vigueur en matière de propriété privée mais aussi de protection de la nature et des espèces animales et végétales.

SOMMAIRE

Chapitre 4 Trouver de l'eau

Chapitre 5 Trouver et préparer la nourriture

Chapitre 6 Se déplacer

Annexe A

Annexe B

Introduction

Ainsi qu'un militaire britannique, philosophe à ses heures, le fit un jour remarquer, sans doute suite à un séjour cauchemardesque dans un camp de vacances, « souffrir est à la portée de n'importe quel imbécile ». Qu'il s'agisse de faire sécher son sac de couchage sous une pluie diluvienne ou de rester en vie après une catastrophe, la connaissance des règles de base de la survie en extérieur se révèle d'une importance capitale. Ces règles concernent aussi bien la façon de monter une tente ou de construire un abri, que le choix d'un sac de couchage ou la confection d'un lit, l'allumage d'un feu, la prévention et le traitement des ampoules, et autres désagréments physiques. La maîtrise de notions de survie plus spécifiques, comme l'orientation sur tous les types de terrain ou la stérilisation de l'eau, est pratique pour l'amateur de randonnée ou de camping mais surtout vitale pour celui dont la survie serait en jeu.

Prévoir l'imprévisible

La devise « toujours prévoir l'imprévisible » régit le quotidien des commandos. Des années d'instruction en milieu tropical classé à risque apprennent se tenir prêts pour différentes missions en milieu hostile. Hommes et femmes des forces spéciales savent ce qu'ils ont à faire, ils ont été formés à ça et n'ont pas la moindre hésitation quand il s'agit de passer à l'action, même face à « l'imprévisible ».

Pour les civils, dont le risque majeur consiste en l'éventualité d'un accident de la circulation ou d'un caprice de la météo, se préparer à affronter des situations de crise peut paraître superflu. Pourtant, même la promenade familiale la plus banale, surtout en montagne, peut vite tourner au drame si les promeneurs ignorent les principes de base de prévision météorologique, de secourisme, d'orientation ou de choix de vêtements et chaussures adéquates. Seule la connaissance de la nature permet d'éviter un certain nombre d'accidents ou, du moins, de les identifier avant qu'ils ne présentent une menace réelle.

Prévoir l'imprévisible consiste avant tout à s'efforcer de comprendre le fonctionnement des choses, puis à établir des liens entre notre propre expérience et nos connaissances mais également entre différentes choses dont nous n'avons aucune expérience. Lorsque nous faisons le choix de visiter des contrées sauvages ou certains pays en voie de développement, nous restons souvent spectateurs, en recul, du fait même de la nature de nos existences citadines. Pour réellement appréhender l'essence des choses, nous devons nous défaire de nos habitudes de confort absolu. Ainsi, perdus sur une île déserte, il est peu probable que nous disposions d'eau en bouteille, d'aliments conditionnés et précuits, ni même de simples lunettes de soleil et certains accessoires spécifiquement urbains, comme une carte de crédit, ne seront ici d'aucune utilité.

Il est de notre intérêt d'accomplir un réel travail pour nous libérer du cocon de nos vies confortables. C'est en cherchant à comprendre la place que nous occupons dans le monde, mais aussi en apprenant à évaluer nos capacités mentales et nos limites physiques, que nous pouvons franchir une étape et devenir acteurs dans le « vrai » monde, indépendamment du lieu où nous nous trouvons.

Savoir survivre

Impossible de prévoir la nature d'une catastrophe et donc d'assimiler les règles de survie spécifiques à toutes les situations. La maîtrise des notions de base de la survie vaut certainement plus que l'apprentissage théorique de techniques qui doivent être adaptées à chaque cas. Rien n'est jamais facile en matière de survie et, quel que soit votre niveau d'entraînement, l'assimilation de principes de base vous aidera à affronter tous les cas de figure.

La technologie masque souvent les processus fondamentaux par lesquels tout travail physique s'accomplit. Nous créons des machines pour tous les usages et nous libérer ainsi de tâches qui, autrement, empiéteraient sur notre temps de loisirs. Nous oublions les lois de la physique qui régissent toutes choses, de la météorologie aux outils auxquels nous conférons des fonctions improvisées.

Nous avons certes acquis un savoir et une certaine maîtrise de notre environnement, mais ce savoir reste abstrait, et nous ne sommes pas toujours capable de le mettre en pratique. Nos vies citadines tendent à nous rendre inaptes à l'application concrète de ces connaissances, car nous ne sommes que rarement confrontés à ce genre de situations où il n'existe d'autre choix que d'improviser si nous voulons survivre.

Les règles de la survie

Toutes connaissances se révèlent décisives en pleine nature. Les lois de la physique ou de la chimie apprises à l'école peuvent nous être utiles. Enfant, nous ne cessons de bricoler outils et objets divers, d'expérimenter des principes et des lois, mais le processus s'interrompt avec l'âge, lorsque nous commençons à acheter des objets préfabriqués. Dans la nature, il nous faudra en quelque sorte revenir à l'enfance pour réapprendre à improviser et à créer. Mais il nous faudra aussi réfléchir en adulte et prendre en considération différentes notions, comme la pression, la force ou la tension qui devront être exploitées au mieux pour atteindre l'objectif souhaité. En situation de survie, cette attitude est indispensable pour se sortir de mauvais pas ou d'un contexte dangereux.

Associant instructions claires et détaillées, photographies, dessins et schémas, ce manuel renferme une mine d'informations et de travaux pratiques, ouvrant la voie d'un retour à cette nature dans laquelle nos ancêtres ont su survivre. Les informations dispensées par cet ouvrage pourraient bien un jour vous sauver la vie, si vous vous retrouvez brutalement confronté à une situation critique, même provisoirement, suite à un accident, une catastrophe, une panne de voiture ou un événement météorologique extrême, en l'absence de tout secours.

Autre éventualité, l'envie de partir en randonnée en pleine nature pour échapper un temps au stress et à la monotonie de la vie quotidienne. Dans ce cas, et quel que soit votre niveau, vous trouverez dans ce manuel toutes les données utiles à votre escapade et différentes informations relatives à un large éventail de sujets spécifiques.

Condition physique et mentale

Le premier chapitre aborde la condition physique et mentale du citadin, comparé à celle de peuples primitifs et d'animaux vivant en milieu hostile, là où l'adaptation est synonyme de survie. En situation de survie, les lois de la nature s'imposent à nous sans pitié, et une nouvelle réalité prend le pas sur celle de la vie citadine. Soudain, la condition physique revêt toute son importance. Plus nous sommes physiquement préparés, plus nous augmentons nos chances de survie et sommes à même d'évaluer précisément ce que notre corps est capable d'endurer. Ce chapitre propose des solutions simples et radicales permettant d'acquérir une forme physique idéale, ainsi que plusieurs informations pratiques sur les besoins alimentaires garants d'une santé optimale.

Le bon équipement

Le second chapitre passe en revue l'équipement nécessaire en pleine nature, des vêtements aux sacs de couchage et outils, en passant par les kits personnalisés de survie. En plus des tests comparatifs réalisés entre divers articles manufacturés, ce manuel vous indique comment réaliser vous-même certains éléments si vous ne disposez pas de l'équipement nécessaire. En l'absence de matériaux adéquats, les méthodes de construction devront être modifiées, les plans corrigés et des compromis concédés – on ne s'imagine pas tout ce que l'on peut fabriquer à l'aide de simples branches et de quelques bouts de ficelle ! Un outil improvisé manquera toujours de précision et devra être utilisé avec prudence. Dans ce chapitre, et tout au long de cet ouvrage, l'accent est mis sur la protection de la nature. Inutile de saccager l'environnement. En phase avec la nature, nous aurons plus de chances de survivre, en tant qu'individu et en tant qu'espèce.

Le camp de survie

En situation de survie, la première urgence consiste à trouver un refuge, soit en dressant une tente, soit en construisant un abri à partir de matériaux naturels. Le troisième chapitre passe en revue les différents types d'abris requis en fonction du milieu naturel, forêt tropicale ou région polaire, par exemple. Le feu représente la deuxième des préoccupations vitales : grâce à lui vous pourrez cuire votre nourriture, vous chauffer ou stériliser l'eau. Vous trouverez dans ce chapitre toutes les solutions en matière d'élaboration et d'allumage de différents types de feu. Le quatrième chapitre traite de l'importance de l'eau pour l'organisme et des moyens de la trouver. L'eau dans la nature n'est pas toujours potable et elle est susceptible de transmettre différentes maladies potentiellement dangereuses, d'où l'importance de sa stérilisation. Après l'eau, il faudra penser à vous alimenter. Le cinquième chapitre récapitule les types d'aliments à emporter pour une randonnée, mais vous apprend aussi à identifier tout ce que la nature recèle de comestible, des végétaux aux poissons, en passant par les invertébrés. Vous apprendrez à préparer des aliments naturels en vue de leur consommation, mais aussi à conserver la nourriture en prévision de période de pénurie.

SE DÉPLACER DANS LA NATURE

La connaissance des règles qui régissent la vie de chaque milieu accroît les chances de survie. Le sixième chapitre traite des déplacements dans des milieux variés tels que la jungle ou le désert, les régions polaires ou la haute montagne. Dans ces pages sont exposées des techniques spécifiques, comme le passage de rivières ou encore la meilleure façon de marcher pour éviter de se blesser, ainsi que des notions fondamentales de navigation, et quelques rudiments d'escalade, en cas d'urgence. En plus de la marche, ce chapitre traite des engins de locomotion – rafts, canoës, engins aquatiques et traîneaux à chiens – sans oublier les conseils de fabrication, de transport et d'utilisation de ces engins.

PAS DE PANIQUE !

Prendre la bonne décision, telle est la clé de la survie. En essayant de comprendre ce qui peut se produire en situation de survie, il est possible d'anticiper l'arrivée d'un problème et d'agir de manière à l'empêcher. En situation de survie, nous nous retrouvons confrontés à quelque chose d'inéluctable, une réalité nouvelle qui dépasse nos aptitudes quotidiennes. La première difficulté consiste à accepter l'événement. Panique et désespoir sont les pires ennemis de la réflexion, empêchant les individus d'exploiter leur instinct de survie. Une appréciation lucide de la situation, des ressources et des options est déterminante lors de ces premières phases critiques.

L'annexe A aborde différents cas critiques, en détaillant les causes et les moyens à mettre en œuvre pour les prévoir et y survivre. Des conseils et des informations sont illustrés par une série d'exemples concrets, mettant en scène différentes situations auxquelles vous pourriez être confronté, par exemple, dériver en haute mer, tomber nez à nez avec un animal dangereux ou affronter des catastrophes naturelles. Cette annexe vous propose d'apprendre à anticiper de telles catastrophes mais aussi à réagir de façon adaptée lorsque vous y êtes confronté.

L'annexe B détaille les bases de premiers secours et plus particulièrement les gestes d'urgence en situation de survie et en l'absence d'assistance médicale. Le lecteur y trouvera également diverses informations sur les maladies infectieuses sévissant à travers le monde, et la façon de s'en protéger.

À VOUS DE JOUER

Par-dessus tout, la survie dépend d'un bon mental et d'une réflexion claire. L'évaluation lucide de vos connaissances ainsi que de vos compétences et de celles des membres de votre groupe peut vous mener à des conclusions difficiles à accepter et à des prises de décisions désagréables en situation de survie. Contrairement à la vie quotidienne, vous seul décidez de votre avenir, et votre vie peut dépendre de vos actes.

Ce manuel vous renseigne sur différentes façons de procéder mais, en situation de survie réelle, vous serez seul à devoir agir. Si les choses ne se passent pas exactement de la façon dont elles sont décrites dans ces pages, vous n'aurez d'autre choix que de vous adapter. Néanmoins, en suivant les conseils spécifiques présentés dans cet ouvrage, et en les adaptant au cas par cas, vous augmenterez vos chances de survie, y compris dans les situations les plus critiques.

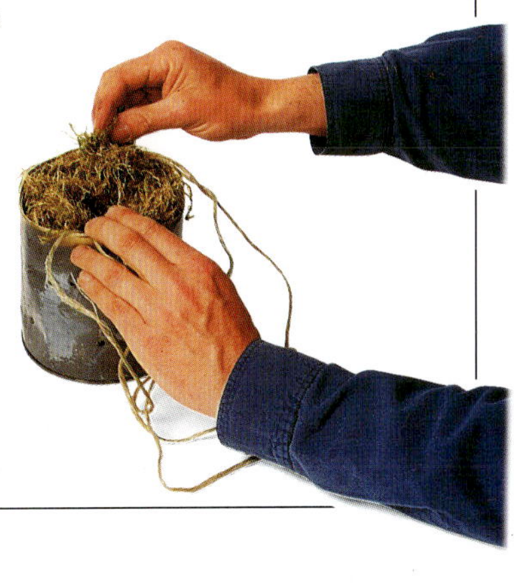

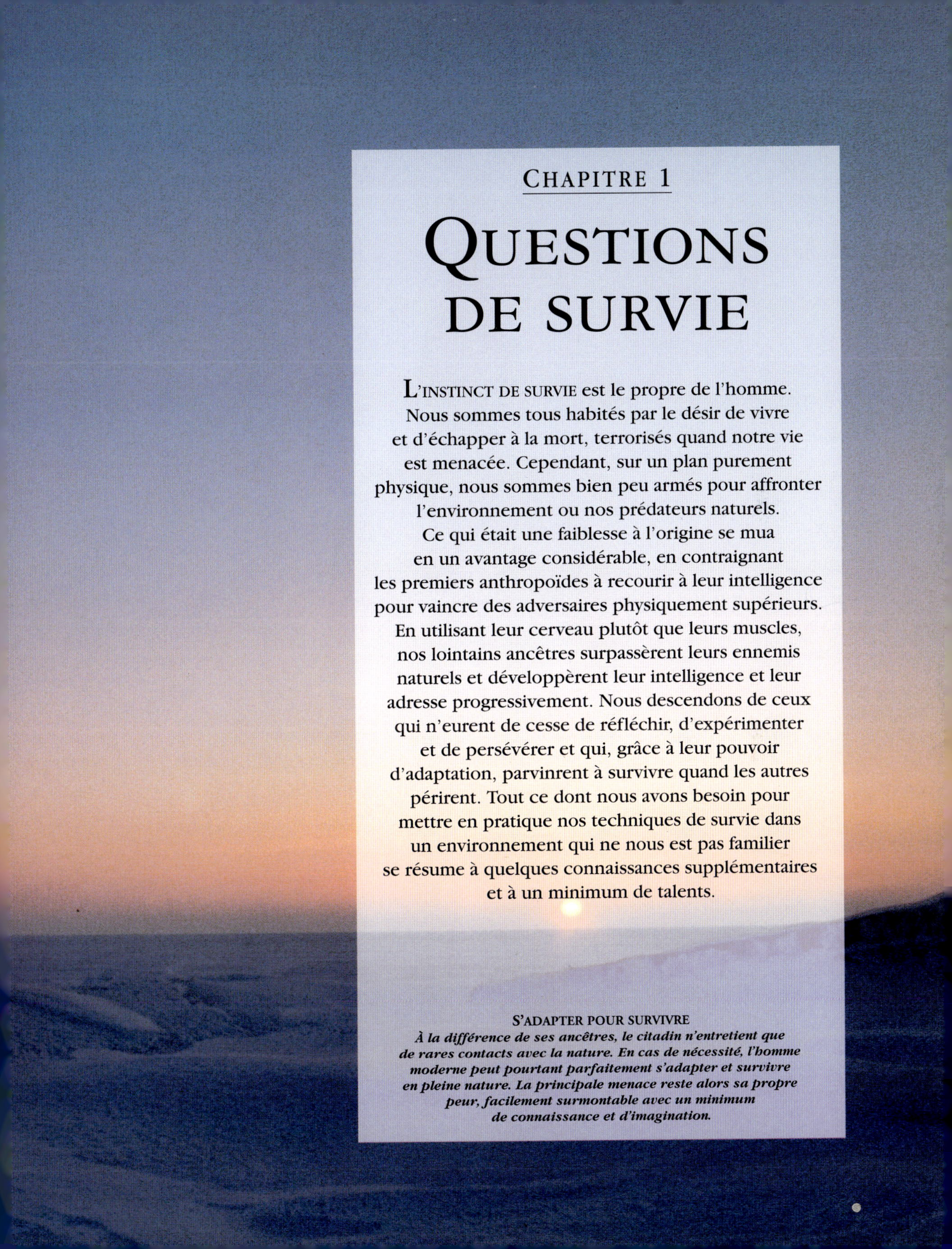

CHAPITRE 1

QUESTIONS DE SURVIE

L'INSTINCT DE SURVIE est le propre de l'homme. Nous sommes tous habités par le désir de vivre et d'échapper à la mort, terrorisés quand notre vie est menacée. Cependant, sur un plan purement physique, nous sommes bien peu armés pour affronter l'environnement ou nos prédateurs naturels. Ce qui était une faiblesse à l'origine se mua en un avantage considérable, en contraignant les premiers anthropoïdes à recourir à leur intelligence pour vaincre des adversaires physiquement supérieurs. En utilisant leur cerveau plutôt que leurs muscles, nos lointains ancêtres surpassèrent leurs ennemis naturels et développèrent leur intelligence et leur adresse progressivement. Nous descendons de ceux qui n'eurent de cesse de réfléchir, d'expérimenter et de persévérer et qui, grâce à leur pouvoir d'adaptation, parvinrent à survivre quand les autres périrent. Tout ce dont nous avons besoin pour mettre en pratique nos techniques de survie dans un environnement qui ne nous est pas familier se résume à quelques connaissances supplémentaires et à un minimum de talents.

S'ADAPTER POUR SURVIVRE

À la différence de ses ancêtres, le citadin n'entretient que de rares contacts avec la nature. En cas de nécessité, l'homme moderne peut pourtant parfaitement s'adapter et survivre en pleine nature. La principale menace reste alors sa propre peur, facilement surmontable avec un minimum de connaissance et d'imagination.

Condition physique

L'HOMME EST PHYSIQUEMENT inférieur à la plupart des animaux. Paradoxalement, il tire son principal avantage de son manque de spécialisation. Il dispose de l'intelligence et de la dextérité nécessaires pour créer et s'adapter aux situations inédites. Dans un environnement urbain, le corps est moins sollicité que dans la nature. Ainsi, l'homme primitif maîtrisait bien plus son destin que son homologue citadin.

Le corps humain

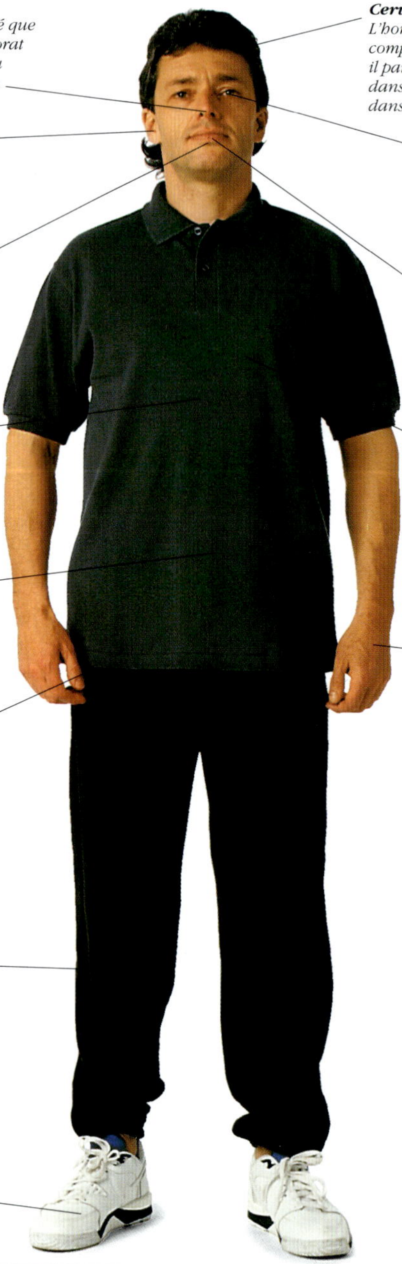

Odorat
L'homme a un bon odorat, mais moins développé que celui de certains animaux. Dans la nature, l'odorat sert à repérer la nourriture, d'autres créatures ou des dangers, comme un feu de forêt par exemple.

Ouïe
Les animaux utilisent ce sens pour localiser un danger. Les citadins qui évoluent dans un environnement bruyant ne disposent pas d'une sensibilité auditive aussi accrue.

Goût
Les papilles gustatives nous aident à distinguer les saveurs : amer, doux, salé, piquant et acide. Le cerveau interprète les informations transmises par les papilles et l'odorat pour nous renseigner sur la saveur d'un aliment.

Rythme cardiaque
La fréquence cardiaque de l'homme correspond à une réponse du cerveau aux besoins du corps. Ce rythme s'accroît sous l'effet de l'exercice physique, d'une émotion comme la peur mais aussi en haute altitude où l'oxygène se raréfie.

Colonne vertébrale
L'homme est toujours apte à marcher à « quatre pattes ». Les problèmes de dos dont il souffre sont souvent liés à la station verticale et à la bipédie.

Pouces opposables
L'homme est doté de pouces opposables et de doigts susceptibles de travailler indépendamment les uns des autres mais aussi aptes à la préhension, ce qui facilite la fabrication et l'utilisation d'outils complexes, contribuant ainsi au développement de son adaptabilité.

Articulations
Certaines de nos articulations, comme le genou, se révèlent fragiles et sensibles aux blessures. Environnement urbain et manque d'exercice ont participé à accentuer cette fragilité.

Pieds
Parce que les pieds supportent tout le poids du corps, ils sont sujets aux blessures et autres problèmes, surtout lorsque nous évoluons sur un terrain accidenté.

Cerveau
L'homme dispose d'un cerveau relativement complexe qui compense l'insuffisance de ses autres sens. Grâce à lui, il parvient à réfléchir, à se situer dans le temps, à se projeter dans le futur et à philosopher sur la place qu'il occupe dans l'univers.

Vue
L'homme est doté d'un champ de vision d'environ 210°, pour un champ de vision binoculaire d'environ 120°. Il perçoit les objets en trois dimensions, évalue les distances et distingue les couleurs à la lumière du jour.

Dents
Nos dents sont étudiées pour couper la viande, mais aussi pour broyer et mâcher les plantes. Notre dentition est donc adaptée à un régime omnivore.

Cœur
En pompant le sang chargé d'oxygène dans le corps, notre cœur assure le fonctionnement de tous les autres organes. En l'absence d'exercice régulier, le cœur vieillit plus vite et son état finit par nuire au fonctionnement du reste de notre corps.

Peau
En plus de son rôle protecteur pour les organes, la peau participe à la régulation de la température corporelle par le biais de la transpiration. En perdant la plus grande partie de sa pilosité au fil des siècles, la peau de l'homme s'est fragilisée et doit aujourd'hui être protégée des effets du soleil, de la pluie et du froid.

L'homme, cet animal
L'homme entre rarement en compétition avec l'animal. Dans la nature, il peut devenir une proie facile. Il ne dispose ni de la vision ni de l'odorat développés des prédateurs, ni même de la rapidité du gibier dans sa fuite. Face à certaines conditions extrêmes, il ne peut pas réguler sa température corporelle sans recourir à des vêtements adaptés. L'homme reste néanmoins un battant qui a compensé son infériorité physique en mettant son intelligence et sa dextérité au service de sa survie.

Exemples d'adaptation animale

Loir
Petite créature nerveuse au métabolisme rapide, le loir hiberne à la saison froide quand la nourriture est rare ou vient à manquer. Son rythme cardiaque ralentit. Il puise alors dans les réserves de graisse accumulées dans ses tissus en prévision de ce long sommeil léthargique.

Baleine
Ce mammifère qui a besoin d'air pour vivre, est cependant adapté à son environnement océanique. Il respire près de 20 minutes en surface avant de plonger à la recherche de nourriture. Cette adaptation présente néanmoins ses limites et la baleine se révèle incapable de survivre en dehors de son milieu naturel.

Musaraigne
Petit mammifère vivace et à l'activité incessante, il a un métabolisme très rapide qui l'oblige à s'alimenter en permanence pour rester en vie.

Fennec
Ses longues oreilles mobiles l'aident à discerner et à localiser le moindre bruit et donc à chasser de jour comme de nuit. La large surface corporelle de cet animal adapté aux régions désertiques lui permet de dissiper l'excès de chaleur endogène.

L'environnement et ses conséquences

La nature n'a rien d'un jardin d'Éden. La plus petite affection, sans grande conséquence pour le citadin, peut ici se révéler mortelle. Le milieu urbain n'est pourtant pas exempt de risques et génère bien souvent autant de maux qu'il en résout – de la simple céphalée liée à un environnement trop bruyant, à des maladies, comme le cancer, générées par la toxicité de certaines substances.

- La raréfaction de l'oxygène à haute altitude peut rendre la respiration difficile et aggraver certains troubles respiratoires comme l'emphysème.
- La fumée de cigarette et la pollution de l'air peuvent être à l'origine du cancer des poumons et de troubles respiratoires comme l'asthme.
- L'eau polluée ou souillée peut entraîner des troubles intestinaux.
- Dans certains cas, des produits chimiques contenus dans les aliments ou les pesticides répandus sur les cultures peuvent générer allergies, cancer, troubles de la fécondation, problèmes au niveau du foie ou hyperactivité.
- Les ultraviolets sont responsables de cancers de la peau et du vieillissement cutané prématuré.
- Poussières et pollens entraînent des allergies, comme le rhume des foins, et des troubles respiratoires : asthme, fibrose pulmonaire ou pneumonie.
- Un excès de bruit peut être responsable de surdité ou d'acouphène, mais aussi de céphalées et de stress lié à l'irritabilité.
- Le contact de la peau avec les solvants ou l'inhalation de leurs vapeurs peut entraîner des réactions allergiques ou des lésions irréversibles du foie et des reins.
- Le rayonnement de certains appareils ou l'exposition aux radiations d'une centrale nucléaire sont responsables de lésions cellulaires susceptibles d'entraîner leucémies et maladies congénitales.
- Le stress, souvent lié à notre mode de vie, génère différents troubles physiques et psychologiques, comme la colite ou l'ulcère peptique.

Proche de l'homme

Hormis le chimpanzé, le porc est l'animal génétiquement le plus proche de l'homme. Omnivore, il consomme viande et végétaux. Ses organes et sa physiologie sont relativement similaires aux nôtres, même si le porc a une masse graisseuse plus importante et une peau plus épaisse. Les tribus cannibales du Pacifique faisaient référence au *long pig* ou « long cochon » pour désigner la chair humaine, sûrement comparable à celle du porc.

Cochon domestique
La physiologie du cochon est très proche de celle de l'homme.

Le mental

Quelle que soit la gravité d'une situation et notre capacité physique à y faire face, le mental reste la clé de la survie. L'homme est un champion de la survie qui utilise son cerveau pour se différencier de l'animal. Le citadin utilise seulement une partie de ses aptitudes physique et mentale, mais dans la nature, confronté à sa survie, il doit réapprendre à exploiter son habileté manuelle. Le sens commun est la qualité humaine la plus élémentaire et la plus précieuse, mais la volonté de survivre se révèle bien plus déterminante, quelle que soit la situation.

Besoins nutritionnels

La physiologie des animaux est déterminée par leur régime alimentaire : les herbivores disposent de plusieurs estomacs pour digérer les végétaux coriaces et de dents faites pour brouter. Les carnivores ont une dentition conçue pour déchirer la viande et un corps adapté à leur technique de chasse. L'homme est un omnivore qui peut vivre sans consommer de viande : ses dents peuvent déchirer la viande et mâcher les végétaux. Privé d'apport énergétique lié à la consommation de viande, le végétarien doit veiller à ce que son alimentation lui apporte les vitamines et minéraux indispensables à ses besoins.

Les indispensables

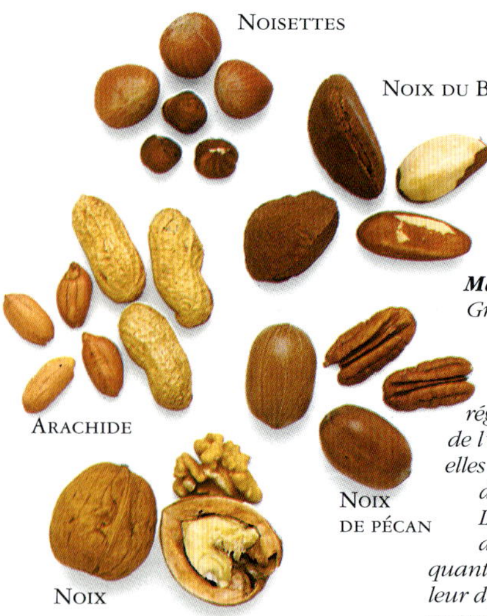

Minéraux
Indispensables au bon fonctionnement de l'organisme, ils assurent différentes fonctions, du contrôle du métabolisme à la formation du squelette, en passant par la cicatrisation. Une carence en minéraux peut provoquer des crampes musculaires et des crises de tétanie. Si vous êtes végétarien, veillez à avoir un apport suffisant en minéraux, notamment en fer. Champignons et algues sont riches en minéraux.

Matières grasses
Grande source d'énergie, les matières grasses sont indispensables à la fabrication et à la régénérescence des cellules de l'organisme. De plus, elles donnent l'impression de satiété après le repas. Leur consommation doit être accompagnée de grandes quantités d'eau pour faciliter leur digestion. Les noix sont riches en graisses et en protéines.

Fibres
Les fibres aident à éliminer les déchets et à réguler le transit intestinal. On les retrouve dans les fruits, les légumes verts et le pain.

Féculents
Riches en calories, ils sont essentiels dans la nutrition car ils fournissent l'énergie dont l'organisme à besoin. Ils se présentent sous forme d'amidon ou de fructose. Les molécules fragmentées et stockées par le foie fourniront l'énergie nécessaire à l'organisme sous forme de glucose. Le glucose en excès est converti en lipides. Le miel est source de fructose.

Vitamines
Elles contrôlent la formation et la régénérescence des tissus, et stimulent la production d'énergie. Les fruits frais représentent la meilleure source de vitamines. En situation de survie sur une longue période dans une région tempérée de l'hémisphère Nord, le mieux est de récolter et de conserver les fruits (voir *page 118*).

Protéines
Elles sont indispensables à la formation des tissus et à la croissance. Certaines protéines permettent d'obtenir les acides aminés essentiels que l'organisme ne peut synthétiser. Viande et poisson assurent l'apport nécessaire en acides aminés, en vitamines et minéraux. D'autres protéines sont obtenues à partir des matières végétales.

Besoins journaliers en calories

L'énergie tirée de l'alimentation s'évalue en calories. Le corps humain exige une quantité de calories pour survivre. Un homme allongé toute une journée brûle près de 2 000 calories. Nos besoins journaliers en calories dépendent de différents facteurs, dont l'âge. Il faut maintenir un équilibre entre apport calorique et dépense énergétique.

Bûcheron
Un bûcheron exerce un travail physique épuisant. Le fonctionnement des muscles exige un apport calorique quotidien important. Les travailleurs de force puisent leur énergie dans une alimentation riche et copieuse.

Scientifique
Les besoins en calories sont plus élevés dans les régions froides que sous les tropiques. La chaleur provoque une forte transpiration entraînant une perte de sel et de minéraux à compenser par un régime équilibré, et beaucoup d'eau.

Randonneur
Froid extrême et grande vigilance font de la randonnée en montagne une activité dévoreuse d'énergie. En haute montagne, plus de 5 000 calories par jour sont nécessaires pour conserver une température corporelle constante. Des apports supplémentaires sont indispensables pour tirer un traîneau ou évoluer en raquettes.

Dépenses d'énergie

Nos besoins en calories varient selon l'activité pratiquée, mais aussi en fonction du climat, de notre condition physique et de l'exercice à fournir. Le tableau ci-dessous donne une indication générale des besoins caloriques moyens d'un homme ou d'une femme par type d'activité. Vos besoins caloriques et la quantité d'énergie dépensée évolueront en fonction des conditions météorologiques et du terrain sur lequel vous travaillez.

Activité	Calories par heure
Repos	70
Assis	90
Allumage d'un feu	135
Marche	180
Vélo	240
Couper du bois	360
Course rapide	360
Course de fond	400
Nage	500

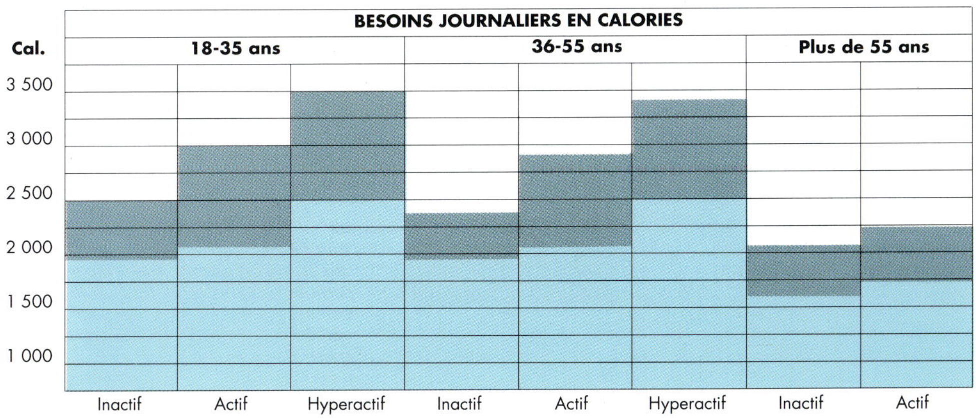

Besoins en calories
Le métabolisme d'un homme est moins performant que celui d'une femme. Avec une isolation naturelle moins efficace que celle d'une femme, un homme brûle plus de calories. De même, une personne jeune brûle plus de calories qu'une personne âgée, car elle est plus active et que la maturité ralentit le métabolisme.

Homme

Femme

ADAPTATION AU MILIEU

PARCE QU'IL est ingénieux, l'homme est parvenu à vivre dans différents types d'environnements et a réussi au fil du temps à s'adapter biologiquement et socialement aux conditions climatiques et physiques de régions particulières. Les peuples dits « primitifs » survivent en entretenant un lien étroit avec l'environnement et en acceptant ses contraintes. Beaucoup ont développé un comportement social élaboré et se sont biologiquement adaptés. En élaborant des techniques de survie adaptées à la jungle de béton qui l'entoure, le citadin « civilisé » a perdu en grande partie sa faculté d'adaptation à la nature. Chaque citadin est coupé du cycle annuel de la nature, des saisons et du monde existant en dehors des villes. Pour survivre en pleine nature, il doit réapprendre les stratégies mises au point par ses ancêtres et les peuples primitifs contemporains.

Inuits
Il y encore quarante ans, les Esquimaux ou Inuits portaient des peaux de bêtes et bâtissaient des igloos. Leur foie hypertrophié aidait leur organisme à métaboliser les protéines qui faisaient défaut à leur alimentation à partir de leur régime riche en glucides. Les communautés aujourd'hui installées en Arctique ont des moyens technologiques performants, mais les Inuits restent physiquement adaptés à ce milieu extrême.

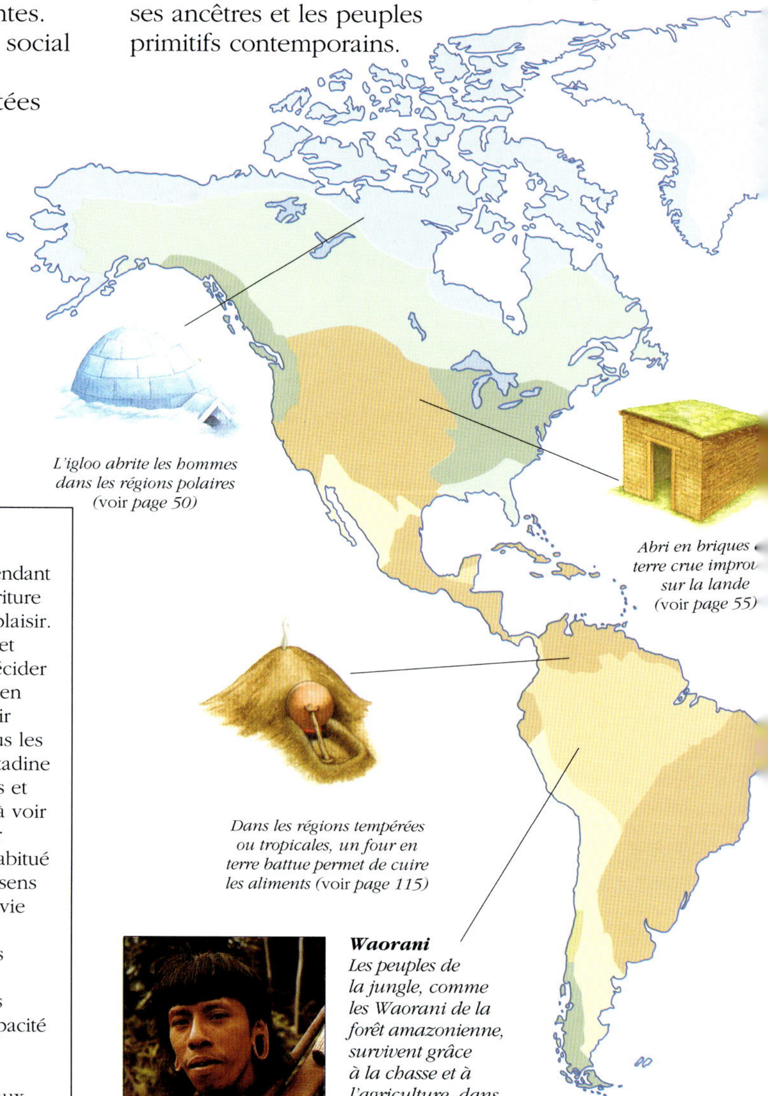

L'igloo abrite les hommes dans les régions polaires (voir *page 50*)

Abri en briques terre crue impro sur la lande (voir *page 55*)

Dans les régions tempérées ou tropicales, un four en terre battue permet de cuire les aliments (voir *page 115*)

LE CITADIN

Le citadin évolue dans un environnement artificiel, dépendant de la technologie, privé du besoin de chercher sa nourriture et libre d'entretenir des rapports sociaux basés sur le plaisir. Il se déplace le plus souvent au moyen d'un véhicule et limite sa marche à de courtes distances, à moins de décider librement de pratiquer cette activité en guise d'exercice. Le chauffage et l'air conditionné tendent à aseptiser tous les environnements urbains. La vie citadine exige la mise en place de réflexes et des compétences qui n'ont rien à voir avec les stratégies requises pour affronter la nature. Le citadin, habitué au confort, ne dispose pas du sens pratique indispensable à la survie dans un milieu naturel. Il est incapable d'utiliser les principes scientifiques élémentaires qui lui permettraient de résoudre certains problèmes au quotidien. Cette incapacité est liée à la vie citadine, qui prive l'homme de temps libre, mais aussi à une absence de réels besoins vitaux. Dans la nature, temps et nécessité ont force de loi.

Randonneur
Le citadin a besoin d'un équipement adapté pour survivre dans la nature.

Waorani
Les peuples de la jungle, comme les Waorani de la forêt amazonienne, survivent grâce à la chasse et à l'agriculture, dans un environnement propice. La culture sur brûlis consiste à défricher et à brûler les débris, puis à laisser la terre au repos après une ou deux récoltes. Cette pratique optimise les rendements et contribue à la socialisation.

Sherpa
Adaptés au milieu montagnard, les sherpas sont de petite taille et ont une capacité pulmonaire supérieure à la moyenne. Ces porteurs peuvent acheminer de lourdes charges sans souffrir des difficultés respiratoires ni des faiblesse dont sont victimes les hommes des plaines confrontés aux mêmes conditions. Ils ont un taux de globules rouges plus élevé pour affronter le manque d'oxygène en haute altitude.

LÉGENDES

Régions polaires	Régions de maquis
Toundra	Forêt tropicale
Forêt de conifères	Prairie
Forêt de décidus	Désert

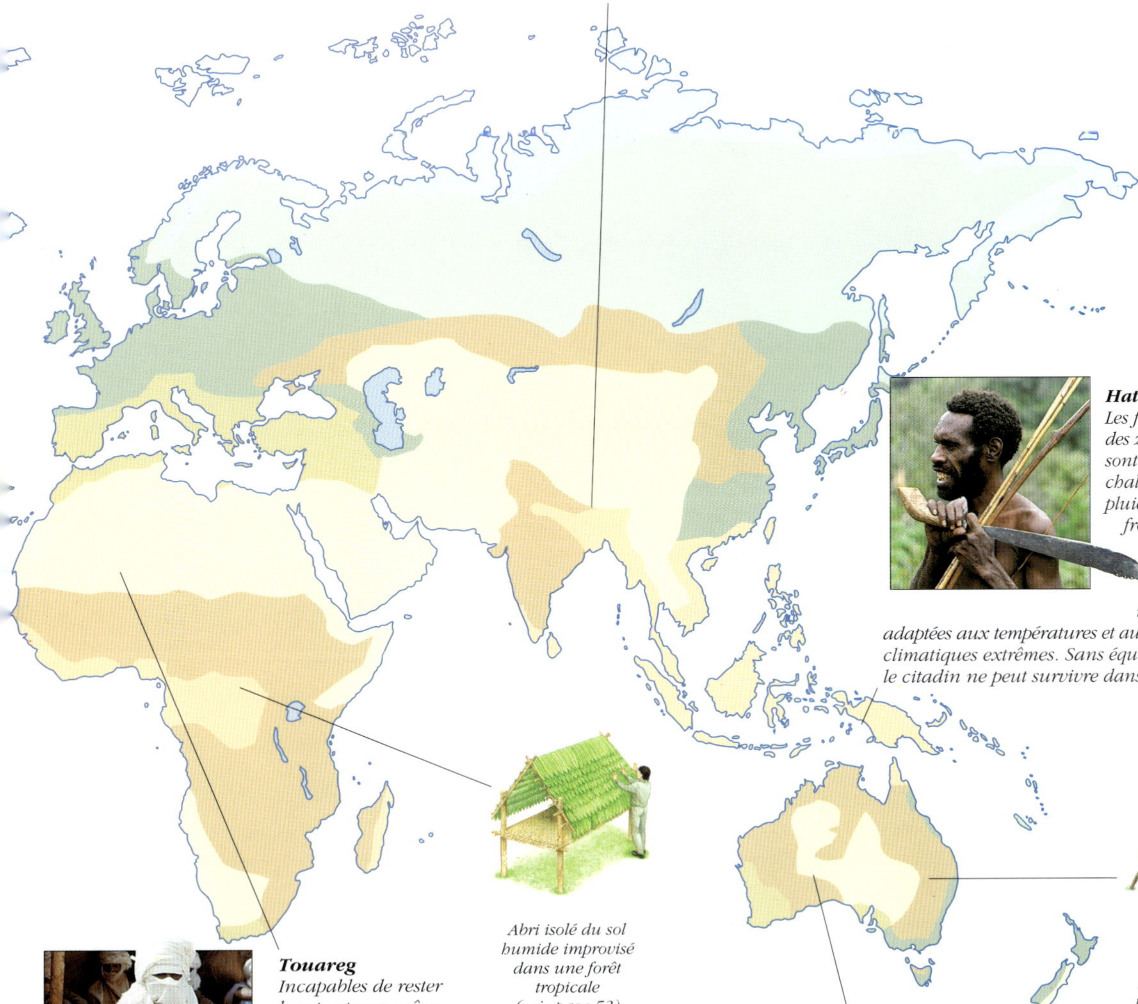

Hatam
Les forêts tropicales des zones de montagne sont soumises à la chaleur, aux fortes pluies, au vent et au froid qui règnent en haute altitude, surtout la nuit. Les populations indigènes se sont adaptées aux températures et aux conditions climatiques extrêmes. Sans équipement adapté, le citadin ne peut survivre dans un tel milieu.

Abri isolé du sol humide improvisé dans une forêt tropicale (voir page 53)

Dans les régions chaudes et sèches, le poisson peut être conservé en étant séché (voir page 118)

Touareg
Incapables de rester longtemps au même endroit, ces nomades du désert se sont adaptés aux rudes conditions de vie de leur milieu en utilisant la viande, le sang et le lait de leurs animaux, et en se déplaçant toujours d'un point d'eau à un autre par petits groupes familiaux. Les frontières politiques limitent l'errance de ces peuples de pasteurs qui se retrouvent confinés sur de trop petits territoires pour nourrir et abreuver leurs troupeaux.

Aborigène
En dépit de l'aridité des paysages et de la rigueur des éléments auxquels ils sont confrontés, les aborigènes d'Australie parviennent à survivre, sans bien matériel, au contact étroit de la nature, avec pour seules armes la force de leurs traditions et de leurs croyances enrichie d'un savoir ancestral.

Forme physique

SANS LA PRATIQUE régulière de la marche, de la course ou d'étirements, notre système cardio-pulmonaire devient moins performant et nous accumulons des graisses inutiles. L'aérobic est la première des disciplines pour les amateurs de trekking longue durée et de course d'endurance. La pratique se base sur des mouvements répétés et l'utilisation de poids pour améliorer forme et souplesse du corps.

Niveau de forme

Test du step
L'exercice consiste à monter et à descendre plusieurs fois de suite d'une marche ou d'un plateau d'une hauteur d'environ 20 cm afin d'éviter tension et essoufflement. Posez le pied bien à plat sur la marche, et l'autre à plat au sol. Après une séance de 3 minutes, au rythme de24 pas minute, reposez-vous 30 secondes et prenez votre pouls au poignet. Comptez le nombre de pulsations sur 15 secondes et multipliez par quatre pour estimer votre fréquence cardiaque. Voir *tableau ci-dessous.*

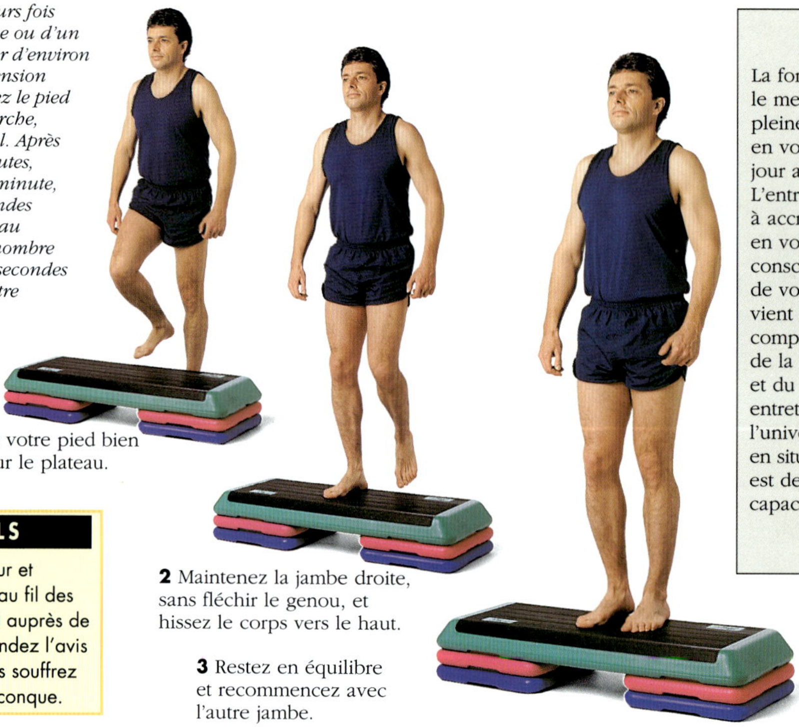

1 Posez votre pied bien à plat sur le plateau.

2 Maintenez la jambe droite, sans fléchir le genou, et hissez le corps vers le haut.

3 Restez en équilibre et recommencez avec l'autre jambe.

Force mentale

La forme physique conditionne le mental. Pour survivre en pleine nature, il faudra trouver en vous la force de résister jour après jour au quotidien. L'entraînement participe à accroître votre confiance en vous et à mieux prendre conscience de vos capacités et de vos limites. La force mentale vient aussi de l'intérieur – de la compréhension de vous-même, de la place que vous occupez et du rapport que vous entretenez avec le reste de l'univers. Pour ne pas échouer en situation de survie, l'essentiel est de croire en vos propres capacités à vaincre l'adversité.

CONSEILS

Démarrez en douceur et modulez vos efforts au fil des mois. Prenez conseil auprès de spécialistes et demandez l'avis d'un médecin si vous souffrez d'une affection quelconque.

Évaluer sa forme physique
Plus vous êtes en forme, mieux votre cœur se porte. Un cœur sain bat plus lentement mais plus efficacement qu'un cœur fatigué. Le rythme cardiaque des femmes, des enfants et des seniors est plus élevé que celui des jeunes hommes adultes. La prise du pouls le matin au lever donne une bonne indication de la forme physique. Le tableau ci-dessous à droite met en évidence le temps nécessaire pour que le pouls retrouve un rythme normal après un exercice. Plus vous serez en forme plus vous récupérerez vite.

Âge (années)	**20-29**	**30-39**	**40-49**	**50+**
ÉVALUATION	PULSATIONS PAR MINUTE AU REPOS			
Homme				
Excellent	- de 60	- de 64	- de 66	- de 68
Bon	60-69	64-71	66-73	68-75
Moyen	70-75	72-87	74-89	76-91
Faible	+ de 85	+ de 87	+ de 89	+ de 91
Femme				
Excellent	- de 70	- de 72	- de 74	- de 76
Bon	70-77	72-79	74-81	76-83
Moyen	78-94	80-96	82-98	84-100
Faible	+ de 94	+ de 96	+ de 98	+ de 100

Âge (années)	**20-29**	**30-39**	**40-49**	**50+**
ÉVALUATION	PULSATIONS PAR MINUTE SUITE À UN EXERCICE			
Homme				
Excellent	- de 76	- de 80	- de 82	- de 84
Bon	76-85	80-87	82-89	84-91
Moyen	86-101	88-103	90-105	92-107
Faible	+ de 101	+ de 103	+ de 105	+ de 107
Femme				
Excellent	- de 86	- de 88	- de 90	- de 92
Bon	86-93	88-95	90-97	92-99
Moyen	94-110	96-112	98-114	100-116
Faible	+ de 110	+ de 112	+ de 114	+ de 116

Étirements

Avant un exercice, commencez par étirer doucement tout le corps, en débutant par le haut et en travaillant vers le bas. Ne forcez jamais en cas de résistance. Concluez l'exercice par une séance d'étirements.

Bras et épaules

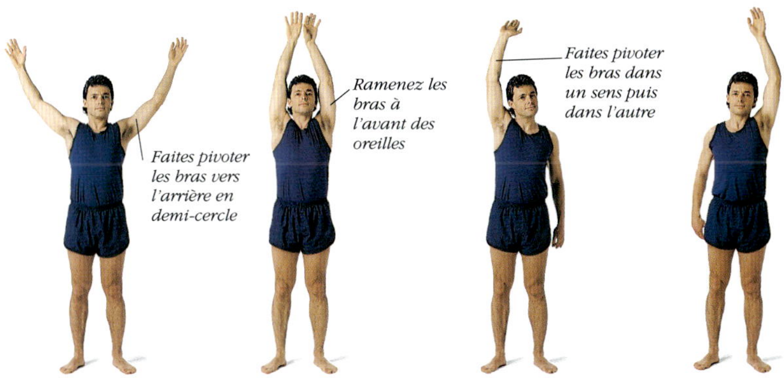

1 Balancez doucement vos bras d'avant en arrière.

2 Balancez les bras vers l'avant de façon à toucher vos oreilles.

3 Faites pivoter un bras vers l'avant puis l'autre.

4 Faites pivoter en alternance les bras vers l'arrière.

L'exercice et ses bienfaits

La pratique d'un exercice aide à maintenir le corps en forme et à se sentir mieux. Peu à peu, vous constaterez une perte de poids, l'amélioration de votre maintien et de votre condition physique. De la régularité découleront un meilleur appétit et un rythme de sommeil plus équilibré.

Un bon entraînement exige au minimum trois séances par semaine, chacune d'environ 45 minutes et sollicitant le cœur à 120 pulsations par minute.

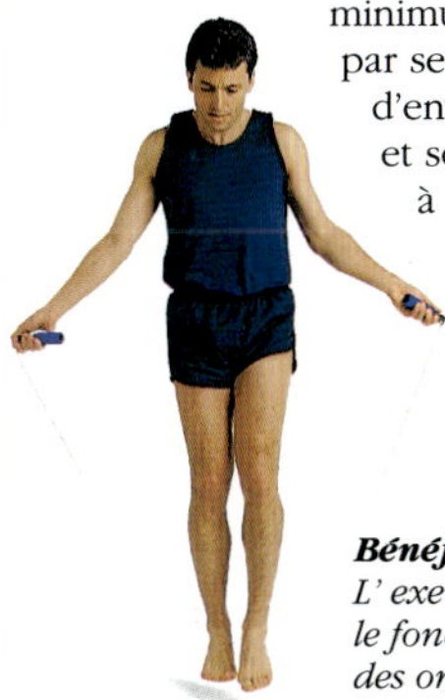

Bénéfices à long terme
L'exercice améliore le fonctionnement des organes.

Poitrine et épaules

1 Haussez les coudes et mettez les avant-bras à l'horizontale.

2 Tirez deux fois de suite vos coudes vers l'arrière.

3 Étirez les bras à l'horizontale de chaque côté du corps.

Taille

1 Placez-vous droit, coudes rehaussés, avant-bras relevés.

2 Pivotez sur le côté au niveau de la taille. Répétez l'exercice.

3 Tendez le bras à l'horizontale. Répétez l'exercice.

Abdominaux

1 Allongé, jambes fléchies, mains sur les oreilles.

2 Soulevez une épaule, coude vers le genou opposé.

Bras

1 Allongé face au sol, corps bien droit, bras fléchis, paumes au sol.

2 Corps droit, étirez les bras pour vous hisser vers l'avant.

Étirements du dos
Un sac trop chargé ou un effort violent peuvent entraîner une lombalgie. Des étirements adaptés vous soulageront en rétablissant la courbure naturelle de la colonne vertébrale.

Soulager le dos

1 Face au sol, relaxez tout le corps.

2 Creusez les reins en se redressant.

3 Tendez et étirez les bras.

CHAPITRE 2

L'ÉQUIPEMENT

UN ÉQUIPEMENT ADÉQUAT, adapté à votre activité et à votre environnement, diminuera considérablement le risque d'accident et donc celui de se voir confronté à une situation de survie. Des magasins spécialisés commercialisent produits et tenues spécifiquement conçus pour tous les types de climats et terrains. Libre à vous de vous ruiner dans l'acquisition de produits tendance, mais il est certainement plus judicieux de vous concentrer sur le choix d'un équipement susceptible de vous sauver la vie. Pour les néophytes, mieux vaut suivre les conseils de personnes rompues aux situations extrêmes plutôt que de céder aux sirènes des commerciaux de ce secteur en vogue. Certains articles, couteau et boussole par exemple, entrent nécessairement dans la panoplie de survie et il vous appartient d'acheter le meilleur matériel sur le marché. D'autres accessoires de confort, comme l'oreiller gonflable ou le lit de camp, restent facultatifs. Une fois votre équipement sélectionné, à vous de l'adapter en fonction de vos besoins. Traquez les points sensibles, pensez aux probabilités d'usure ou de casse et sécurisez éventuellement outils et vêtements, notamment gants et chapeaux, pour ne pas risquer de les égarer.

MATÉRIEL DE SURVIE
La randonnée est devenue une activité de loisirs populaire, avec son lot de vêtements et d'équipements tendances. Mais attention au superflu ! Un équipement de survie suffira pour vous aventurer dans les régions les plus reculées du monde en toute sécurité.

VÊTEMENTS

NOUS PORTONS RAREMENT des vêtements adaptés à l'environnement dans lequel nous vivons. La vie citadine nous incite à privilégier mode et confort, bien plus que de nous soucier de maintenir notre corps à bonne température, alors que chaleur artificielle et air conditionné nous isolent dans un cocon. Les vêtements de plein air misent souvent sur le style avant de viser le côté pratique. À vous donc de décider entre un coûteux équipement complet dernier cri ou quelques vêtements bien choisis qui suffiront à vous protéger efficacement, même si les coloris ne sont pas des plus tendances !

SUPERPOSITION DES COUCHES

L'air pris entre plusieurs fines couches de vêtements vous réchauffera plus qu'une simple couche trop épaisse. Si vous avez trop chaud, régulez votre température corporelle en retirant des couches de vêtements ou en les aérant. Ouvrez zips et boutons pour que l'air chaud puisse s'échapper. Un principe à appliquer par temps chaud ou froid.

Couche près du corps
Pour la première couche qui est au contact de la peau, privilégiez un tricot de corps en coton ou un maillot thermique à manches longues, ni trop ample, ni trop serré. Optez pour un tissu respirant, absorbant et évacuant rapidement la transpiration. Cette couche doit être aussi propre que possible afin d'éviter la formation de dépôts de saleté qui obstrueraient les pores du tissu.

Deuxième couche
Cette couche doit être assez lâche, mais étudiée afin de protéger et de maintenir la chaleur au niveau du cou et des poignets. Optez pour un haut zippé à col roulé ou une chemise à manches longues susceptibles d'être retroussées, avec poignets à boutons. Par temps chaud, cette couche peut former la couche extérieure, éventuellement complétée d'un coupe-vent (voir *page suivante*).

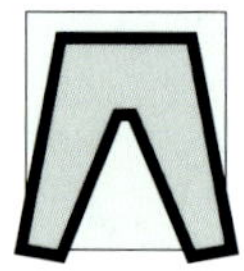

Caleçon long
En cas de températures négatives, enfilez un caleçon long thermique. Dans les régions arctiques, protégez la région de l'aine d'un « patch » imperméable pour éviter toute pénétration d'air glacé. Les pantalons humides sécheront moins vite en présence d'un caleçon long ! Pour éviter cela, équipez-vous d'un sur-pantalon imperméable. En région tempérée, contentez-vous d'un boxer en coton.

Troisième couche
Optez pour un pull-over en laine ou une veste polaire légère. En cas de marche prolongée, même dans les régions arctiques, retirez cette couche de vêtements afin de ne pas avoir trop chaud. Si nécessaire, ouvrez votre parka isolante (voir *page suivante*). *Au repos, enfilez à nouveau cette troisième couche avant de ressentir le froid. Sous un climat tempéré, cette couche remplacera la couche extérieure.*

Couche extérieure
Selon les conditions climatiques, mettez une veste coupe-vent et/ou imperméable. Dans les régions arctiques, préférez une parka doublée et isolante afin de vous protéger du blizzard. Optez pour un modèle qui puisse être ouvert afin d'éviter un excès de chaleur. Sous un climat tempéré, affrontez la pluie en doublant votre parka d'un poncho imperméable.

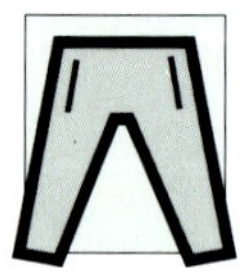

Pantalon
Optez pour un pantalon qui laisse toute liberté de mouvement, dans un tissu qui sèche rapidement, si besoin. En milieu humide, préférez des bretelles à une ceinture qui échauffe la taille. Un sur-pantalon imperméable isole les jambes du ruissellement de l'eau (voir *page suivante*) *mais peut aussi tenir trop chaud. Par grand froid, complétez avec un sur-pantalon matelassé, bien fermé au niveau de la ceinture et des chaussures.*

TEXTILES ET HABITS : TOUR D'HORIZON

Textiles	Avantages	Inconvénients
Laine	Fibre naturelle isolante, même mouillée, la laine reste confortable tant qu'elle n'est pas détrempée. Elle ne s'embrase pas mais se consume au contact des flammes.	Lourde une fois mouillée, elle ne sèche pas vite. Portée à même la peau, elle peut être source d'irritation. La laine peut parfois rétrécir au lavage.
Coton	Résistant et respirant, le coton absorbe l'humidité. Fibre naturelle recommandée pour les sous-vêtements et tous les autres vêtements portés à même la peau.	Lourd lorsqu'il est mouillé, il risque de rétrécir après séchage à haute température. Vite déchiré, non imperméable, il s'enflamme facilement.
Molleton ou matelassé	Utilisé en troisième couche pour chasser l'humidité et maintenir la chaleur corporelle. Léger et résistant. N'absorbe pas l'humidité.	Le molleton synthétique n'isole pas du vent. Difficile à compresser, il a tendance à s'effilocher et former des bourres après usage prolongé.
Synthétique et tissu respirant	Ils facilitent l'évaporation de la transpiration sans laisser pénétrer l'eau. Ils protègent généralement du vent et entrent donc souvent dans la confection des vêtements de plein air.	Les coutures laissent pénétrer l'eau. En milieu très humide, les pores du tissu peuvent s'obstruer. Par grand froid, ces tissus génèrent une condensation intérieure. L'évaporation excessive de transpiration peut entraîner une déperdition de chaleur.

Choix des textiles
Les vêtements de plein air sont confectionnés avec de la laine, du coton ou des tissus synthétiques, dont certains évacuent la transpiration tout en empêchant l'eau de pénétrer. Mais les matériaux synthétiques ne sont pas toujours aussi résistants que les matériaux naturels et ont parfois tendance à conserver les odeurs corporelles, même après lavage. Séchées à haute température, les fibres naturelles risquent quant à elle de rétrécir.

Vêtements et conditions extrêmes

Le principe de superposition des couches permet de s'équiper en fonction de tous les types de temps. En situation de survie, vous disposez rarement d'une tenue adaptée au milieu auquel vous êtes confronté. Abri, feu et superposition des vêtements vous aideront à vous protéger des éléments. En terrain difficile et sous des climats extrêmes, dans un désert par exemple (*voir* page 142), les vêtements devront vous protéger des éléments susceptibles d'entraîner des blessures parfois mortelles. Vent, froid, chaleur, soleil ou pluie sont les principales menaces. Certains équipements adaptés à des milieux spécifiques, comme les bottes de jungle, ne conviennent pas à des conditions moins extrêmes, même si la plupart des vêtements s'adaptent à toutes les situations.

Couche près du corps
Un T-shirt de coton clair sous une chemise absorbe la sueur et permet de conserver une sensation de fraîcheur.

Tête
Un chapeau à larges bords protégera la tête et le cou du soleil. Des œillets d'aération permettent de maintenir la tête au frais.

Deuxième couche
Optez pour une chemise légère à manches longues à retrousser en cas de forte chaleur, dans le désert par exemple (voir *page 142).*

Couche extérieure
Une veste coupe-vent légère pour la journée, suffisante pour protéger de la fraîcheur nocturne.

Rester au frais
Habillez-vous ample et léger. Les couleurs claires donnent une sensation de fraîcheur. Appliquez le principe de superposition des couches de vêtements.

Pantalon
Préférez un pantalon ample et léger, en textile aéré comme le coton.

Chaussures
Choisissez des chaussures de randonnée légères à semelles rigides (voir *page 24).*

Protection de la tête
Un passe-montagne couvre la tête, les côtés du visage et le cou pour éviter une déperdition de chaleur. Une cagoule isolante par-dessus apportera de la chaleur supplémentaire.

Couche près du corps
Un maillot thermique et un caleçon long pour absorber et évacuer l'humidité liée à la transpiration.

gants intermédiaires
Mettre sur les sous-gants et sous les surmoufles. Facilitent la préhension des objets en gardant les mains au chaud.

Couche du milieu
Une veste polaire absorbera l'humidité de la couche près du corps, tout en maintenant un air chaud contre la peau.

Deuxième couche
Un haut à col roulé et à manches longues, à superposer au passe-montagne pour le cou et aux sous-gants pour les poignets.

Sous-gants
Ils évitent que la peau ne colle au contact des objets gelés et sont utilisables seuls sur de courtes périodes, sans recourir aux surmoufles épaisses.

Couche extérieure
Optez pour une parka doublée à capuche, avec rabat à bouton-pression et revêtement en textile imperméable et respirant.

Pantalons
Une salopette couvre la taille, à l'endroit où les vêtements peuvent glisser quand le corps bouge. Elle facilite l'aération des épaules et de la poitrine. À porter seule, sur un pantalon ou sur un caleçon long.

Surmoufles
Le principe de superposition des couches s'applique aussi aux gants avec le port de surmoufles, enfilées sur des gants plus fins.

Chaussures
Les chaussures de montagne à coque plastique ont des chaussons thermiques en guise de sous-chaussure. À porter toujours avec deux paires de chaussettes.

Rester au chaud
En cas de froid extrême, protégez toutes les parties du corps de plusieurs couches de vêtements, qui pourront être ouverts ou retirés en cas d'excès de chaleur, lors de la marche ou de l'effort. La transpiration résiduelle amoindrit les qualités isolantes des vêtements et peut entraîner une hypothermie (voir *page 163).*

Rester au sec

Pour éviter d'être mouillé et compromettre vos chances de survie, enfilez des vêtements imperméables dès le début d'une averse et retirez-les dès que la pluie a cessé. Les vêtements de pluie en matière imperméable sont inadaptés à la randonnée, préférez un textile respirant qui permettra d'évacuer la transpiration. Par temps froid et pluvieux, optez pour un pantalon imperméable. Des guêtres vous aideront à conserver pieds et mollets au sec pour la traversée d'un cours d'eau.

Vêtements de pluie
Ce type de vêtements couvre tout le corps, de la tête aux pieds.

Chaussures

L'HOMME ÉTANT UN bipède, le poids du corps exerce une pression constante sur les pieds. Avec le poids supplémentaire d'un sac à dos lors d'une randonnée sur terrain accidenté, le choix des chaussures adaptées est un objectif prioritaire. Rodez vos chaussures neuves avant un usage intensif. Si vous choisissez des chaussures en cuir, mouillez-les et gardez-les aux pieds le temps qu'elles sèchent. En randonnée, lavez-vous quotidiennement les pieds et saupoudrez-les de talc. Portez des chaussettes propres et sèches. Protégez d'un pansement les traces d'échauffement avant l'apparition d'ampoules.

Chaussures de marche légères

Semelle à absorption de chocs pour la marche sur bitume

Tige tissu à séchage rapide

Chaussures de trekking tissu
Les alpinistes les utilisent dans les campements ou pour la marche d'approche d'un sommet, réservant les chaussures de montagne à la progression sur la neige ou la glace. Ces chaussures sont faites pour les randonnées sur courte distance et sur terrain peu accidenté. Moins performantes que les chaussures en cuir en ce qui concerne la tenue du pied et la protection, elles sèchent plus rapidement et sont plus reposantes que celles conçues pour la grande randonnée.

Chaussures de trekking désert
Ces chaussures légères à semelle rigide et à tige en daim souple laissent le pied respirer tout en faisant barrage à l'intrusion de sable. La hauteur de la tige protège les chevilles et assure un meilleur maintien du pied. En cas de pluie, le daim devient plus poreux et met un peu de temps à sécher.

Tige haute en daim, à la fois protectrice et respirante

Semelle rigide pour un maintien optimal sur terrain caillouteux

Semelle de maintien préformé pour l'absorption des chocs

Baskets
Leur légèreté assure un confort optimal lors des activités au campement et à bord d'un bateau ou d'un véhicule. Mais la protection est moindre que celle des chaussures de trekking. Le port intensif de baskets rend le pied plus sensible aux blessures. Il est possible de se déchausser sur sol trempé si les baskets collent au sol.

Chaussettes

Optez pour des chaussettes épaisses en laine ou en bouclettes coton. Elles adoucissent le contact avec la chaussure et protègent des frottements, tout en maintenant les pieds au chaud et au sec en chassant la transpiration vers l'extérieur. En cas de froid extrême, enfilez deux paires de chaussettes.

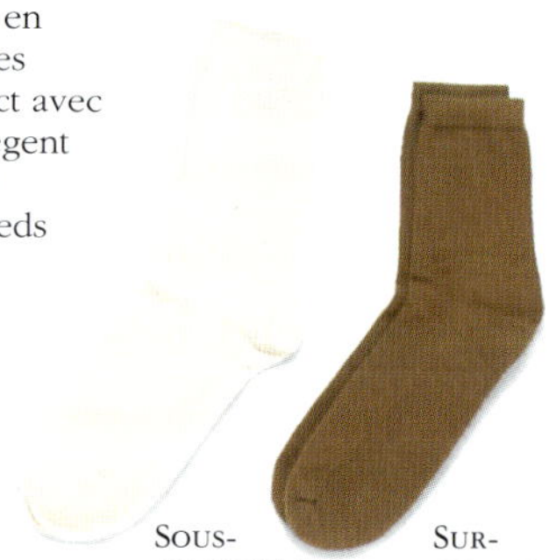

SOUS-CHAUSSETTE SUR-CHAUSSETTE

Chaussures de randonnée spécialisées

Chaussures de randonnée
Compromis entre poids, durabilité et protection pour ces chaussures polyvalentes avec semelle rigide et crantée, tige imperméable et renfort de protection aux chevilles.

Boudins de renfort et de maintien des chevilles

Crans pour parfaire l'accrochage sur terrain glissant

Bottes de jungle
Dans la jungle, l'humidité et la fragilité des chevilles sont les soucis majeurs du randonneur. La semelle en caoutchouc isole le pied, tout en le laissant respirer à travers la toile de la tige. Après la traversée d'une rivière, la marche sur terre suffit à évacuer l'eau résiduelle à travers des œillets disposés au niveau de la cambrure. Les crans assurent une bonne adhérence sur terrain mouillé.

Bout en caoutchouc imperméable et tige en toile pour l'aération

Chaussures de montagne à coque plastique
Des modèles haute isolation, adaptés aux grands froids et conçus pour maintenir le pied droit lors de l'utilisation de crampons sur la glace. Ce type de chaussures rend la marche difficile. Ces modèles disposent de chaussons thermiques amovibles, pouvant être utilisés en guise de chaussures.

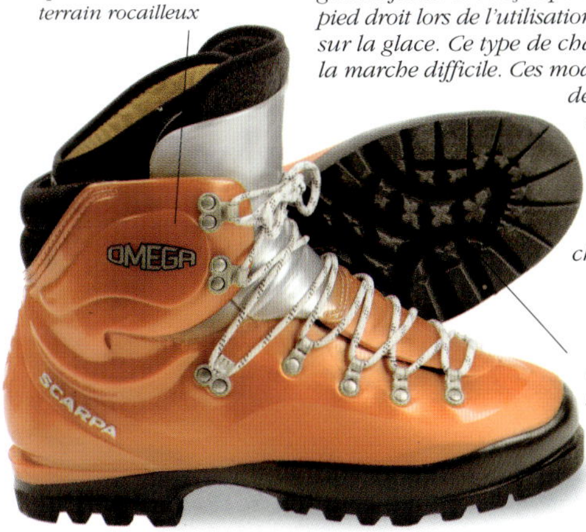

Quartiers rigides pour un maintien optimal sur terrain rocailleux

Crans antidérapants pour marcher sur la neige

Guêtres

Indispensables dans les régions tempérées pour conserver les pieds et le bas des pantalons au sec, et en milieu polaire pour évoluer dans la neige. Lors de traversée de cours d'eau peu profonds, les guêtres minimisent la pénétration de l'eau dans les chaussures. Elles évitent transpiration et échauffement des pieds.

Guêtres simples

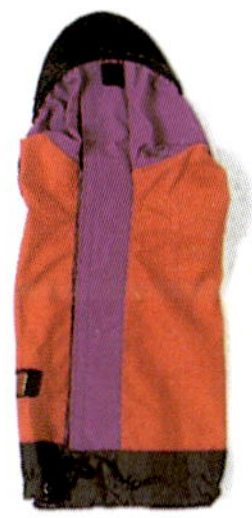

Guêtres neige

Entretien des chaussures

1 Retirez les lacets et la semelle intérieure. Lavez les chaussures pour enlever toutes traces de boue. La tourbe acide peut endommager le cuir.

2 Laissez sécher complètement. Si possible, éloignez les chaussures de la chaleur trop directe du feu ou du rayonnement solaire, afin d'éviter un fendillement du cuir.

3 Appliquez du bout du doigt une pâte imperméabilisante sur les chaussures sèches. Placez-les dans un endroit frais et sec en cas d'immobilisation durable.

KIT DE CAMPING

LA PANOPLIE DE camping idéale résulte toujours d'une succession de tentatives et d'erreurs. Avant de partir, vérifiez tous vos accessoires. Pensez à emporter certaines choses oubliées la fois précédente et laissez les objets inutiles. Certains accessoires ont peut-être fait leur temps, sont trop usés ou même endommagés… Il serait inimaginable que vous perdiez ou que vous cassiez le moindre accessoire de cette panoplie si minutieusement préparée !

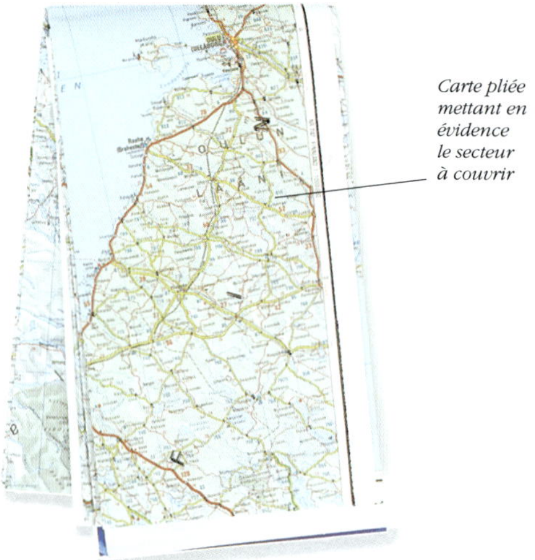

Carte
À ranger au sec, pliée de façon à visualiser le secteur couvert.

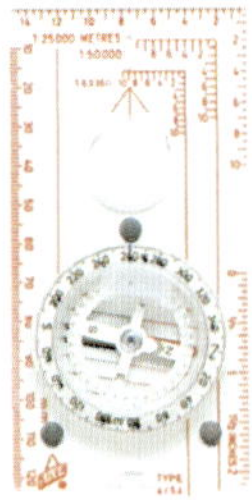

Boussole
Un équipement indispensable à conserver en lieu sûr.

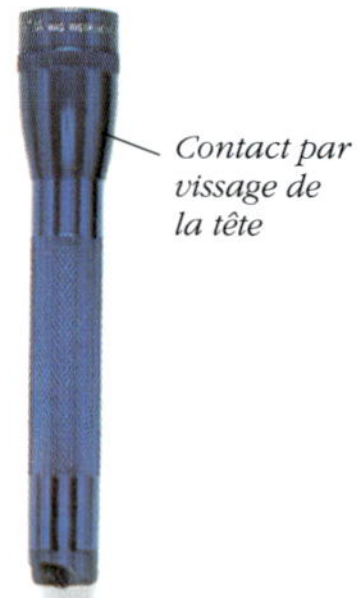

Lampe torche
Optez pour un modèle étanche, très petit ou une lampe frontale pour garder les mains libres.

Jumelles
Optez pour un modèle résistant, très petit. Mettre dans un sac plastique même si elles sont étanches.

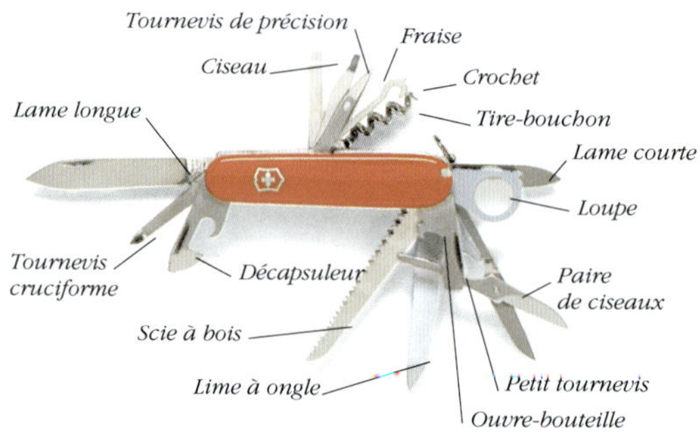

Couteau suisse
Privilégiez un modèle à lame robuste. Les accessoires dont disposent certains couteaux peuvent être utiles, à condition de ne pas les utiliser en force.

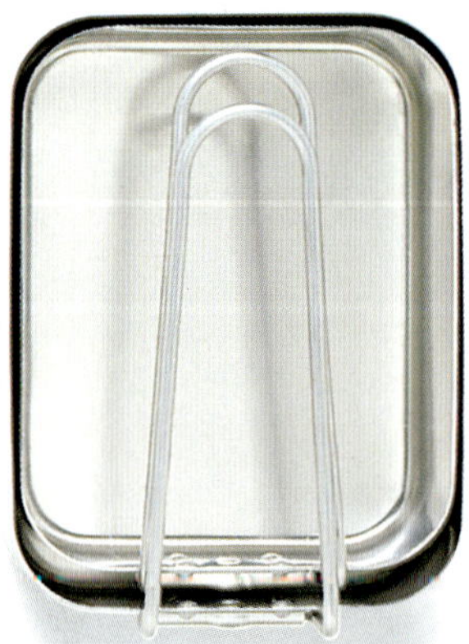

Gamelle en inox
Un équipement indispensable pour cuisiner en camping (voir page 112). Cerclez les poignées de sparadrap afin d'éviter les brûlures.

Thermos
Un modèle métallique peut se fendre si l'eau vient à geler. Un modèle en plastique peut fondre sous l'effet d'une chaleur trop intense.

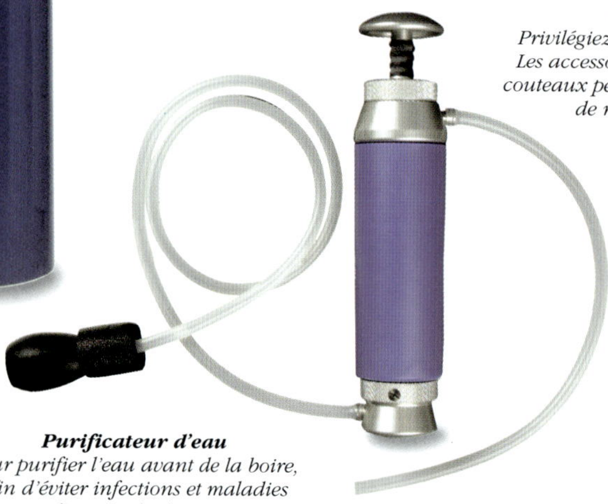

Purificateur d'eau
Pour purifier l'eau avant de la boire, afin d'éviter infections et maladies d'origine hydrique (voir page 75).

Réchaud portable
Optez pour un modèle basique, mais de qualité (voir page 114) à maintenir propre et à l'abri des chocs.

Bouteille à carburant
Vérifiez que la bouteille ne fuit pas et que le carburant reste propre. Filtrez le carburant si nécessaire.

ASSIETTE PLAT

Plats et assiettes
Utilisez plats et assiettes en bois ou en plastique afin d'éviter brûlures et infections douloureuses (voir page 112). Ne mangez jamais à même un récipient brûlant posé sur le feu.

Mug
Utilisez un mug en plastique pour consommer boissons chaudes et froides (voir page 112).

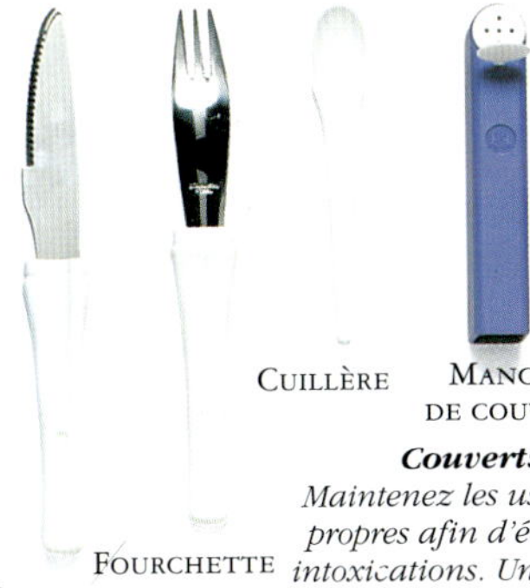

COUTEAU FOURCHETTE CUILLÈRE MANCHE DE COUVERT

Couverts
Maintenez les ustensiles propres afin d'éviter les intoxications. Un couvert cassé peut être remplacé par un modèle taillé dans le bois (voir page 113).

Baume à lèvres
Indispensable pour éviter dessèchement et gerçures des lèvres. À utiliser sans modération, dès que les lèvres commencent à s'assécher.

Écran solaire
Incontournable pour la neige et en cas de forte luminosité, notamment à haute altitude.

Kit de survie
Avec des accessoires impossibles à trouver dans la nature (voir page 28).

Serviette-éponge
Un grand modèle peut être découpé et utilisé comme gant de toilette ou pour éponger la sueur. Un torchon peut devenir foulard (voir page 142).

Trousse de secours
Indispensable en cas de blessures (voir page 174).

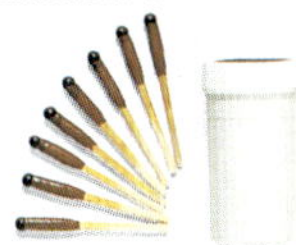

Allumettes étanches
Allumettes à bouts cirés insensibles à l'humidité.

Trousse de couture
Pour rapiécer vêtements et tentes.

Une fermeture éclair protège de la saleté et des insectes

Trousse de toilette
Conservez les éléments indispensables à votre hygiène dans une trousse à part. Suspendez la trousse à une branche quand vous vous lavez pour ne pas perdre d'objets (voir page 57).

AU CHAUD ET AU SEC

Dans la nature, tentes et sacs de couchage constituent les seuls éléments de confort. Rangez-les soigneusement et ne laissez jamais un sac de couchage prendre l'humidité.

TENTE

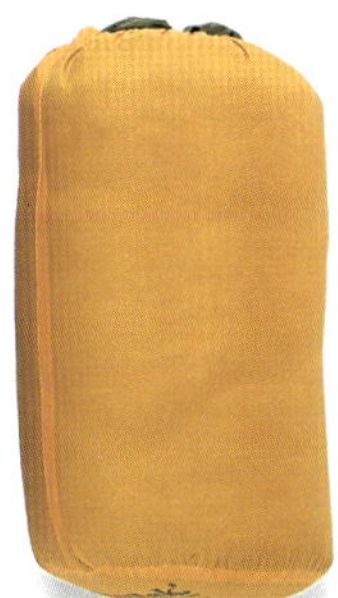

SAC DE COUCHAGE

KIT DE SURVIE

En situation de survie, un nombre limité d'accessoires peut faire la différence entre la vie et la mort. Ces accessoires incontournables devront être transportés sur soi en permanence, de préférence dans une petite boîte glissée au fond d'une poche. À chaque escapade dans la nature, conservez sur vous tous les éléments indispensables à votre survie pour ne pas courir le risque de les égarer ou de les endommager. Certains pourront être suspendus à des cordelettes autour du cou et glissés sous les vêtements, de façon à ne pas gêner la progression au sein de la végétation. Enveloppez chaque accessoire dans un linge pour éviter les chocs et la casse. Confectionnez votre kit de survie en fonction de vos besoins.

Boîte de survie
Conservez les éléments clés de votre kit de survie dans une petite boîte hermétique.

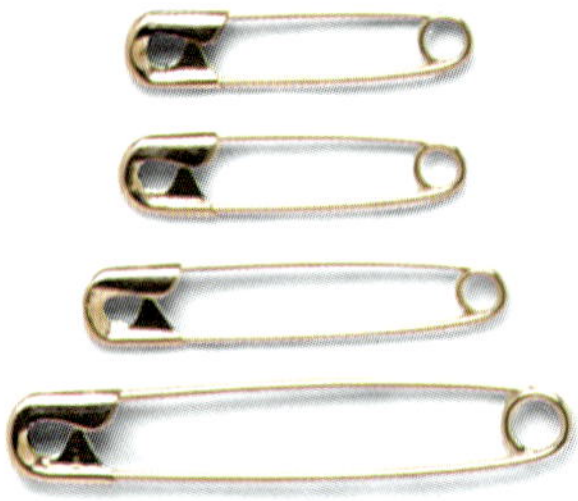

Épingles de sûreté
Pour agrafer vos vêtements ou rapiécer tentes et sacs de couchage.

Ligne de pêche
Choisissez un fil résistant pour pêcher et fixer vos outils.

Réflecteur
En situation de survie, utilisez le couvercle en métal poli de votre boîte de survie ou un miroir héliographe pour signaler votre position. Regardez par le trou central et dirigez le faisceau lumineux vers l'avion à alerter.

Fil à collets
Un équipement polyvalent et réutilisable. Optez pour un fil fin, facile à courber sans risquer la rupture.

Hameçons et plombs
Réunissez un assortiment de petits hameçons et de plombs fendus pour pêcher aussi bien gros que petits poissons.

Boîte à cigarettes
Conservez vos accessoires de survie dans une petite boîte à cigarettes métallique fermée par un couvercle. Scellez avec du ruban adhésif pour garder le contenu au sec.

Miniboussole
De préférence, optez pour un modèle lumineux.

Bougie
Réservez son utilisation à l'allumage du feu. Évitez les modèles à base de suif qui ne résistent pas à la chaleur.

Allumettes
Prenez des allumettes étanches ou imperméabilisez-les en trempant les bouts phosphorés et les tiges dans de la cire liquide. Grattez la couche de cire avant utilisation.

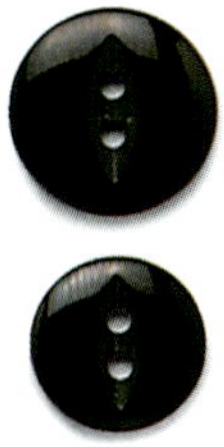

Boutons, aiguilles et fil à coudre
Placez un jeu d'aiguilles à large chas dans votre boîte de survie et assez de fil à coudre, solide et imperméable. Enveloppez les aiguilles avec le fil et rangez le tout dans un sachet plastique. Utilisez de gros boutons pour sécuriser les rabats d'une tente.

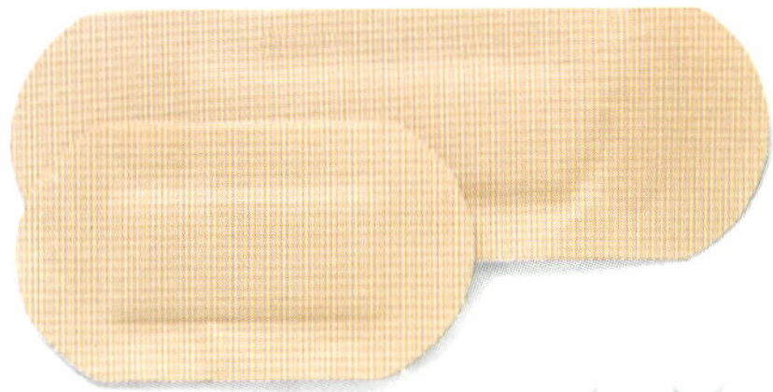

Pansement
Assortiment de pansements de diverses tailles, pour protéger les zones d'abrasion ou couvrir les ampoules pour qu'elles cicatrisent.

Antibiotiques
Utilisez-les seulement en cas d'absolue nécessité.

Comprimés pour stériliser l'eau
Lorsque l'eau est impropre à la consommation et que vous ne pouvez pas la faire bouillir.

Fil à scier
Accessoire facile à utiliser pour découper toutes sortes de matériaux. Graissez le fil et rangez-le dans un sac plastique afin de le protéger de la rouille et de la casse.

Loupe
Focalisez les rayons du soleil sur une brindille sèche qui en se consumant facilitera l'allumage d'un feu.

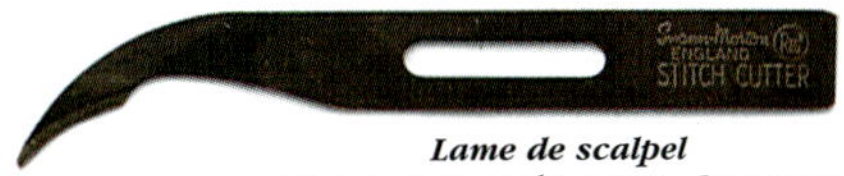

Lame de scalpel
Un accessoire multi-usages. Conservez les lames dans leur emballage d'origine.

Crayon à papier
Indispensable pour noter sa position, dresser des cartes ou répertorier plantes et autres aliments comestibles.

Sel
Essentiel à la survie pour compenser la perte de sel dans les urines et la transpiration.

Sac plastique
Équipement indispensable pour mener à bien différentes tâches, comme le puisage et le transport de l'eau ou la récupération de l'eau de condensation des végétaux.

Permanganate de potassium
Ces cristaux désinfectent l'eau, qui vire au violet à son contact. Vous pourrez aussi l'utiliser pour traiter les infections fongiques, comme le pied des tranchées. Suivez les conseils d'utilisation.

ÉQUIPEMENT À PORTÉE DE MAIN

Ne partez jamais en pleine nature sans emporter accessoires et outils indispensables à votre survie. Veillez à ne pas perdre ou casser ces éléments, rien ne vous permettra de remplacer ou de réparer votre matériel. Attachez séparément chaque élément à une cordelette robuste que vous glisserez autour de votre cou et sous vos vêtements afin d'éviter d'endommager l'un ou l'autre de ces précieux accessoires.

Matériel vital
Gardez à portée de main les éléments clés de votre équipement de survie.

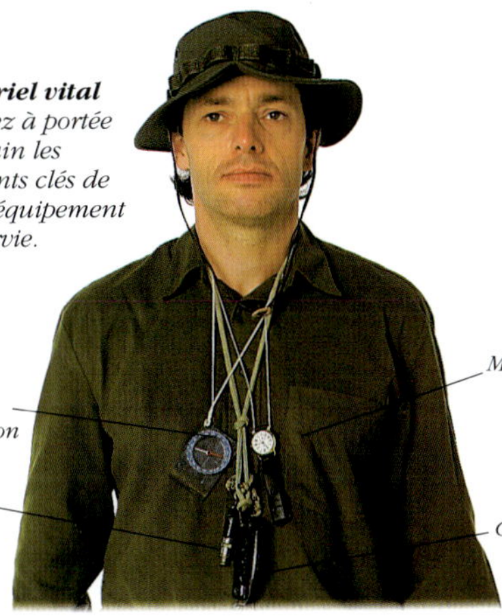

Sacs de couchages et lits

Le repos est aussi essentiel à la survie que la nourriture. Une bonne nuit de sommeil efface le stress lié à la difficulté de la situation, en même temps qu'elle aide à positiver les choses. Dormir au chaud et au sec est toujours plus sécurisant que de s'allonger à même le sol en plein air. Au cœur d'une jungle humide, la priorité consiste à s'abriter et à s'isoler de l'humidité.

Anatomie d'un sac de couchage

Cet équipement se décline en de multiples formes et styles, mais un sac de couchage de qualité doit offrir un garnissage performant pour vous tenir au chaud, y compris en l'absence de tente. Protégez-le de l'humidité et conservez-le dans un sac imperméable, comme un sac de survie confectionné dans un tissu aéré (*voir* page 43).

Forme momie
Capuche préformée, collerette et rabat anti-froid pour éviter que la chaleur se dissipe au niveau de la tête, de la poitrine et des épaules.

Forme semi-rectangulaire
La capuche, fermée par un cordon de serrage permet d'isoler la tête et la nuque du froid – le corps perd près de la moitié de sa chaleur par la tête. En l'absence de fermeture à glissière, l'entrée et la sortie du sac se révèlent plus difficiles.

Forme rectangulaire
Modèle plus adapté aux campeurs disposant d'un véhicule qu'aux randonneurs chevronnés. Ce sac léger ne permet pas d'affronter des conditions de froid extrême.

Construction d'un sac de couchage

Léger et chaud, un garnissage en duvet peut perdre de son pouvoir isolant lorsqu'il est plié encore humide ou trop compacté. Encombrant et plus lourd, le garnissage synthétique est moins confortable. Même humide, le synthétique maintient au chaud et sèche vite.

Nappe cloisonnée
Cloisonnement du duvet pour une meilleure tenue du garnissage.

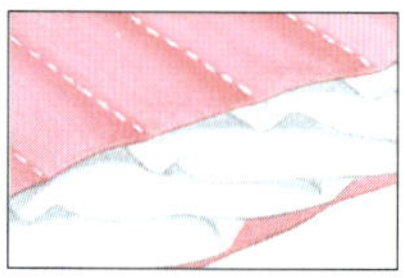

Nappe à chevauchement
Croisement des fibres avec emprisonnement d'air pour une bonne isolation.

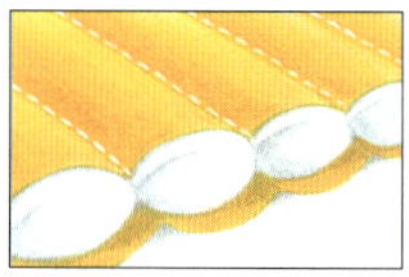

Simple nappe piquée
Maintien du garnissage par piquage de la nappe mais perte de chaleur par les coutures.

Double nappe piquée
Maintien par piquage. Le décalage des nappes évite une perte de chaleur au niveau des coutures.

Couchage et accessoires

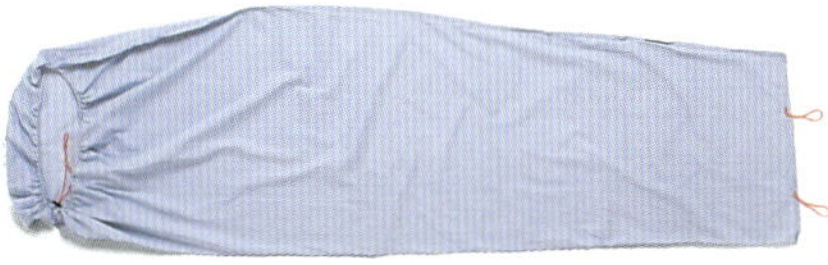

Housse intérieure
Housse intérieure en coton créant une lame d'air isolante entre le corps et le sac de couchage. Très facile à laver.

Matelas de sol
Indispensable pour s'isoler d'un sol humide et froid. Étalez le matelas de sol sous le sac de couchage.

Couverture de survie
Couverture isolante légère à face argentée qui retient la chaleur corporelle et la renvoie vers le corps. À utiliser aussi comme bâche protectrice pour réfléchir le rayonnement solaire.

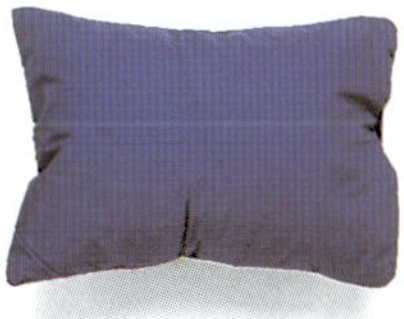

Oreiller gonflable
Accessoire facultatif offrant un confort appréciable après une journée de marche.

Entretien et réparation

Secouez énergiquement votre sac de couchage avant utilisation pour répartir uniformément le garnissage et faites de même après usage pour l'aérer. Veillez à recoudre la moindre déchirure sans attendre et à colmater temporairement une longue déchirure avec un ruban adhésif. Le rapiéçage peut être effectué avec une pièce découpée dans la housse de rangement (*voir* page 27) souvent faite dans le même matériau.

Trousse de couture
Un équipement indispensable pour rapiécer sac de couchage, tente et vêtements.

Construire un lit

1 Sans sac de couchage, confectionnez une plate-forme surélevée qui vous isolera du sol, des insectes et autres animaux. Mettez côte à côte des troncs d'une longueur égale à votre taille pour former la base du lit.

2 Maintenez fermement les troncs côte à côte en plantant des piquets de bois à chaque angle afin d'éviter que la structure se disloque.

3 Recouvrez les troncs d'une épaisse couche d'herbe afin de supprimer les irrégularités de surface générées par les nœuds et l'écorce des troncs.

4 Superposez couches de branchages, de fougères et de feuilles, mélangées à de l'herbe et à du substrat afin de créer des lames d'air et d'ajouter au confort de la couche.

5 Poursuivez la superposition des couches jusqu'à obtention d'un épais matelas confortable. Éventuellement, confectionnez un oreiller en empilant plusieurs couches d'herbe.

Outils

Que vous campiez équipé des derniers gadgets ou que vous soyez en situation de survie, certains outils seront indispensables pour construire un abri ou couper du bois pour le feu. Dans la nature, impossible de remplacer un outil cassé ou égaré, entretenez donc bien l'équipement dont vous disposez. Utilisez chaque outil à bon escient afin d'éviter tout risque de casse ou de blessure. Certains outils pourront être improvisés, à condition de ne pas égarer ou endommager votre équipement lors du processus. Ne forcez jamais sur un outil ou sur vos propres limites.

Outils de coupe basiques

Un couteau robuste est indispensable en camping ou en situation de survie. Presque tous les outils peuvent être improvisés mais, sans un couteau, la tâche est plus compliquée. La hache reste le meilleur outil de coupe pour les travaux de force, mais son poids limite son transport, à moins de disposer d'un véhicule ou d'un attelage.

Kukri
Solide couteau traditionnellement utilisé par les Gurkhas népalais au service de l'armée britannique. Réalisé à partir d'une lame de ressort de suspension de camion en acier haute densité, il offre une forte résistance à la tension. Des modèles similaires sont commercialisés dans le monde. Le port de gants est recommandé pour son utilisation, susceptible d'entraîner blessures et abrasions. Conservez le couteau dans une gaine en cuir pour éviter de vous blesser ou d'endommager la lame.

Canif
Seconde des priorités en matière d'équipement, un robuste canif vous aidera à mener à bien toutes les tâches impossibles à réaliser avec un couteau plus solide (voir ci-contre). Gardez-le sur vous, fixé à une cordelette autour du cou ou de la taille. La lame doit toujours être bien affûtée.

Fil à scier
L'outil se compose d'une longueur de brins d'acier torsadés, avec un anneau à chaque extrémité en guise de poignées. Facile à glisser dans un kit de survie (voir page 29), il se substitue sans problème à une lourde hache pour la coupe des branches. Un outil délicat à manier avec précautions.

Affûter un couteau

1 Humidifiez la pierre à affûter avec un peu d'eau. Faites glisser la lame de bas en haut, sans approcher de la pointe.

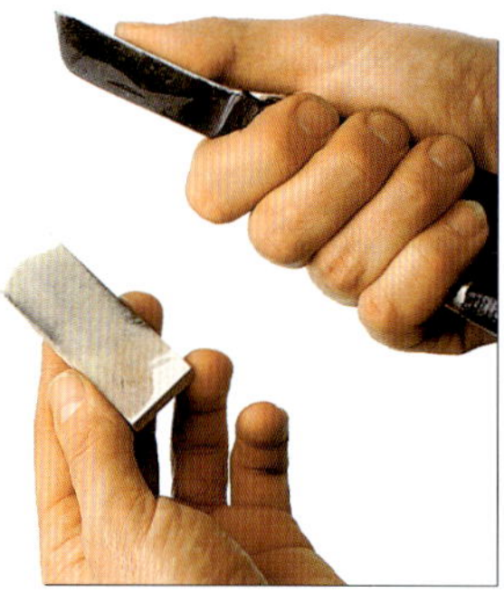

2 L'affûtage laisse des aspérités métalliques perceptibles que l'on sent en glissant le pouce de l'autre côté de la lame.

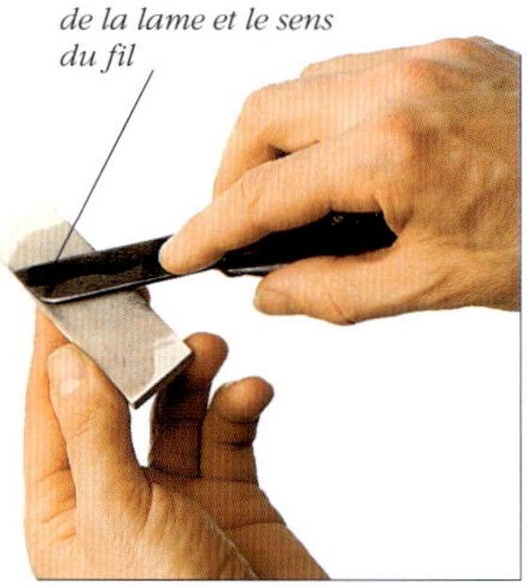

3 Affûtez l'autre côté de la lame pour réaligner le fil au centre de la lame. Humidifiez la pierre si nécessaire.

4 Faites glisser la lame de haut en bas sur une sangle de cuir afin d'éliminer le morfil et d'affiner le tranchant.

Couteau : mode d'emploi

Hacher
Travaillez avec le milieu de la lame, en maintenant vos jambes éloignées. Hachez à contre-fil du bois selon un angle de 45° pour ne pas vous blesser si la lame dévie de sa trajectoire.

Travaillez toujours vers l'extérieur pour éviter l'accident

Parer
Ce travail consiste à sculpter des petits éléments délicats, comme la pointe acérée d'un harpon (voir page 104). Procédez en travaillant vers l'extérieur et en poussant la lame du bout du pouce. L'utilisation d'un canif peut se révéler plus pertinente qu'un solide couteau pour mener à bien ce type de travail.

Tailler
Parez ou découpez le bois en travaillant toujours vers l'extérieur et en maintenant doigts et membres éloignés de la trajectoire de la lame. Taillez le bois dans le sens du fil pour détacher de petits éclats.

Fil à scier : mode d'emploi

Cordelette en guise de poignée

1 Les anneaux métalliques peuvent vous tailler les mains. Fixez une cordelette ou une longueur de tissu aux anneaux avant utilisation.

Maintenez le fil droit et tendu

2 Travaillez des deux mains pour imprimer un mouvement de va-et-vient au fil à scier. Maintenez le fil aussi droit que possible durant l'opération, même si le fil peut être enroulé autour d'une branche. Travaillez sans forcer mais d'un geste assuré.

AVERTISSEMENT

Utilisez vos outils avec précaution. En tirant un couteau de sa gaine, maintenez cette dernière du côté non tranchant de la lame. Une lame acérée peut vous sectionner les tendons en traversant le cuir de la gaine. Respectez certaines règles de sécurité en travaillant avec un fil à scier.

Outils improvisés

1 Fabriquez une lame en frappant un silex sur un caillou. En éclatant, le silex formera une arête tranchante. Prenez garde aux petits éclats.

Silex taillé, à la fois couteau et ciseau

2 L'arête tranchante peut être utilisée comme outil de découpe, le côté opposé comme marteau. Répétez l'opération lorsque le tranchant s'émousse.

Autres matériaux

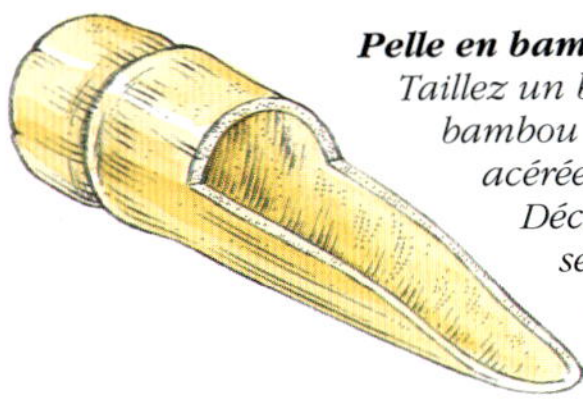

Pelle en bambou
Taillez un bout de bambou en une lame acérée et robuste. Découpez une section de tige pour faire une pelle.

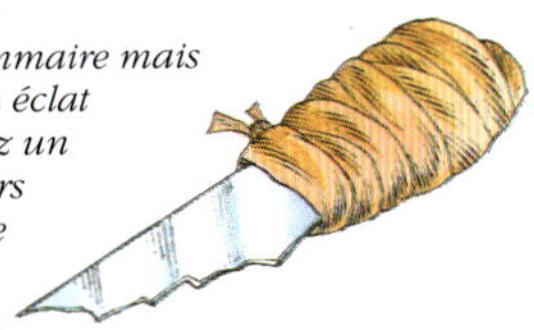

Couteau de verre
Faites une lame sommaire mais tranchante avec un éclat de verre. Enveloppez un des côtés de plusieurs épaisseurs de bande de tissu de façon à former un manche.

CORDES ET NŒUDS

LES CORDAGES SONT indispensables à la fabrication de différents équipements, à moins d'utiliser des chevilles en bois ou de la colle pour assembler pièces et matériaux (*voir* page 77). Sans cordes ou filins prêts à l'emploi, fabriquez des cordages avec des matériaux naturels. Adaptez les nœuds au type de cordage utilisé et à l'emploi que vous comptez en faire. Votre sécurité en dépend, surtout si vous utilisez une corde pour traverser une rivière, tout comme la solidité et la performance des équipements que vous fabriquerez. Si vous devez choisir un seul type de nœud, optez pour le nœud de ris (*voir* page suivante).

TYPES DE CORDAGES

Un cordage peut se présenter sous deux formes. On distingue les aussières à trois torons torsadés des filins présentant une âme centrale recouverte d'une gaine tissée. Ces deux types de cordages sont réalisés à partir de fibres synthétiques ou naturelles. L'usage détermine le choix d'un cordage. Une corde tressée s'entortille moins qu'une corde torsadée, une corde en fibres naturelles est plus sensible à la moisissure une fois mouillée, mais aussi plus prompte à la rupture qu'une corde en fibres synthétiques, comme le Nylon ou le polyester.

Aussière
Ce type de cordage est plus robuste que les filins, surtout si la corde subit quelques dommages. L'aussière se présente sous la forme de trois torons torsadés, en fibres végétales, comme le sisal, le chanvre ou l'enveloppe fibreuse de la noix de coco, et en fibres synthétiques, comme le Nylon. Les aussières sont généralement utilisées pour amarrer ou ancrer des embarcations.

Filins
Les alpinistes font souvent appel à des filins présentant une âme constituée de brins torsadés, tressés les uns aux autres, et couverts d'une gaine tissée. Faciles à manipuler, ils peuvent se révéler difficiles à agripper lorsqu'ils sont mouillés ou gelés.

CORDAGE IMPROVISÉ

Pour fabriquer un cordage avec des tiges d'ortie, trempez-les dans de l'eau pour les assouplir puis écrasez-les avec une pierre, afin de séparer les parties ligneuses. Laissez sécher les fibres avant de les tresser pour former de fines cordes, à torsader pour réaliser un cordage. Utilisez éventuellement l'écorce d'un saule ou d'un citronnier.

1 Commencez par lier ensemble l'extrémité de trois longueurs de fibres à une branche. Ramenez la fibre de droite au centre.

2 Ramenez la fibre de gauche sur la fibre au centre tout en maintenant fermement les deux autres longueurs.

3 Ramenez la fibre de droite sur la fibre du centre afin de compléter la première section de la tresse.

4 Répétez chaque étape jusqu'à obtention de la longueur souhaitée. Sécurisez les fibres en nouant les extrémités.

Nœud de ris

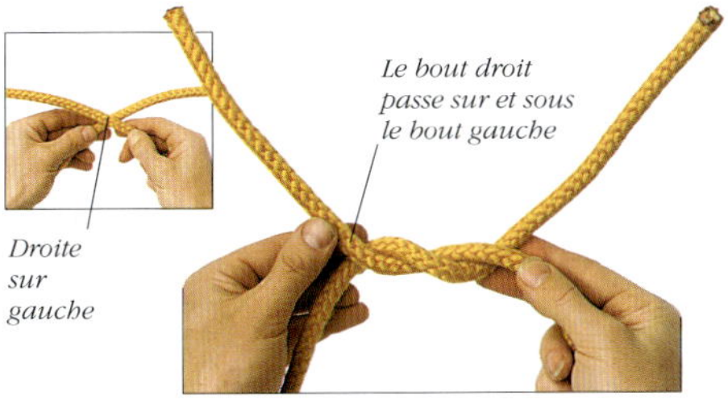

1 Passer le bout droit sur le bout gauche puis ramenez-le vers la gauche en passant sous la corde.

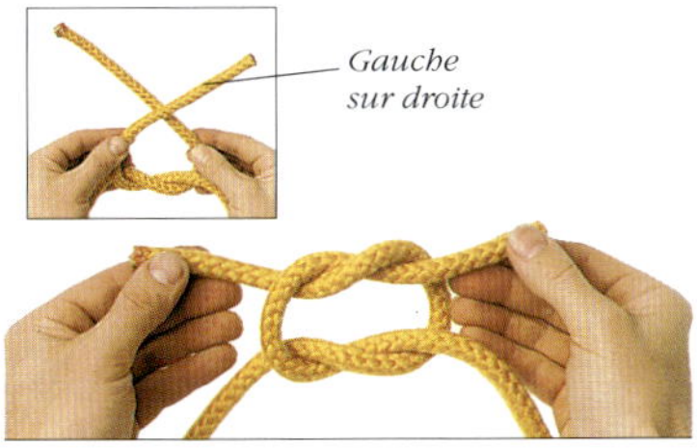

2 Ramenez le bout gauche sur et sous le bout droit, tout en maintenant fermement les deux extrémités.

3 Tirez sur chaque extrémité pour serrer. Vous pouvez inverser le sens des opérations. Le nœud est aussi facile à défaire.

Nœud de chaise

1 Le nœud de chaise doit être ni trop lâche, ni trop serré. Formez un œil à une des extrémités et glissez-y la corde libre, de l'arrière vers l'avant.

2 Passez le bout, ou courant, autour de la corde principale, ou dormant et ramenez-le à travers l'œil. Pour se remémorer ces opérations, on se réfère à la phrase : « Le lapin sort du trou, tourne autour de l'arbre et retourne dans son trou. »

3 Tirez sur le courant et sur le dormant pour serrer le nœud. Les grimpeurs préfèrent souvent le nœud en double-huit (*voir* ci-dessous).

4 Sécurisez le nœud en ramenant le courant sur et au travers de la boucle côté droit et au travers de l'œil formé au sommet. Serrez à nouveau.

Nœud en double-huit

1 Le nœud en double-huit permet de réaliser une boucle. Doublez la corde sur environ 1 m. Passez la boucle du bout au-dessus et au-dessous de la corde doublée pour créer une nouvelle boucle plus large.

2 Poursuivez en ramenant la boucle du bout à l'avant du nœud. Passez la boucle du bout au-dessus du nœud puis au-dessous et à l'arrière de la boucle plus large.

3 Glissez la boucle du bout à travers la boucle plus large. Tirez fermement pour serrer le nœud. Ce type de nœud non coulissant souvent utilisé par les grimpeurs (*voir* page 149) reste facile à défaire.

CORDES, MODE D'EMPLOI

UNE CORDE PEUT répondre à de multiples usages, si on en prend soin. Une corde d'escalade est assez solide pour tracter un véhicule hors d'usage, mais perd en élasticité et en performance lors de ce genre d'opération. Une corde endommagée ne vous sera plus d'aucune utilité en cas d'urgence. Pour une usure uniforme, utilisez toujours une corde sur toute sa longueur. Ne mettez jamais sous tension une corde qui présente un défaut, au risque de l'endommager plus encore. Maintenez vos cordes propres en les lavant à l'eau claire et conservez-les soigneusement enroulées en écheveau.

ENTRETIEN DES CORDAGES

Humidité, chaleur et insectes abîment les cordes en fibres naturelles. Les fibres synthétiques peuvent fondre sous l'effet d'une forte chaleur ou rompre au niveau d'une arête en cas de trop forte tension. Les poussières pénétrant les fibres nuisent au cordage, d'où l'intérêt de maintenir une corde propre et au sec. Lavez une corde dans une eau claire, en préférant un savon doux à un détergent abrasif. Suspendez les cordes pour les sécher, à l'abri du soleil et du feu.

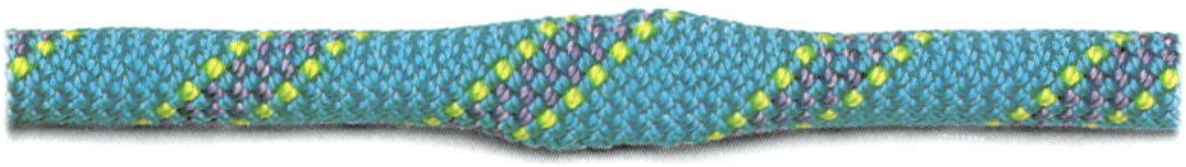

Âme endommagée
La gaine ne présente aucun défaut apparent, mais la corde endommagée ne doit plus être utilisée.

Gaine endommagée
Coupez la partie endommagée. Exploitez les brins restants pour tout usage ne comportant aucun risque vital.

ENROULER UNE CORDE EN ÉCHEVEAU

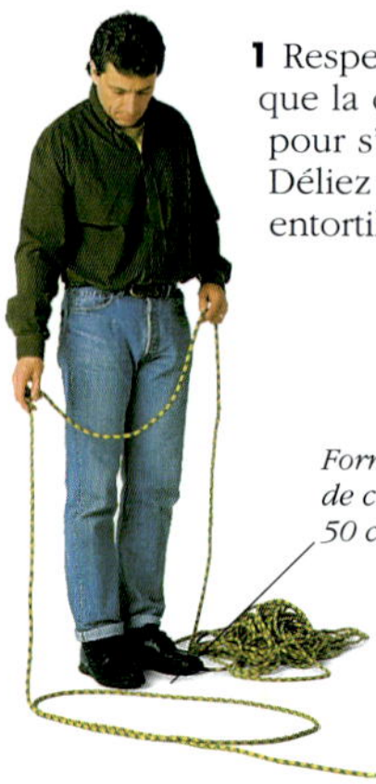

1 Respectez le sens que la corde prend pour s'enrouler. Déliez nœuds et entortillements.

2 Maintenez l'écheveau du pied en enroulant la corde. En présence d'un sol sale ou poussiéreux, formez l'écheveau à la main.

3 Poursuivez jusqu'à ce qu'il reste une longueur équivalente à un tour d'écheveau. Sécurisez l'écheveau en retournant et en glissant l'extrémité de la corde dans l'écheveau.

4 Enroulez la longueur restante autour de l'écheveau et de la boucle. L'extrémité doit être libre.

5 Enroulez le bout sur une hauteur de 10 cm environ et laissez 3 cm de boucle libre.

6 Glissez le bout de corde libre à travers la boucle et tirez fermement.

7 Tirez sur l'extrémité de la corde qui forme la boucle pour resserrer et sécuriser le montage.

Joindre des cordes

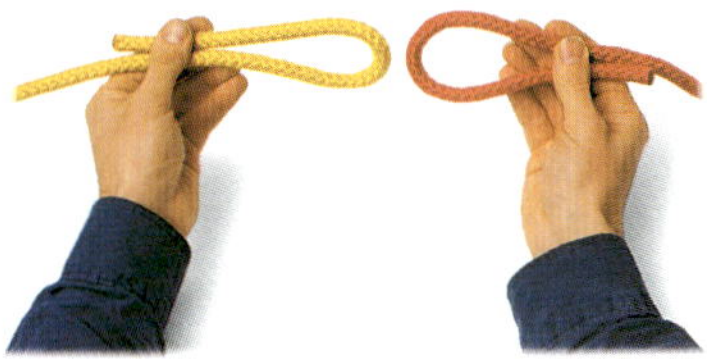

1 Deux cordes jointes devront être correctement nouées pour éviter tout risque de séparation. Formez une boucle à l'extrémité de chaque corde.

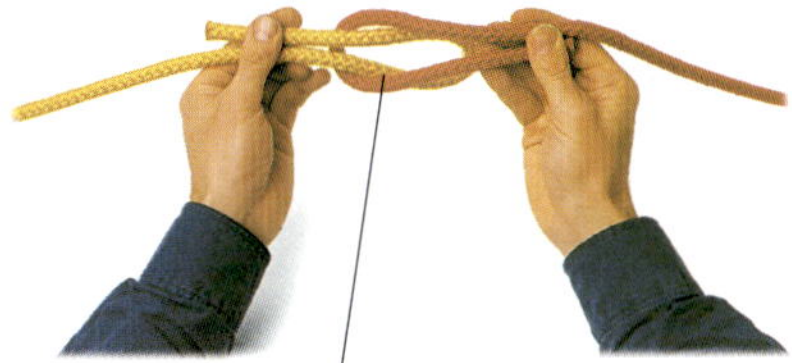

Glissez une boucle à l'intérieur de l'autre

2 Insérez les boucles l'une dans l'autre. Ce procédé peut être utilisé pour joindre des cordes identiques ou de qualité et de diamètre différents.

Maintenez fermement la première corde

3 Tirez sur le bout libre de la boucle extérieure, enroulez-le et glissez-le dans la boucle intérieure, en maintenant la première corde.

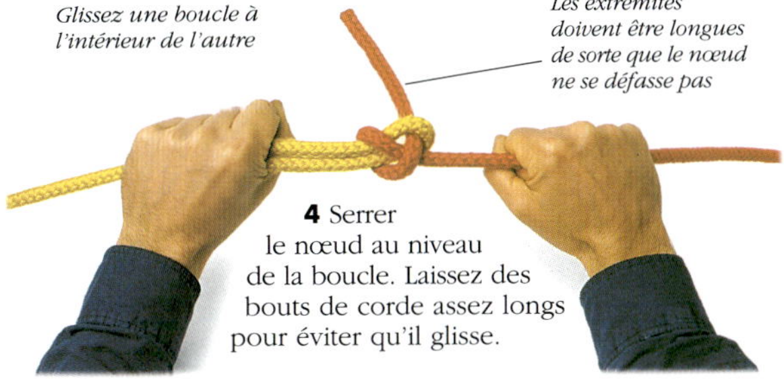

Les extrémités doivent être longues de sorte que le nœud ne se défasse pas

4 Serrer le nœud au niveau de la boucle. Laissez des bouts de corde assez longs pour éviter qu'il glisse.

Ligature en ciseaux

Nouez la corde au premier espar

1 Dans une ligature, la corde s'enroule fermement autour des supports. Nouez la corde au premier espar.

2 Faites plusieurs tours de corde autour du premier espar et ligaturez fermement les pièces en effectuant plusieurs tours de corde sur le second espar.

Ligature nette et serrée

3 Enroulez fermement la corde autour des deux espars, sur environ 3 cm de hauteur. Veillez à ne pas superposer les tours de corde et à bien serrer la ligature à chaque tour.

4 Faites passer la corde entre les deux espars et tournez plusieurs fois autour de la ligature pour sécuriser le montage.

Glissez l'extrémité de la corde sous la ligature

5 Passez plusieurs fois de suite le bout de corde libre dans une boucle faite sur un des espars. Tirez sur l'extrémité pour sécuriser la demi-clé.

6 Séparez les espars selon l'angle. Utilisez ce montage pour construire des structures, comme le toit d'un abri à double pente (*voir* page 52).

Ligature solide, sûre et souple

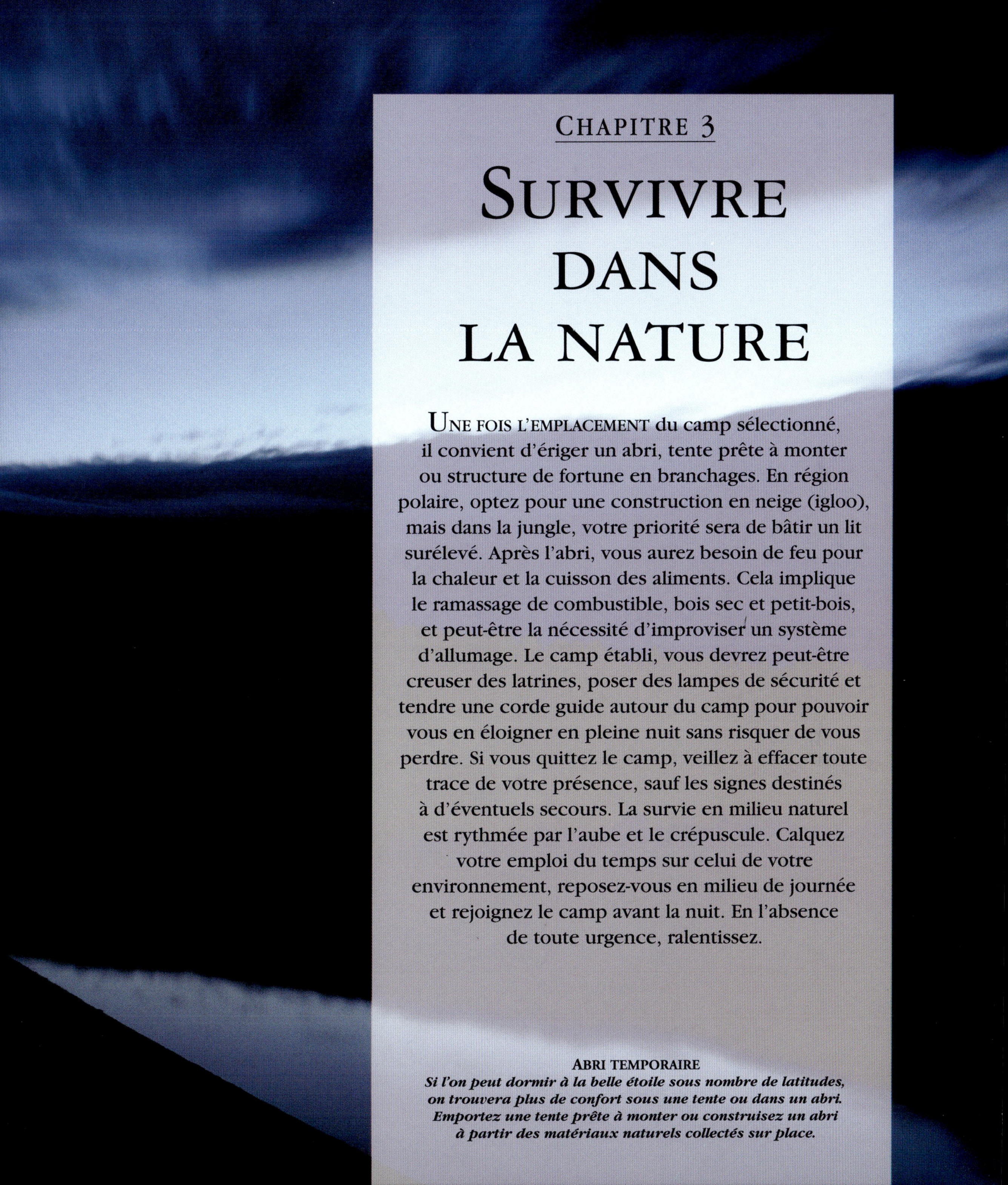

CHAPITRE 3

SURVIVRE DANS LA NATURE

UNE FOIS L'EMPLACEMENT du camp sélectionné, il convient d'ériger un abri, tente prête à monter ou structure de fortune en branchages. En région polaire, optez pour une construction en neige (igloo), mais dans la jungle, votre priorité sera de bâtir un lit surélevé. Après l'abri, vous aurez besoin de feu pour la chaleur et la cuisson des aliments. Cela implique le ramassage de combustible, bois sec et petit-bois, et peut-être la nécessité d'improviser un système d'allumage. Le camp établi, vous devrez peut-être creuser des latrines, poser des lampes de sécurité et tendre une corde guide autour du camp pour pouvoir vous en éloigner en pleine nuit sans risquer de vous perdre. Si vous quittez le camp, veillez à effacer toute trace de votre présence, sauf les signes destinés à d'éventuels secours. La survie en milieu naturel est rythmée par l'aube et le crépuscule. Calquez votre emploi du temps sur celui de votre environnement, reposez-vous en milieu de journée et rejoignez le camp avant la nuit. En l'absence de toute urgence, ralentissez.

ABRI TEMPORAIRE
Si l'on peut dormir à la belle étoile sous nombre de latitudes, on trouvera plus de confort sous une tente ou dans un abri. Emportez une tente prête à monter ou construisez un abri à partir des matériaux naturels collectés sur place.

ÉTABLIR UN CAMP

UN CERTAIN NOMBRE de facteurs entre en ligne de compte quand il s'agit d'établir un camp, à commencer par la sécurité. Le manque d'expérience peut vous empêcher d'identifier les dangers et inconvénients potentiels d'un site. Pour mettre toutes les chances de votre côté, prenez le temps nécessaire pour bien choisir l'emplacement de votre camp avant la nuit. Le temps passé à reconnaître les lieux n'est jamais superflu. Organisez votre installation en fonction de la tombée du jour. L'abri doit être monté et le repas mis en route avant la nuit et votre installation terminée une heure auparavant, voire plus ; comptez au moins une heure de plus pour la reconnaissance. Si la nuit tombe à 18 h, vous devez commencer à faire halte à 15 h et, à 16 h avoir trouvé un site adapté.

Vent dominant
Efforcez-vous de repérer le sens du vent dominant et montez votre tente en fonction, entrée à l'opposé. Creusez les latrines dans la zone de votre camp située sous le vent. Enfin, pour le feu, choisissez un emplacement abrité de sorte que le vent ne rabatte pas les fumées sur la tente.

Arbres
Établir le camp à proximité des arbres permet de disposer de bois à brûler ou de matériaux pour la construction d'un abri, mais attention aux arbres morts susceptibles de s'effondrer sur la tente, ou à la présence d'animaux dangereux.

Coude d'une rivière
Évitez l'intérieur du coude d'une rivière, le sol y est susceptible d'inondation. Les dépôts de graviers amassés à cet endroit, là où l'eau s'écoule plus lentement, peuvent entraîner une crue de la rivière.

ASTUCES POUR LA VIE AU CAMP

- En cas de pluie, creusez un caniveau autour de la base de votre tente, orienté dans le sens de la pente du terrain. Par vent violent, fixez les cordes de la tente avec de grosses pierres.
- Si vous n'en avez pas l'utilité, tenez toutes vos affaires emballées. Vous saurez ainsi où les trouver et pourrez les sortir rapidement en cas d'urgence. Vous courrez aussi moins de risque de les égarer.
- Ne stockez pas de nourriture sous la tente. Suspendez vos sacs à environ 3 m du sol et 1 m du tronc d'un arbre, hors de portée des ours, singes ou autres animaux.
- Déballez et réparez votre matériel si nécessaire. Étalez au soleil vêtements et sac de couchage avant de refaire votre sac.

Pieds au sec
Mettez vos chaussures à sécher sur des bâtons plantés dans le sol, ainsi aucun animal ne pourra s'y glisser.

Risque d'avalanche
Au pied d'une montagne, évitez de planter la tente dans la trajectoire d'un couloir d'avalanche ou de chute de pierres. Au printemps, attention à la fonte des neiges, responsable d'inondation.

AUTRES SITES

Au moment de choisir le site du camp, évitez les poches d'air froid et les terrains humides. Installez le camp au-dessus de la trajectoire prévisible des crues et courants d'air froid. Préférez les zones en hauteur, balayées par le vent.

Récupérer de l'eau
Puisez toujours l'eau destinée à la consommation en amont du camp, ainsi qu'en amont des endroits où viennent s'abreuver les animaux.

Vaisselle
Lavez les ustensiles de cuisine dans le courant, entre le site de collecte d'eau pour la consommation et celui de la lessive. Récurez les fonds de plats avec du sable ou un bout de tissu avant de rincer, les résidus alimentaires polluant l'eau et attirant les animaux. N'utilisez pas de produit détergent, poison potentiel pour les poissons.

Tente
Plantez la tente à distance de la rivière, dont le bruit peut masquer la présence d'animaux. Veillez également à placer l'entrée de la tente à l'abri du vent et loin des latrines.

Latrines
Creusez les latrines en aval et sous le vent par rapport à la tente. Choisissez un emplacement éloigné de la rivière pour éviter que l'eau soit contaminée.

Feu
La fumée d'un feu peut contribuer à repousser les insectes loin de la tente, mais les flammes ne doivent pas risquer de l'enflammer.

Le camp idéal
Protégé par un bosquet, mais à distance de tout arbre mort pouvant s'abattre sur la tente, le camp idéal se trouvera à proximité d'un point d'eau, mais à l'abri d'une inondation éventuelle et loin d'empreintes d'animaux. À flanc d'une vallée, le terrain a l'avantage d'être plat et bien drainé ainsi qu'à couvert des vents dominants du secteur.

Lessive
Lavez les vêtements en aval de votre tente et de l'endroit où vous puisez l'eau. Trempez les habits dans l'eau, puis savonnez à même le sol et enfin rincez, dans un panier plutôt que directement dans la rivière.

CHOISIR UNE TENTE

UNE TENTE FAIT barrage à la pluie et au vent, et limite les pertes de chaleur. La toile du double toit, ou tente extérieure, doit être robuste, imperméable et bien tendue pour résister à la pluie et aux vents violents. La tente, ou tente intérieure, fixée au double toit, est lâche, avec une toile perméable qui limite la condensation et retient la chaleur, tout en disposant d'aérations. Toiles extérieure et intérieure ne doivent pas être en contact, sous peine de perte de chaleur et de condensation sur la face interne du double toit qui, à terme, infiltreront la tente. Le tapis de sol imperméable assure une étanchéité maximale.

ANATOMIE D'UNE TENTE

Il existe plusieurs types de tentes, certaines équipées d'un double toit, la plupart conçue selon les standards de la canadienne de base. Maintenue par des mâts, la tente est fixée au sol au moyen de piquets passés à travers des œillets, au bout de tendeurs réglables disposés le long de la toile.

La canadienne
La canadienne universelle convient à tous les types de camping, depuis les régions montagneuses jusqu'à la pelouse d'un jardin.

BIEN CHOISIR SA TENTE

S'il existe différents types de tentes, toutes s'inspirent du même modèle. L'usage que vous en aurez, la météo et la nature du terrain doivent déterminer votre choix. Il faut prendre en compte le poids et la taille de la tente, si vous vous déplacez à pied. L'intimité d'une tente individuelle a son inconvénient : le froid. Mieux vaut choisir une tente pour deux, la chaleur générée par les corps pouvant faire la différences en cas de températures extrêmes.

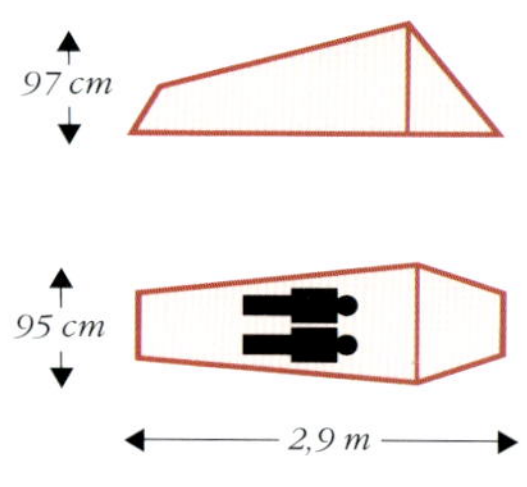

Tente pour deux
Légère, la canadienne pour deux offre, sous le double toit, un espace pour le rangement et la cuisine et juste assez de place pour le couchage de deux personnes.

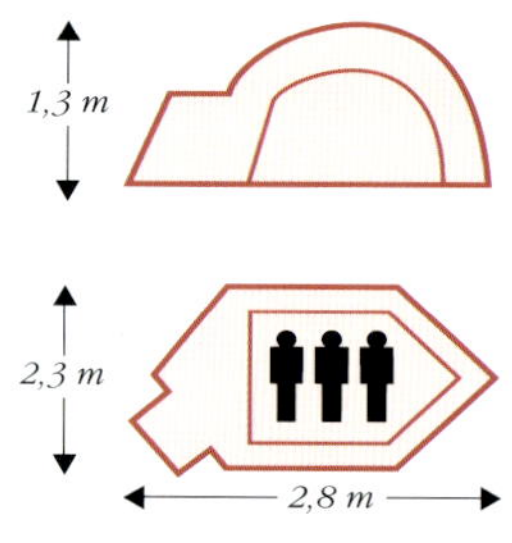

Tente trois places
La tente dôme offre un vaste espace, suffisant pour s'asseoir confortablement et entreposer vos affaires. Trois mâts souples permettent à la structure de résister aux vents violents.

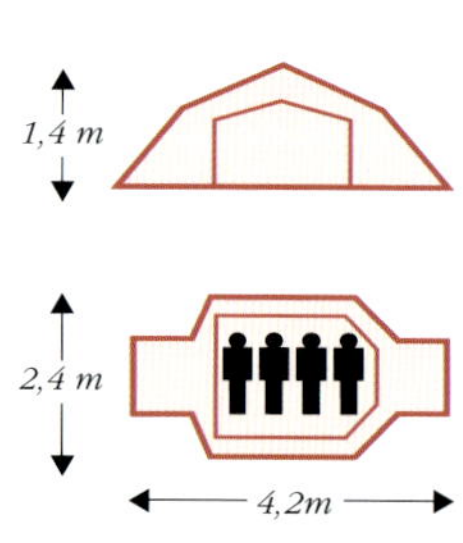

Tente quatre places
Quatre adultes peuvent occuper cette tente, malgré une certaine promiscuité. L'aspect aération est capital et chacun doit veiller à garder ses affaires emballées pour prévenir tout conflit.

Tentes tout terrain

Certaines tentes conviennent mieux à la nature d'un terrain que d'autres. Une canadienne basique peut s'employer presque partout mais certaines tentes modernes, comme le dôme géodésique, s'adaptent mieux à un terrain difficile et à des conditions extrêmes, comme les bourrasques et la neige lourde des zones de montagne. Par vent violent, les tentes à mâts externes sont plus faciles à monter que celles à mâts internes. La tente à deux arceaux est instable sous climat extrême.

Tente dôme
Idéale dans des conditions extrêmes, en zones polaires et montagneuses notamment, puisque l'on peut l'enterrer derrière un talus de neige pour plus de stabilité, et à l'abri du vent. Il faudra pourtant l'en sortir avant que la neige ne tombe trop lourdement.

Tente tunnel
Croisement entre la tente dôme et la canadienne. La version individuelle est idéale pour la randonnée, car elle est légère et facile à monter. Résistante aux vents, la tente tunnel convient aussi bien aux prairies qu'aux vallées fluviales rocailleuses.

Tente tunnel trois arceaux
Elle peut compter jusqu'à 3 arceaux, avec arceaux complémentaires plus petits aux extrémités et un plus large au centre. Très stable, elle comporte souvent deux entrées et offre une capacité de deux/trois personnes. Sa forme facilite l'écoulement de la pluie.

Canadienne
La tente canadienne à deux pans s'adapte à presque tous les terrains. Composée d'un mât de toit central horizontal (la faîtière) et d'un autre de hauteur égale à chaque extrémité, elle se décline dans presque tous les volumes, individuelle ou pour plusieurs personnes.

Tente dôme géodésique
Robuste, légère, facile à monter et tout aussi simple à démonter. Si par vents forts, le dôme géodésique doit être solidement amarré, la disposition d'arceaux emboîtables à points de croisement multiples renforce la résistance. L'armature du dôme géodésique permet de tendre le matériau de la tente sans tendeur. La forme elle-même offre une hauteur remarquable dans la chambre.

Sac de couchage de survie

Le sac de survie peut servir de simple couverture imperméable pour sac de couchage ou de petite tente, équipée de mâts courts à son entrée, qui formeront le vestibule. Réalisé dans un matériau aux qualités isolantes remarquables pour réduire l'effet de condensation, il s'utilise même par fortes pluies, en terrain découvert, l'eau tombant sur le tissu faisant toutefois beaucoup de bruit.

Couverture de sac de couchage
Le sac de survie, une excellente couverture imperméable pour sac de couchage ou tente improvisée.

MONTER UNE TENTE

ÉTABLIR LE CAMP, c'est choisir le bon emplacement pour votre tente au sein de tout ce qui compose le camp en tenant compte de certains critères de sécurité et de protection. Réfléchissez d'abord à l'implantation de l'entrée, à la manière d'assurer les points d'ancrage et envisagez les risques (*voir* page 40). Il vous faudra ensuite déblayer et niveler le terrain, aplanir trous et bosses. Montez votre tente en premier. Instaurez un emploi du temps rigoureux, en accomplissant jour après jour chaque activité dans l'ordre. Grâce à l'habitude, vous serez bientôt capable de monter une tente dans l'obscurité, sous une tempête ou une pluie torrentielle. Vous devez savoir où trouver chaque accessoire de votre tente quand vient le moment de la monter et savoir aussi la ranger méthodiquement (*voir* page 46).

1 Entraînez-vous à monter votre tente comme sous la pire tempête. Étalez le double toit sur le sol, paroi arrière face au vent, et fixez aussitôt les angles.

Plantez les piquets aux quatre coins

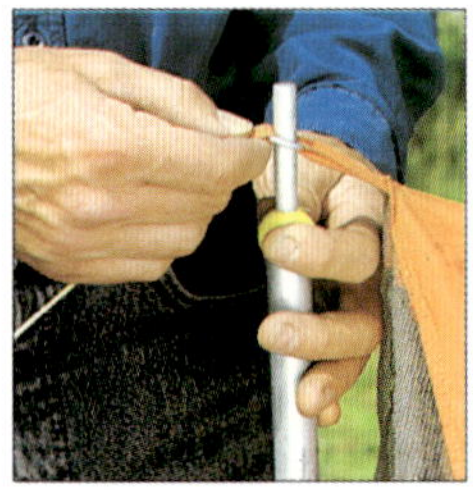

2 Assemblez les mâts. Vissez bien ensemble les bons éléments, sous peine de ne plus pouvoir les séparer. Fixez l'œillet de l'arrière de la tente au mât le plus court.

3 Maintenez à la verticale le mât court et plantez le tendeur correspondant dans le sol. Le mât doit tenir debout tout seul. À ce stade, laissez les tendeurs latéraux, vous les réglerez plus tard.

4 Insérez le mât avant dans l'œillet correspondant du toit. Tenez le mât droit et placez le tendeur. Faites vite, si le vent souffle fort, la tente sera instable, s'il pleut à verse, l'intérieur sera inondé.

5 Passez le double toit sur la partie arrière de la tente intérieure et fixez fermement avec le tendeur.

6 Faites glisser le double toit sur le haut de la tente et fixez l'œillet au mât de l'entrée, à l'avant de la tente. Placez le tendeur. Il vous faudra peut-être déplacer les tendeurs de la tente intérieure vers le mât avant, pour bien ajuster le double toit.

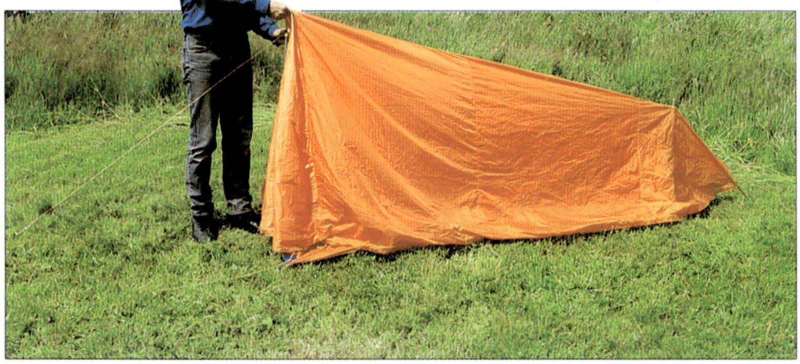

ATTENTION

Ne tirez pas les sangles pour extraire des sardines mal positionnées, le caoutchouc pourrait céder. Pour déterrer des piquets récalcitrants, employez une autre sardine ou un crochet adapté.

7 Fermez la fermeture éclair de l'entrée du double toit sur le tendeur de la tente intérieure. L'espace entre tente intérieure et double toit ménage une abside où vous pourrez stocker du matériel.

8 Fixez les tendeurs de la tente intérieure, en équilibrant la tension des deux côtés.

Fixez les tendeurs aux sardines

9 Fixez les pans du double toit, bien tendus sur la tente intérieure. Tente intérieure et double toit ne doivent pas entrer en contact (*voir* ci-dessous). Ouvrez la fermeture éclair du rabat avant et, avec les tendeurs, réglez l'équilibre, la tension et la fixation de la tente. Attention à ne pas entraîner la tente en tendant trop les tendeurs.

10 L'arrière de la tente, partie basse, doit faire face au vent. La tente sera tendue correctement, alignée dans le sens du vent et de la pluie. Les sacs à dos peuvent se ranger dans l'abside. Ne laissez jamais de nourriture déballée à l'intérieur (*voir* page 40).

Monter une tente dôme

Une tente dôme se monte en principe plus facilement et rapidement qu'une canadienne ; le dôme offre plus d'espace vital et de hauteur intérieure. Moins aérodynamique, la tente dôme doit cependant être protégée des vents violents, derrière un mur, des arbres, ou un talus. Suivez scrupuleusement les instructions de montage. On fixera d'abord les sardines avant l'insertion des arceaux, car une rafale aurait vite fait de l'emporter. Une astuce consiste à placer un sac à dos à l'intérieur et à zipper la porte. Les recommandations sont ensuite identiques au montage d'une canadienne : nivelage du sol, inspection des abords, nid d'insectes par exemple, position de la porte loin du sens du vent et manipulation prudente des sangles des sardines. Attention au risque de déchirure d'une toile tendue au maximum.

Clippez bien les arceaux, surtout au niveau du croisement

Insérez les arceaux correctement, sans forcer

Maintenez la porte zippée jusqu'au montage complet de la tente

Repérez le site d'implantation de la tente, nivelez le sol

Tente : mode d'emploi

- En hiver, utilisez la tente intérieure et le double toit ; à d'autres périodes de l'année, ou sous climats chauds, la tente intérieure est superflue. Le double toit seul offre un volume sous tente plus important.
- Veillez à une bonne ventilation. Ne cuisinez jamais sous une tente, mais dans l'abside, fermeture éclair à moitié ouverte.
- Les piquets de tente risquent de s'abîmer sur sol rocailleux. Fixez les tendeurs autour de grosses pierres.
- La couche d'air entre la tente et le double toit sert d'isolant. Veillez à tendre suffisamment le toit pour qu'il n'entre pas en contact avec la tente. En cas de contact, une condensation se formera à l'intérieur de la tente et s'écoulera sur les parois, ce qui risquera très certainement d'imprégner votre sac de couchage et tout votre équipement.

Démonter une tente

Au démontage de la tente, appliquez-vous à ranger méthodiquement chaque élément, de façon à pouvoir les retrouver sans perdre de temps. Sous la pluie, emballez le matériel rapidement, particulièrement la tente intérieure. Ne perdez pas de vue que vous êtes vulnérable sans votre abri et partez au plus vite en quête d'un nouveau campement, afin de monter votre tente avant la nuit. Si le temps est beau et sec, avant d'emballer la tente, étalez tous les composants en plein air un moment, vent et soleil sécheront ainsi double toit et tente intérieure, empêchant toute formation de moisissure.

1 Retirez tous les piquets retenant le double toit et la tente. Par vent fort, gardez certaines parties de la structure accrochées à leurs sardines, pour éviter que la tente ne s'envole. Ne tirez ni sur les tendeurs ni sur les sangles pour déterrer vos sardines et pensez à les compter.

Retirez les sardines du sol, sans les tordre

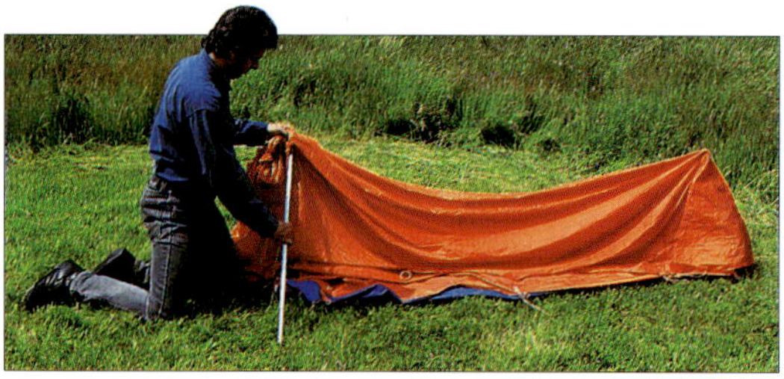

2 Ouvrez la fermeture éclair de la porte du double toit et retirez le mât avant. Nettoyez les traces de boue et de moisissure, démontez-le et rangez les éléments dans son sac.

3 Retirez l'autre mât, nettoyez-le et séchez-le avant de le ranger dans son sac. Étalez la tente à plat sur le sol de manière à pouvoir facilement ramasser les angles du toit.

4 Roulez et emballez séparément tente et double toit de manière à pouvoir rapidement les identifier au bivouac suivant. Pour ranger le double toit, commencez par le séparer de la tente, en l'attrapant par les œillets percés aux angles du toit. Attention à ne pas soulever la tente en même temps.

5 Tenez le double toit par les œillets et soulevez-le de manière à ce qu'il retombe librement, puis pliez-le soigneusement en un long V. Veillez à ce qu'il ne porte aucune trace de moisissure avant de le plier.

6 Étalez le double toit sur un sol sec et roulez-le en le compactant le plus possible. Tout en roulant, rabattez les pans du double toit, en veillant à ce que les tendeurs ne s'emmêlent pas.

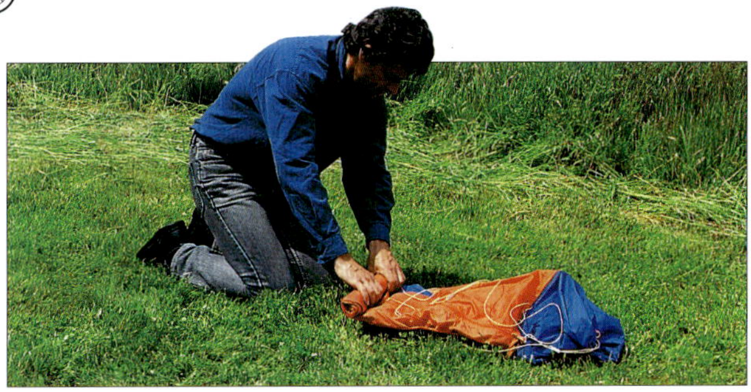

7 Secouez la tente de façon à ce que les tendeurs pendent librement puis étalez la tente sur le sol et roulez-la en serrant le plus possible. Tout en roulant, rabattez les pans intérieur.

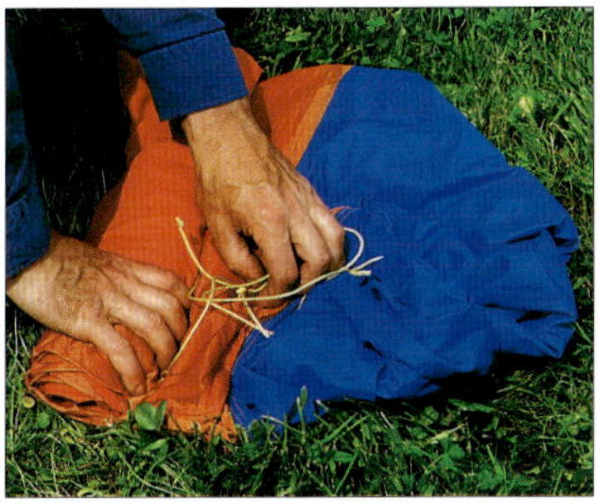

8 Glissez les tendeurs dans le rouleau avant la fin de l'opération, sans les nouer ni les emmêler. Sinon, il faudra les démêler au camps suivant.

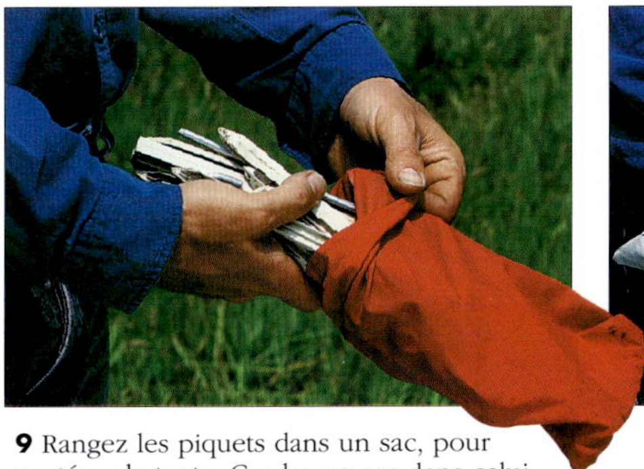

9 Rangez les piquets dans un sac, pour protéger la tente. Gardez ce sac dans celui de la tente. Attention, boue et moisissure peuvent endommager et rouiller les sardines.

10 Nettoyez les mâts et glissez-les dans un sac puis dans le sac principal de la tente. Des mâts propres se manipulent plus facilement.

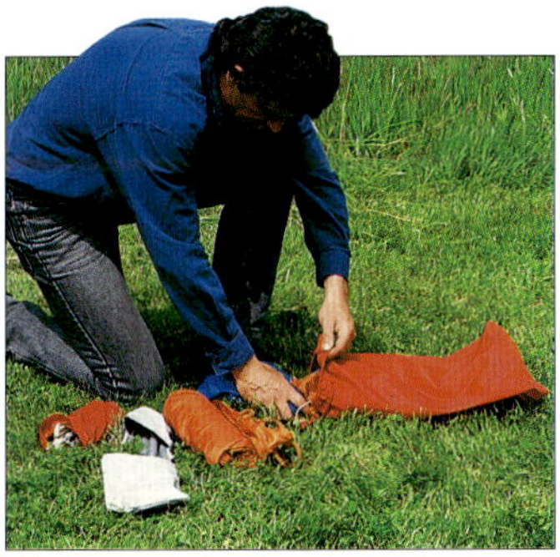

11 Glissez double toit et tente intérieure dans le sac principal de la tente. On peut placer chaque élément dans une poche plastique pour plus de protection.

ATTENTION

Au démontage, attention à ne pas égarer sardines, tendeurs ou mât et à ne pas abîmer une partie de la tente. Si cela se produisait, il faudrait prendre le temps de réparer avant le montage suivant.

12 Avant de tirer sur les cordons de la tente, vérifiez que tout soit emballé et que vous n'avez pas oublié sardines ou mâts, ce qui se produit souvent en terrain herbeux.

Entretien et réparation

- Au moment de l'emballer, la tente doit être sèche : elle sera plus légère à transporter et la toile sera protégée de la moisissure.
- Ne pas laisser la tente dressée sous un soleil torride ou l'emballer encore chaude. L'enduit caoutchouté d'imperméabilité risque de fondre par forte chaleur et de coller les autres éléments de la tente.
- Vérifiez souvent les éléments, réparez ceux endommagés sans attendre.
- Avant d'emballer la tente, lavez-la à l'eau douce et rincez à l'eau propre.

Patchs de réparation
Équipez-vous de patchs spéciaux en vinyle pour rapiécer provisoirement les déchirures d'une tente.

Construire un abri

SE PROTÉGER DU vent, de la pluie, du soleil, pouvoir se reposer et dormir, autant de choses vitales pour la survie. De la qualité de construction de votre abri dépend votre confort, et mieux vous dormirez, plus vous serez en mesure de résister. Se reposer est essentiel pour votre santé physique autant que pour votre mental, qui influe sur votre capacité à raisonner, à analyser, et sur votre aptitude à survivre. L'abri en appentis, sans doute le plus facile et le plus rapide à construire, s'adapte à de nombreux terrains. On le montera sur un sol nivelé, protégé, sécurisé (*voir* page 40), toit face au vent. La construction de l'abri dépend des matériaux à disposition. Si vous êtes en possession d'une bâche ou d'une housse plastique, servez-vous en pour confectionner le toit de votre abri, dans le cas contraire, improvisez.

La faîtière devra vous dépasser d'une bonne longueur

1 Abri en appentis : coupez une très longue branche pour la faîtière. Mesurez la longueur correcte de cette faîtière ; levez le bras et taillez la branche à environ 60 cm au-dessus de votre main. Prenez une branche bien droite et élaguez brindilles et petites branches. N'utilisez pas de branches mortes, elles peuvent craquer ou se briser par vent fort.

2 Coupez deux branches supports en forme de Y, à hauteur de poitrine, plus 30 cm qui seront enfoncés dans le sol, et taillez l'extrémité en pointe.

Taillez l'extrémité des supports pour les enfoncer dans le sol

3 À l'aide d'une pierre, enfoncez les supports dans le sol. La distance entre les deux doit être d'environ 60 cm de moins que la longueur de la faîtière.

4 Placez la faîtière dans le creux de la fourchette des supports, dépassant à longueur égale d'un côté et de l'autre. La faîtière doit être légère mais suffisamment solide pour soutenir le poids du toit, et résister aux fortes pluies et aux vents violents.

5 Coupez plusieurs branches robustes d'une longueur suffisante pour venir reposer sur la faîtière à un angle de 45° par rapport au sol, pour faciliter l'écoulement de la pluie sur le toit. Espacées de 20 cm, elles déborderont de la faîtière d'environ 10 cm.

6 Coupez plusieurs solides rameaux, sans ôter les feuilles, et tressez-les sur les branches inclinées du toit jusqu'à former un treillis. Tressez également une rangée de rameaux sur la faîtière pour la maintenir en place.

Tressez les branches du toit à la faîtière pour l'assurer, et permettre de donner à la structure une bonne résistance à la tension

7 Tressez le treillis du toit à l'aide d'autres branches, avec leur feuillage, pour isoler du vent et de la pluie. Ces branches entières renforceront la structure et le feuillage tiendra plus longtemps, surtout s'il s'agit de feuilles caduques.

8 Tressez toutes sortes de feuillage jusqu'à ce que vous soyez satisfait de l'épaisseur de votre toit. Certains types de feuillage meurent plus vite que d'autres et seront remplacés après quelques jours. Mieux vaut tisser les nouvelles branches sur les anciennes. Préférez les branches d'arbres à petites feuilles, les grandes se déchirent, meurent plus vite et sont difficiles à tresser à plat.

9 L'abri peut nécessiter des aménagements. On peut le disposer à l'arrière de rochers pour maintenir le toit en prévision de vents forts ou pour former des murets latéraux. Allumez le feu de camp face à l'abri, en veillant à ce que les flammes soient à distance du treillis. Reformez le treillis à mesure que le feuillage s'étiole.

Matériaux synthétiques

La construction d'un abri est plus facile avec des matériaux synthétiques qu'avec des matières naturelles. Feuilles de polyéthylène, sacs plastique et cordage entrent souvent dans la confection d'abris, de même que la tôle galvanisée, les cagettes, le carton et le contreplaqué.

Autres matériaux
Des débris de matériaux synthétiques divers peuvent servir à construire un abri.

ABRIS POLAIRES

LORSQUE LA TEMPÉRATURE reste en dessous de 0 °C, construire un abri en neige est assez facile. La priorité est de s'abriter du vent, responsable de la chute vertigineuse de la température de l'air (*voir* page 141). En présence de températures inférieures à -10 °C, il est impératif de construire un abri dans lequel la chaleur pourra être emprisonnée. Cela va de la simple congère creusée à l'igloo, dont la construction peut prendre plusieurs heures. Dans un abri durable, comme un igloo, on pourra piéger les courants d'air froid hors de l'habitacle au moyen d'une fosse coupe-vent, creusée à l'entrée du tunnel d'accès. Autre élément d'importance dans tous les abris de neige, la ventilation, sous peine d'asphyxie.

CONSTRUIRE UN IGLOO

1 Avec une scie à neige ou un gros couteau, taillez dans une neige dure et sèche des blocs d'environ 1 m de long, 40 cm de haut et 20 cm de profondeur.

2 Autour du trou laissé par la taille des blocs, placez ceux-ci en cercle. Taillez la face supérieure des blocs de la première rangée de façon à former une spirale ascendante. Cela facilitera la construction du dôme.

3 Élevez les murs avec les blocs taillés pour une inclinaison vers le centre. Découpez un trou sous le mur pour la fosse et le tunnel coudé. Placez des blocs le long d'une paroi pour surélever l'espace destiné au sommeil.

4 Le dernier bloc doit être taillé de sorte qu'il soit plus grand que le trou. Placez le bloc en haut de l'igloo puis, de l'intérieur, taillez-le pour l'ajuster exactement au trou.

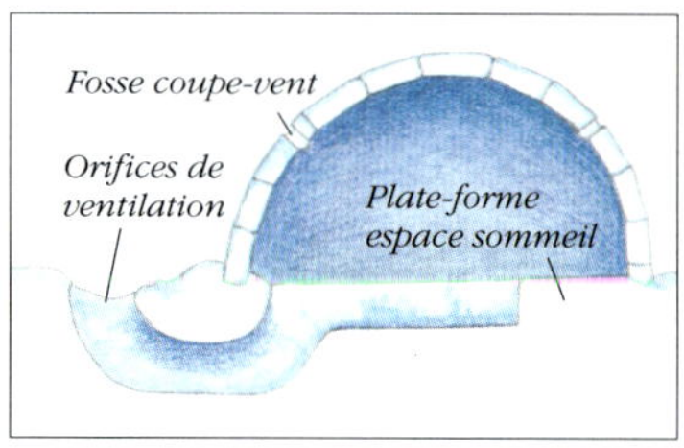

5 L'air chaud généré par le corps et le réchaud monte et reste dans le dôme. L'air froid tombe dans la fosse et ressort vers l'extérieur. Avec une scie à neige, percez les orifices de ventilation.

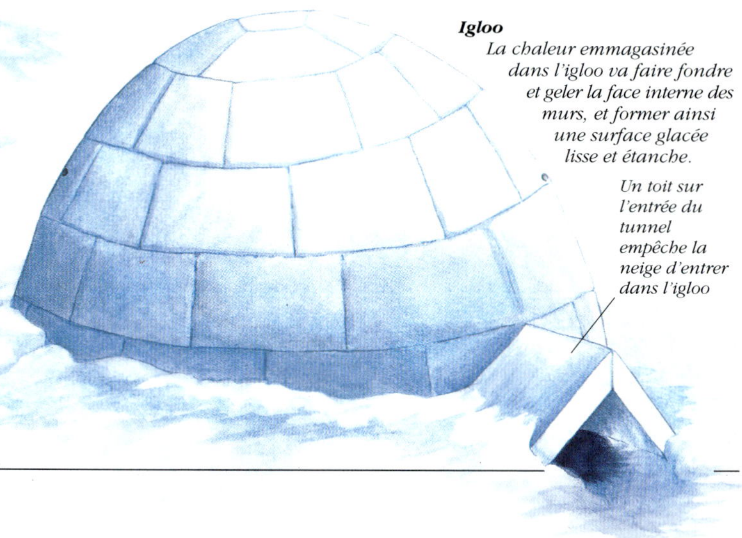

Igloo
La chaleur emmagasinée dans l'igloo va faire fondre et geler la face interne des murs, et former ainsi une surface glacée lisse et étanche.

Un toit sur l'entrée du tunnel empêche la neige d'entrer dans l'igloo

ATTENTION

Sous peine d'asphyxie, l'igloo doit compter au moins un orifice de ventilation. Le corps génère une forte chaleur, même en cas de froid et de vent à l'extérieur. Sans ventilation, il y a formation de monoxyde de carbone, gaz mortel.

Fabriquer un abri de neige

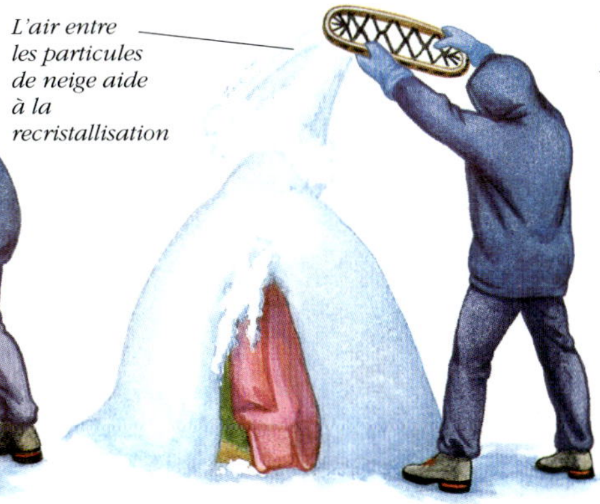

1 Disposez sacs à dos et autres équipements en un cône étroit, le cœur de l'abri, de façon à réduire la quantité de neige nécessaire pour construire votre abri.

2 Avec une raquette ou une pelle, recouvrez les sacs à dos de neige et compactez-la. Attendez au moins 30 minutes, le temps que la neige gèle, et recouvrez de nouveau de neige.

3 Lorsque l'épaisseur de neige atteint environ 1 m, lissez le dôme et laissez durcir une heure. Ce délai est capital, car il permet à la neige de se recristalliser et aux particules de se ressouder.

4 Ramassez des bouts de bois d'environ 60 cm de long, piquez-en la surface du dôme, à profondeur égale, orientés vers le centre de l'abri.

5 Creusez devant l'abri et percez une porte de façon à extraire les sacs puis, à l'aide d'une casserole, creusez l'intérieur jusqu'à apercevoir l'extrémité des bâtons.

Autres types d'abris polaires

Tranchée de neige
Creusez une tranchée et montez un toit de branches entrecroisées. Recouvrez la structure de neige tassée. Placez une branche à la verticale qui dépassera du toit pour former une cheminée de ventilation.

Grotte de neige
En cas d'urgence, creusez une congère et bloquez l'entrée avec des briques de neige. Percez la paroi pour la ventilation.

Abri naturel
On peut trouver à se réfugier dans un creux à l'abri des branches basses d'un conifère. Pensez à débarrasser les branches de leur neige.

Abris tropicaux

On appelle tropiques les régions entre tropiques du Cancer et du Capricorne, à environ 23° de latitude au nord et au sud de l'équateur. Forêts tropicales humides, marécages et savanes recouvrent ces régions à la végétation luxuriante, soumises à de fortes précipitations et riches en faune. S'abriter de la pluie, du vent et du soleil se révèle être la priorité. Dans les forêts tropicales d'altitude, la température chute vertigineusement la nuit venue. Dans la jungle ou les marécages, mieux vaut dormir au-dessus du niveau du sol, assez haut pour laisser la voie libre aux animaux, ou éviter que les pluies torrentielles vous inondent. Toit étanche et moustiquaire sont indispensables. Dormir en hauteur est vital dans la jungle, mais revêt beaucoup moins d'importance dans les prairies tropicales.

Abri type A

1 Pour faire cet abri, le plus simple à construire, coupez sept longues branches et fixez deux d'entre elles à un arbre.

2 Fabriquez une seconde structure en A, fixez-la à distance de la première, soit votre taille plus 60 cm environ.

3 Pour la faîtière, placez une branche légère mais robuste dans le creux du V formé par les structures en A.

4 Rouler les extrémités d'un tapis de sol pour former deux tubes. Insérez un mât dans chaque tube pour former un brancard. Enfoncez ce brancard entre les structures en A, mâts à l'extérieur.

5 Pour le toit, placez une bâche sur la faîtière, bien tendue et attachée aux arbres. Le toit vous protégera de la pluie. Laissez toujours un espace de circulation d'air au-dessus de votre tête.

Abri en bambou

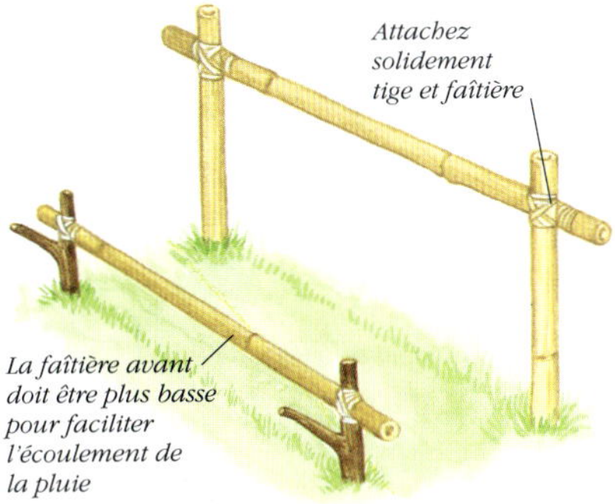

1 À construire partout où pousse du bambou. Plantez 4 tiges à une distance équivalente à votre taille, plus une longueur de bras. Les tiges avant doivent mesurer environ 30 cm de moins que les tiges arrière. Fixez une faîtière aux structures verticales, comme indiqué ci-contre.

2 Refendez une tige de bambou, placez-la comme une gouttière le long de la faîtière basse. Bouchez une extrémité avec du feuillage, placez un récipient de l'autre côté pour collecter l'eau de pluie. Posez des tiges refendues sur les faîtières, côté ouvert vers le haut, extrémités basses soutenues par la gouttière. Recouvrez avec d'autres tiges refendues, côté bombé vers le haut, en les imbriquant sur celles de la couche inférieure.

> **ATTENTION**
>
> Une tige de bambou se refend facilement avec un simple couteau, mais attention aux échardes. De plus, certaines tiges peuvent se plier sous la tension et risquent de se détendre violemment.

Abri de jungle

1 Enfoncez quatre rondins en guise de poteaux d'angle, à distance égale, équivalente à un peu plus de votre taille. Pour le lit, attachez quatre branches aux poteaux, au niveau d'encoches creusées à l'extérieur des poteaux. Entrelacez de petites branches pour former le lit (*voir* page 48).

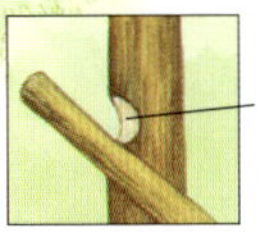

2 Fabriquez la structure du toit en reliant et nouant sept branches ensemble. Le toit sera en pente pour faciliter l'écoulement de la pluie et supporter le poids de la couverture. Fixez la structure aux poteaux d'angle.

3 Fixez d'autres branches pour renforcer la charpente du toit et couvrez de larges feuilles. Faites-les déborder sur les côtés et vers le bas. La tige de chaque feuille doit pointer face luisante vers le haut, pour faciliter l'écoulement de la pluie.

Abris durables

En situation de survie, impossible de savoir combien de temps vous resterez isolé ou bloqué au même endroit. D'où l'importance d'essayer de construire un abri digne de ce nom. En cas de séjour forcé dans la nature, en plein hiver par exemple, un abri solide, type cabane en rondins, s'impose.

Avant de passer des jours, voire des semaines, à construire un abri durable, commencez par repérer le meilleur emplacement. Prévoyez nourriture, combustible et eau potable à proximité, préférez un sol compact bien sec et choisissez un site non exposé aux risques naturels (*voir* page 40).

Cabane en rondins

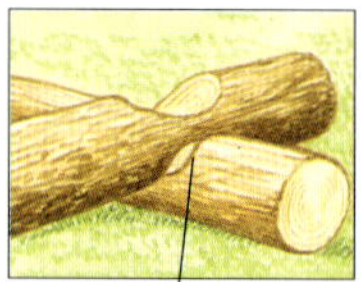

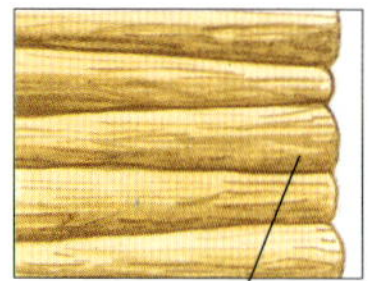

1 Dégagez le sol du site de la cabane jusqu'à 1 m au moins au-delà des murs et placez les premiers rondins selon le contour de l'abri.

2 Utiliser des rondins aux bonnes dimensions et tailler les encoches au bon endroit garantit la réussite de l'assemblage. Montez les rondins et assemblez les angles en superposant les encoches de manière à élever des cloisons aussi perpendiculaires que possible.

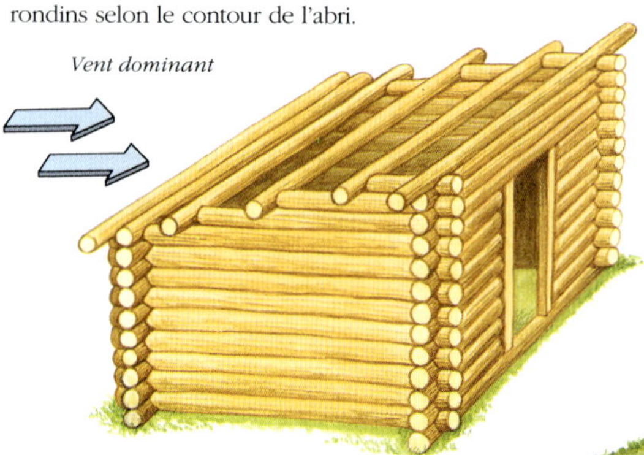

3 Orientez le mur du fond et la pente du toit face au vent dominant et aux précipitations, l'entrée et la façade, percée d'une éventuelle fenêtre, face au soleil. Inclinez le toit de l'avant vers l'arrière afin de faciliter l'écoulement de la pluie et de la neige.

4 Le toit peut se composer de matériaux divers. Placez un isolant, fougères, herbes, branches de sapin ou toile, sur une charpente de rondins. Les sacs d'engrais sont de bons isolants et les bâches en plastique protègent bien de la pluie. Ajoutez une couche de mottes de terre.

Une cheminée de pierre

Pour ne pas allumer un feu à l'intérieur de la cabane, faites une cheminée en dur, indépendante et solide, en pierre ou en brique. Construisez la cheminée à l'extérieur, avec un trou dans le mur en guise de foyer, ou à l'intérieur, avec un conduit sortant du toit. Pour la structure, utilisez des pierres ou des briques de terre crue séchées au soleil.

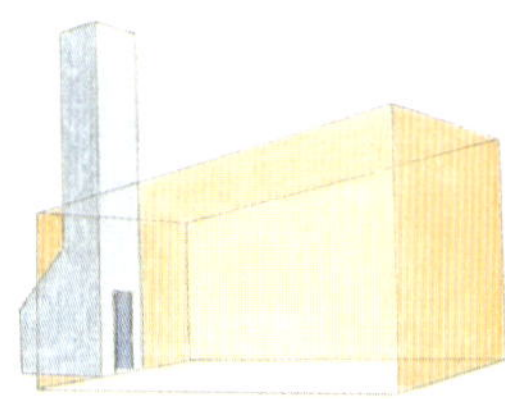

À l'extérieur
Pour éviter tout risque d'incendie, construisez la cheminée à distance des murs.

Cabane en mottes de terre

1 Des mottes de terre peuvent s'utiliser comme des briques que l'on pose sans mortier. Sélectionnez une zone d'herbe et découpez vos mottes.

2 Disposez la première rangée de mottes selon le contour de la cabane, sans oublier de laisser un trou pour la porte. Le sol doit être propre, à niveau et solide, capable de résister au poids des murs et du toit sans s'affaisser.

3 Élevez les murs en faisant se chevaucher les mottes au niveau des angles. Alternez les joints d'une rangée à l'autre pour un montage stable et robuste. Faites en sorte de construire des murs droits, à 90° et perpendiculaires.

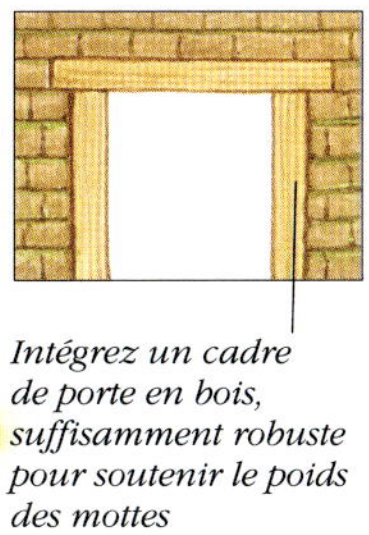

4 Les murs doivent être plus hauts à l'avant pour faciliter l'écoulement des eaux de pluie. Si possible, utilisez des branches pour la charpente du toit.

5 Tapissez le toit de mottes de terre, herbe vers le haut. Calfeutrez les fissures des murs avec de la boue. Exposés aux intempéries, les murs se renforceront tout en s'unifiant.

Autres abris durables

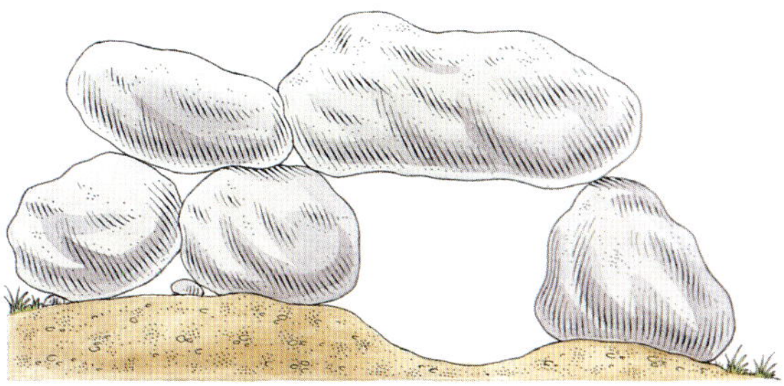

Cavités naturelles
On peut trouver à s'abriter sous une formation de gros rochers, après s'être assuré de la stabilité de la structure. Si vous devez creuser le sol pour agrandir l'espace, attention à ne pas fragiliser les fondations de la structure.

Grottes
Explorez la grotte de long en large. Utilisez deux panneaux de branchages se chevauchant l'un l'autre en guise de porte. Le feu consigné au fond de la grotte, la fumée s'élèvera au plafond et s'évacuera à l'extérieur. Élevez une paroi de bois ou de pierre du côté opposé au feu pour renvoyer la chaleur vers l'intérieur.

SÉCURITÉ ET HYGIÈNE DU CAMP

VOTRE CAMP ÉTABLI en lieu sûr restent certaines règles à respecter. Chaque chose représente un danger potentiel, d'un réchaud mal ventilé à l'absence d'hygiène de base. Évitez de cuisiner sous la tente, qui peut facilement s'embraser. Toute flamme a tendance à réduire le volume d'oxygène, ce qui donne lieu à la formation de gaz mortels, comme le monoxyde de carbone. Tentes et abris doivent donc être très bien ventilés (*voir* page 114). Sans réfrigérateur ni toilettes, intoxications alimentaires et autres affections surviennent plus rapidement dans un camp.

SÉCURISER LE CAMP

Si vous vous installez pour plus d'une nuit, sécurisez au maximum le camp. Les accidents se produisent souvent dans le noir : quelqu'un peut trébucher en se rendant de la tente aux latrines, chuter dans les braises encore chaudes, basculer dans la rivière ou encore s'égarer dans l'obscurité et ne plus être en mesure de retrouver le camp.

Prêt à réagir
Le camp doit être bien organisé, équipé de points de repère et d'éléments de sécurité pour éviter tous types d'accidents.

CONSTRUIRE DES LATRINES

Elles devront se situer en aval du camp, sous le vent. Après utilisation, recouvrez de terre et d'eau pour éviter la propagation de bactéries. N'utilisez pas de désinfectant chimique, qui empêche la désintégration naturelle de la matière fécale et amplifie les mauvaises odeurs. Créez un poste séparé, repéré par un pieu, pour uriner. Rebouchez les latrines en partant (*voir* page 64).

Quand construire des latrines ?
Les latrines ne seront construites que pour un camp de longue durée ou abritant de nombreuses personnes.

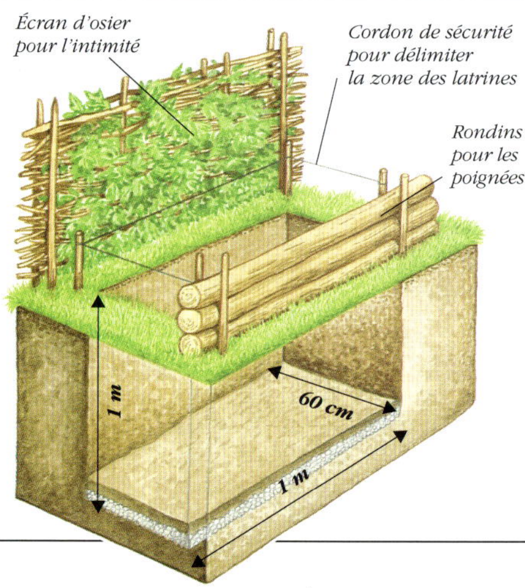

BIDON POUR LATRINES

Si l'enfouissement des déchets humain se révèle difficile ou illégal, utilisez un bidon doublé d'un sac plastique. Versez de l'eau de javel pour lutter contre les odeurs. À réserver aux matières solides.

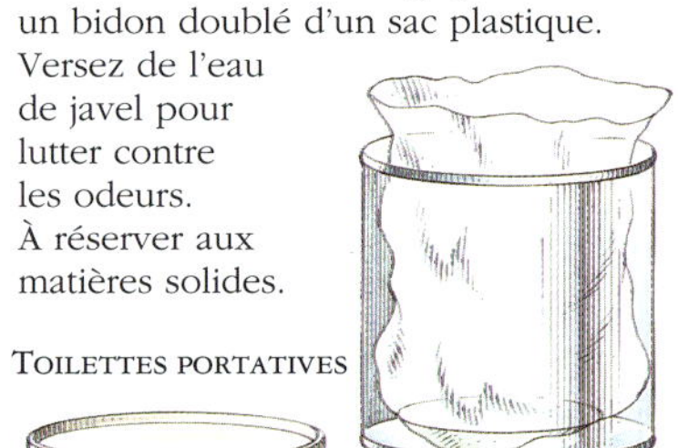

TOILETTES PORTATIVES

La lessive

Des vêtements propres conservent leur propriété isolante et préservent l'hygiène. Sous les tropiques, on lavera ses affaires quotidiennement, une tenue propre et sèche sera réservée pour la nuit. Sous climat froid, seuls sous-vêtements et chaussettes doivent être lavés régulièrement. Veillez à rapiécer la moindre déchirure (*voir* page 31), avant que le vêtement ne puisse plus être porté. Des vêtements propres et en état maintiennent le moral.

Hygiène personnelle

Conservez vos affaires de toilettes dans leur trousse pour ne rien égarer et les garder propres. Durant la toilette, accrochez votre trousse à une branche pour pouvoir accéder facilement aux accessoires. Un drap de bain servira à plusieurs occasions. On peut aussi l'utiliser de différentes façons en le coupant (*voir* page 27).

Trousse de toilette

Drap de bain

Savons improvisés

Feuille de marronnier d'Inde
Broyées dans une eau chaude, ces feuilles, dotées de propriétés antiseptiques, serviront de savon.

Fraise
Les fraises font un excellent dentifrice, tout comme les cendres de bois qui peuvent aussi jouer le rôle de savon.

Protection de l'environnement

- Restes alimentaires et autres polluants doivent être à l'écart de votre point d'eau. Si vous pouvez vous laver ou faire votre vaisselle en aval du campement, d'autres rescapés peuvent s'être établis plus bas.
- Ne laissez pas votre tente longtemps au même endroit pour que l'herbe repousse.
- N'abîmez les arbres qu'en cas de grande nécessité, pour la construction de l'abri par exemple.
- Si possible, utilisez pour le feu des cavités naturelles, plutôt que de creuser de nouveaux trous, et attention aux risques d'incendie.
- En levant le camp, brûlez les détritus et emportez les ordures.
- En levant le camp, recouvrez de terre les latrines et le foyer, effacez toute trace de votre passage (*voir* page 64).

Protéger la nourriture

1 Lors de la préparation du repas, vous pouvez avoir besoin de laisser refroidir des ingrédients à l'abri des insectes et animaux. Faites une enveloppe protectrice avec un rouleau de tissu, noué aux extrémités et glissez-y l'assiette avec les aliments.

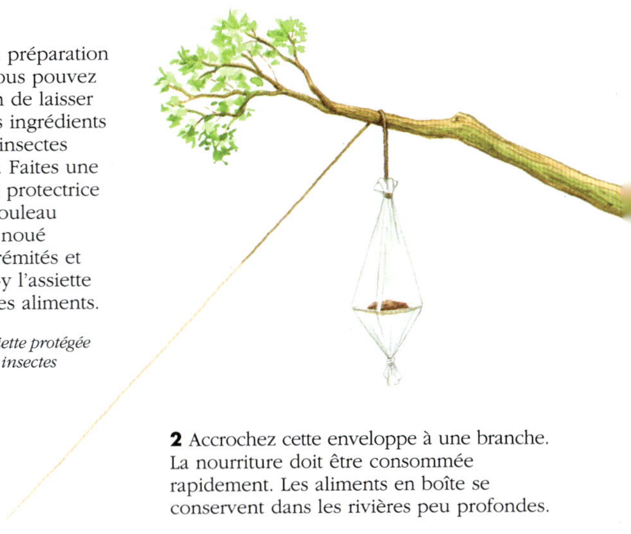

2 Accrochez cette enveloppe à une branche. La nourriture doit être consommée rapidement. Les aliments en boîte se conservent dans les rivières peu profondes.

FEUX DE CAMP

SOURCE DE CHALEUR, moyen de cuisson des aliments et stimulateur de moral, le feu détermine vos chances de survie. Un feu tient animaux sauvages et insectes à distance, réchauffe les corps transis, transforme une nourriture improbable en repas réconfortant et sèche vêtements et chaussures. Trois éléments sont nécessaires, amadou, allume-feu et combustible. Le feu a aussi besoin d'oxygène pour se nourrir. Le combustible idéal est le bois mort sur pied et, faute de mieux, le bois mort à terre, à condition de retirer toute partie en contact avec le sol.

AMADOU

Mousse
Pour démarrer un feu, la mousse verte humide est inefficace, contrairement à la mousse sèche, fine et dense, qui s'enflamme vite. La mousse des troncs d'arbre ou des sols bourbeux doit être séchée avant utilisation.

Champignon
Champignon parasite des arbres, le polypore présente, sous son enveloppe imperméable, une chair sèche et spongieuse qui constitue un amadou de choix. Pelez le champignon au couteau pour mettre à nu la chair inflammable.

Écorce
Même par temps humide, l'écorce d'un bois mort peut se révéler sèche à l'intérieur. Grattez les parties humides ou cherchez les trous creusés par des insectes, la fine poussière produite formant un bon amadou. Autre option, le bois pourri.

Feuilles mortes
On en trouve partout, même dans les bois les plus humides. Faites sécher les feuilles à la verticale dans un sac étanche pour les utiliser entières ou broyées.

Herbes sèches
Faciles à ramasser pour former un bouquet de tiges fines qui s'enflammera à la première étincelle (voir ci-dessous).

PRÉPARER L'AMADOU

En poudre
À l'aide d'un couteau, réduisez en poudre aussi fine que possible éclats de bois sec et morceaux d'écorce. Conservez cet amadou dans un sac étanche.

Entaille
Marquez d'une entaille la surface de l'amadou, un morceau de polypore par exemple. Une braise chaude dans cette entaille permettra de prolonger le feu.

Pelote
Pour s'embraser, l'amadou doit être aussi fin que des fibres de coton. Effritez et tordez le matériau entre vos mains ou sur un rocher pour le réduire en miettes.

Combustible

Pour se réchauffer
Les bois tendres, frêne, sapin, pommier, noisetier ou houx, brûlent vite et dispensent une bonne chaleur, tout en produisant beaucoup d'étincelles. Les bois qui produisent le plus d'étincelles sont le cèdre et l'aulne. Comme ils brûlent vite, les bois tendres sont excellents pour entretenir un feu, pour une cuisson rapide ou pour porter à ébullition des liquides. Mais ce type de combustible s'épuise vite et laisse des cendres, contrairement aux braises utilisées pour les cuissons longues.

HOUX

SAPIN

Cuisiner
Les bois durs, chêne, hêtre, bouleau, érable, noyer blanc d'Amérique et sycomore, brûlent lentement et uniformément, et procurent une chaleur intense. Ils produisent beaucoup de braises, que l'on peut utiliser pour une cuisson lente (voir page 117). La fumée peut affecter la saveur de la nourriture cuite au feu. Chaque espèce de bois produit en brûlant une odeur particulière. Le pin par exemple, donne aux aliments un goût de résine. Testez différents bois.

CHÊNE

HÊTRE

En cas d'urgence
En situation de survie, vous pouvez avoir besoin d'allumer un feu sans attendre. Au rang des combustibles d'urgence : fientes d'animaux, graisse animale, lichen sec, mousse, bruyère et motte de tourbes, à faire sécher avant utilisation. En bord de mer, employez des algues sèches. Des morceaux de charbon feront également l'affaire ou encore des nappes d'hydrocarbure à la surface d'une mare ou du sol. On pourra aussi trouver des galettes de pétrole dans le sable.

FIENTES SÉCHÉES

ALGUES

Bois à éviter

Parce qu'ils crépitent violemment, certains bois résineux sont à proscrire, le pin et le prunellier par exemple. D'autres, comme l'aulne, le châtaignier, le peuplier et le saule, ne brûlent pas facilement, mais fument abondamment. S'il n'est pas d'abord refendu, le bambou risque d'éclater.

PEUPLIER

SAULE

Ingrédients pour le feu

La réussite d'un feu réside dans sa construction : petit-bois puis, au fur et à mesure, branches et rondins. Émiettez l'amadou, séchez le margotin (allume-feu) puis brûlez successivement branchettes, branches et rondins. Laissez se consumer chaque qualité de bois avant de rajouter de plus grosses pièces.

Amadou
Indispensable, une pelote d'amadou de la taille d'un pamplemousse, réduit en poudre (voir ci-dessous). L'amadou est essentiel, car un feu ne s'allume pas avec des branches épaisses, sauf avec un briquet par exemple, qui remplacera alors l'amadou (voir page 62).

Allume-feu
Une fois l'amadou enflammé, rajoutez le margotin bien sec, sous forme de branchettes, et des feuilles, qui stimulent la flamme de l'amadou et la transmettre au combustible.

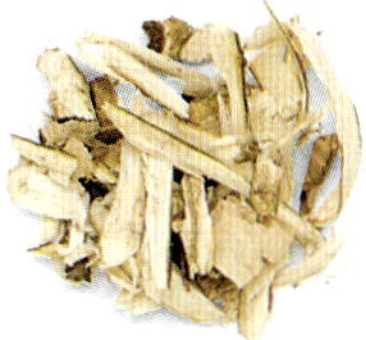

Petit combustible
L'amadou enflammé, rajoutez de petits bouts de bois de l'épaisseur d'un doigt. Ce bois dope les premières flammes et les développe en un feu intense.

Petit combustible
Des bûches d'un diamètre plus important que le doigt, mais faciles à couper en petites sections, serviront de combustible principal. À utiliser surtout pour le feu de camp.

Gros combustible
Ces bûches permettent de maintenir le feu toute une nuit ou plus dans un camp semi-permanent. Assurez-vous qu'elles soient consumées lorsque vous partez.

FAIRE UN FEU

AMADOU, ALLUME-FEU et combustible, petit-bois puis rondins de plus en plus épais, voilà le secret d'un bon feu. Choisissez l'emplacement du foyer avec soin et construisez le type de feu adapté à l'utilisation que vous en aurez, en tenant compte des conditions du terrain (*voir* page ci-contre).

Un feu est potentiellement dangereux, il peut embraser la végétation environnante, la tente ou les vêtements. Il peut aussi consumer l'oxygène d'un abri clos et asphyxier ses occupants. Enfin, il anéantira un paysage s'il n'est pas bien éteint et le foyer convenablement nettoyé (*voir* page 65).

FEU EN TIPI

1 Dégagez et mettez de côté un carré d'herbe. Placez une couche de petit-bois vert dans le trou.

2 Dressez une structure en A en faisant se rejoindre les bâtons au sommet. Le tipi n'a pas besoin d'être très grand.

ATTENTION

Pas de feu dans une aire de végétation touchée par la sécheresse. Construisez un feu que vous pourrez maintenir sous contrôle, surtout par grand vent. Ne faites pas de feu sous des branches basses, inflammables.

3 Construisez progressivement la structure, en veillant à sa stabilité. Veillez à laisser un espace suffisant sous le tipi pour l'amadou ainsi qu'une ouverture latérale.

4 Le tipi monté, introduisez l'amadou, allumez-le (*voir* page 58) puis rajoutez feuilles et brindilles sèches. Les flammes vont se développer et embraser le tipi qui, à terme, s'affaissera et donnera un lit de braises chaudes, que vous attiserez avec d'autres combustibles ou utiliserez pour cuisiner. La couche initiale de petit-bois vert finira elle aussi par se consumer, créant encore plus de braises.

Gardez bâtonnets et feuilles à portée de main pour alimenter le feu

Un feu pour chaque situation

Un feu en tipi convient à presque tous les terrains, mais il peut être nécessaire de l'aménager. Par exemple, en cas de vent violent, mieux vaut l'établir dans une tranchée. Ainsi abrité, il brûlera mieux et les braises resteront chaudes plus longtemps. En présence de neige, mettez le sol à nu pour disposer d'une base sur laquelle ériger la structure.

Tranchée
Par vent violent, creusez une tranchée d'environ 30 cm de profondeur. Ce type de feu est idéal pour la cuisson et brûle peu de combustible. Les flammes protégées des coups de vent restent néanmoins vivaces.

Si nécessaire, dressez un muret latéral pour abriter le feu du vent

Anneau
Cette structure protège les abords du foyer. Si vous découvrez les vestiges d'un anneau de feu, exploitez-le pour préserver l'environnement. En cas de vent, élevez un muret latéral qui protégera l'anneau des rafales. Vous éviterez ainsi les écarts de flammes et économiserez le combustible. Choisissez des pierres sèches et non-poreuses, évitez l'ardoise et le silex qui éclatent avec la chaleur. Utilisez de grosses pierres et comblez les interstices de boue ou d'argile pour obtenir une aire de cuisson efficace.

En croix
Quand le feu a produit une bonne couche de braises, placez quatre bûches de 15 cm de diamètre en croix au centre des braises. Au fur et à mesure que les extrémités se consument, rapprochez les bûches du centre. Utilisez ce type de feu dans un campement durable, pour vous assurer que les bûches soient bien consumées lorsque vous nettoierez le foyer (voir *page 64*).

Feu durable

Pour maintenir un feu une journée ou une nuit entière, déposez trois larges rondins l'un contre l'autre sur une couche épaisse de charbons ardents. Érigez un muret de bois qui rabattra la chaleur vers vous. Attention à ne pas vous endormir trop près du feu.

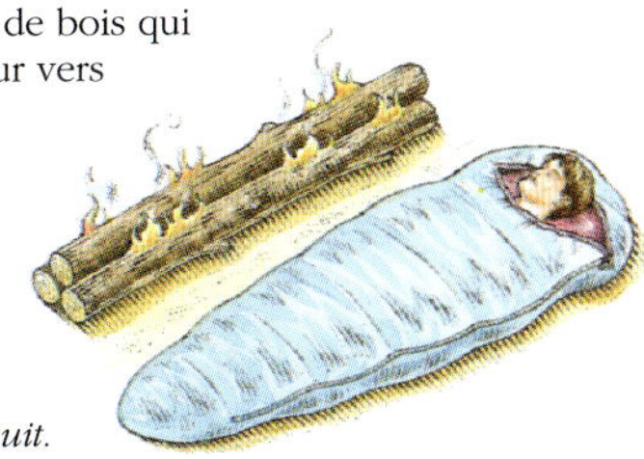

Feu nocturne
Un feu de rondins couchés brûlera toute la nuit.

Feu mobile

1 Emportez des braises ardentes avec vous pour pouvoir allumer un feu à tout moment et partout. Fixez une cordelette ou du fil de fer à un bidon.

La mousse sèche se place au-dessus

2 Remplissez le bidon de mousse sèche. Si vous ne disposez que de mousse humide, placez-la au fond du récipient, et couvrez d'herbes sèches. La mousse humide séchera.

3 Placez les braises dans la mousse et couvrez d'une autre couche de mousse. Soufflez de temps à autre sur les braises pour les raviver.

Les braises vont se nourrir de mousse sèche

Allumer un feu

Savoir allumer un feu s'inscrit juste après la maîtrise des soins d'urgence dans le *curriculum vitae* du candidat à la survie. En se consumant, le bois, ou tout autre combustible, dégage des gaz qui s'enflamment. Au départ du feu, seul l'amadou et quelques brindilles complètement sèches suffisent à enflammer le combustible. Attention, le bois humide condamne à l'asphyxie les flammes les plus vives. Le feu est un dévoreur d'oxygène, notamment au moment de l'allumage, où la ventilation est nécessaire. On éteint un feu simplement en l'étouffant avec de la terre, privant ainsi les flammes d'oxygène.

Méthodes d'allumage

Silex et acier
Préparez l'amadou, à côté du feu en tipi. Frappez le silex et l'acier au-dessus de l'amadou. Soufflez sur les étincelles pour enflammer l'amadou, que vous pousserez sous le tipi.

Frottez le silex et l'acier pour projeter des étincelles sur l'amadou

Astuces de mise à feu

- Pensez à abriter le feu du vent (*voir* page 60), même si le feu a besoin d'oxygène pour brûler.
- Prévoyez une provision d'amadou sec.
- Avant d'allumer le feu, rassemblez tous les matériaux nécessaires.
- Imperméabilisez le bout des allumettes de bougie fondue. Grattez la paraffine avant de les enflammer.

Allumettes
Grattez une allumette entre vos mains, pour que la tige s'enflamme. Approchez-la de l'amadou de sorte que celui-ci prenne feu. Sans retirer l'allumette, rajoutez de l'amadou, puis l'allume-feu.

Grattez l'allumette entre vos mains

Loupe
Placez un nid d'amadou sous le tipi puis focalisez les rayons du soleil à travers la loupe sur l'amadou. Soufflez doucement sur l'amadou fumant jusqu'à ce qu'il commence à rougeoyer.

Focalisez les rayons du soleil sur l'amadou avec une loupe

Nécessaire à feu

Il existe plusieurs méthodes pour allumer un feu, faisant appel à un grand nombre d'ustensiles, du morceau de silex à la lame d'acier, en passant par le bloc de paraffine ou les bâtons d'allumage traités à l'aide de différents produits chimiques… Faites votre choix !

Allumettes imperméabilisées
Grattez la cire sur le bout de l'allumette avant utilisation.

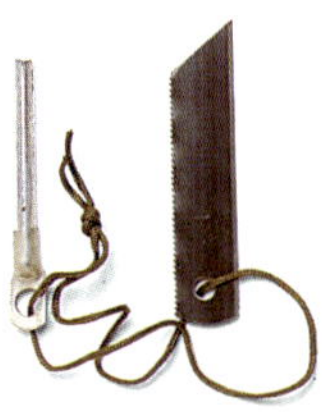

Silex et acier
Lame et magnésium ajoutés au silex feront plus d'étincelles que le silex naturel.

Loupe, lentille
Une loupe sera plus efficace en cas de faible ensoleillement, sous des latitudes septentrionales.

Boule de coton
Du coton imprégné de paraffine permet à l'amadou de prendre feu plus facilement.

Blocs de paraffine
Pour allumer des bûches, en l'absence d'amadou.

Bâtons d'allumage
Des bâtons de copeaux de bois traités avec des produits chimiques. Utilisez des allumettes en l'absence d'amadou.

ALLUMAGE À L'ARCHET

1 Appointez l'extrémité d'un bâton de bois dur (*voir* page 59), d'environ 38 cm de long sur 4 cm de diamètre. Arrondissez le sommet du bâton ainsi taillé en pointe.

2 Pour le socle, choisissez un bout de bois tendre, pin ou balsa, et taillez une encoche en V sur le côté. La friction du bâton sur le socle produira une fine poussière.

3 Creusez un petit trou à côté de l'encoche pour insérer la pointe du bâton.
La poussière chaude et noire générée par la friction tombera via l'encoche sur l'amadou.

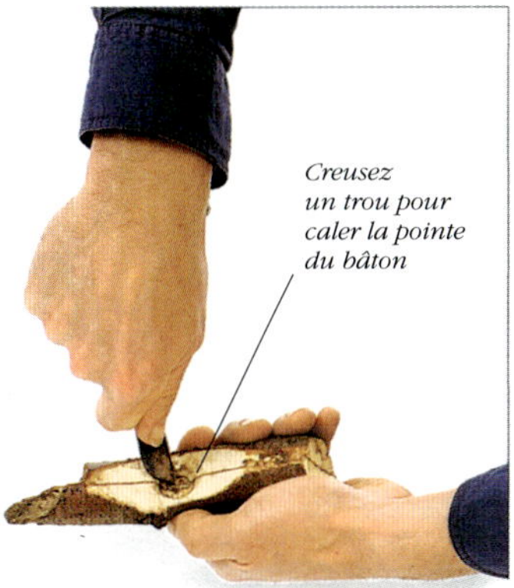

4 Utilisez un morceau de bois dur comme appui pour faire pression sur le bâton. Creusez un trou au centre et calez-y le sommet du bâton.

5 Choisissez un bout de bois flexible de 60 cm de long sur 2 cm de diamètre. À chaque extrémité, fixez une cordelette qui sera assez lâche pour s'enrouler autour du bâton en pointe. Vous obtenez ainsi une sorte d'archet.

6 Encochez le bâton au centre et enroulez la cordelette de l'archet autour. Déposez l'amadou sous l'encoche, au niveau du socle. Caler le bloc d'appui au sommet du bâton taillé en pointe. Faites tourner le bâton en bougeant l'archet d'une main, tout en exerçant une pression au sommet du bâton avec l'autre main. De la fumée se forme, ainsi que des étincelles qui enflammeront l'amadou.

ALLUMAGE À LA MAIN

Une variante de l'allumage à l'archet consiste à faire tourner entre ses mains un bâton taillé en pointe, calé sur un socle. La friction manuelle étant moins productive qu'avec un archet, on utilisera cette méthode dans les pays très chauds où tout s'enflamme facilement, en employant du lichen sec en guise d'amadou. Tenez le bâton à la verticale, calé sur le socle, faites-le rouler entre vos mains par impulsions brèves et énergiques. L'amadou sec est indispensable quelle que soit la méthode d'allumage, ainsi qu'une légère humidité pour contenir étincelles et braises. Collectez les matières sèches que vous trouvez en cous de route dans un sac plastique étanche.

Lever le camp

Lever le camp exige de l'organisation, chacun doit avoir une tâche précise pour une durée minutée avant le départ. Attendre quelqu'un dans le froid ou sous la pluie est source de stress et peut se révéler dangereux. Le chef en second, qui fermera la marche (*voir* page 136), inspectera le campement avant de donner le signal du départ. Le site doit être nettoyé pour effacer toute trace d'occupation, sauf si vous êtes en situation de survie et que vous devez laisser des traces de votre passage à d'éventuels sauveteurs. Démontez votre tente ou l'abri en dernier lieu, pour en profiter le plus longtemps possible.

Nettoyer le site

Vous devez laisser le camp comme si vous n'y aviez jamais séjourné, en emportant les ordures avec vous, en replaçant les zones d'herbes arrachées et en faisant preuve de responsabilité. Il en va du respect de l'environnement, mais aussi des futurs visiteurs. En situation de survie, si vous devez laisser des signes à de possibles sauveteurs, agissez sans dégrader la nature (*voir* page ci-contre).

Tente
On la démonte en dernier, de sorte qu'en cas de mauvais temps, on puisse s'y abriter le plus longtemps possible. Le reste étant emballé, chacun s'attelle à sa tâche durant un temps déterminé. Une fois les tentes dans leur sac, quittez le site sans attendre.

Latrines
Les toilettes seront bouchées et recouvertes d'herbe, marquées de la date de votre départ en prévision des prochains campeurs. En l'absence de latrines, emportez vos déchets dans des sacs plastique afin de respecter l'environnement sensible.

Effacer toutes les traces
Il est primordial de laisser le camp comme si vous n'y aviez jamais séjourné. Démontez et camouflez l'emplacement du feu, emportez détritus, restes alimentaires et autres déchets, enfouissez les latrines. En procédant ainsi, vous laisserez la nature en état pour la faune locale et d'éventuels campeurs.

Feu
Il doit être bien éteint, les cendres dispersées et enfouies dans la terre. On emportera toute matière non brûlée en prévision du prochain camp.

Nettoyer le feu

Au moment de lever le camp, le feu doit être complètement éteint. La fosse, même rebouchée, peut contenir des braises fumantes qui peuvent générer à terme un incendie de forêt. Pour réchauffer le petit-déjeuner, le matin de votre départ, utilisez un minimum de combustible et assurez-vous que le moindre bout de bois soit consumé.

1 Éparpillez les restes du feu une fois éteint, de manière à tout réduire en cendres. Dispersez les cendres froides et recouvrez-les de terre.

2 Il ne doit pas rester de cendres en surface, cela risquerait d'enflammer l'herbe alentour. Enfouissez la fosse, lissez le terrain à la main et recouvrez des mottes de terre sorties pour creuser le foyer. Si besoin, camouflez les pierres sous du feuillage.

3 Comblez les espaces désherbés avec de la terre, des feuilles et de l'herbe, en masquant bien les jointures. L'emplacement du feu doit se confondre avec le sol. Emballez tout élément non brûlé dans des sacs plastique et emportez-les en prévision du prochain feu.

Aucune trace de votre passage

La nature garde souvent trace du passage de visiteurs qui, en abandonnant leurs ordures, détruisent le paysage, menacent la faune et la flore, polluent les cours d'eau ou entraînent des incendies. À vous d'effacer toute trace de votre séjour. Dans certaines zones protégées, il est interdit de faire du feu ou de creuser des latrines – des règles à appliquer par respect pour l'environnement mais aussi des campeurs qui vont suivre. La présence de restes alimentaires attirera des animaux qui risquent de représenter une nuisance pour les campeurs, peut-être même de mettre leur vie en danger.

Des messages aux sauveteurs

Tout élément inhabituel retiendra l'attention de ceux qui passeront après vous, surtout s'ils sont à votre recherche. Indiquez par des signaux dispersés sur le site du campement la direction prise par votre groupe, mais aussi l'heure et la date de votre départ. Placez ces signaux en hauteur, hors de portée des animaux.

Drapeau
Attachez deux bâtons en croix et habillez la structure d'un T-shirt de couleur vive. Placez la croix bien droite dans un endroit dégagé. Plusieurs signaux de ce type pourront servir à indiquer la direction prise par votre groupe.

Pomme de pin
Calez une pomme de pin dans une branche fendue, du côté de la piste empruntée par le groupe. Les personnes à votre recherche verront ce détail inhabituel. N'utilisez rien qui soit susceptible d'être mangé par un animal.

Flèche
Indiquez votre direction en formant, sur un sol dégagé, une flèche avec de grosses pierres. La flèche sera également visible des airs. Répétez ce signal, notamment lorsque votre piste bifurque.

CHAPITRE 4

TROUVER DE L'EAU

TOUT ORGANISME VIVANT est essentiellement constitué d'eau, sans laquelle il meurt. En condition de survie, après l'abri, votre priorité consiste à repérer une source, de préférence d'eau douce. La nourriture ? Elle peut attendre. L'eau est le fondement de toute colonie humaine, de toute organisation sociale. Des rivières baignaient les terres fertiles sur lesquelles s'épanouirent les civilisations anciennes, cet approvisionnement constant en eau assura abondance de nourriture à l'espèce humaine. Il en découla un essor du commerce et de la culture, qui libéra les hommes du souci permanent de la survie lié au cycle des récoltes. Mais l'eau amena aussi la mort, répandant des épidémies mortelles de choléra et de typhoïde, décimant des cités entières lorsque les fleuves changeaient leur cours pour entraîner inondations ou sécheresses. On considère de nos jours l'eau potable comme acquise. Le citadin occidental néanmoins devrait bientôt déchanter. Les nappes phréatiques prêtes à s'épuiser condamnent à terme nos rivières. Pour survivre, ni la vie ni l'eau ne doivent être considérées comme acquises.

L'ESSENCE DE LA VIE

L'eau est l'élément majeur de toute vie. Si nous pouvons vivre plusieurs jours sans nourriture, sans eau le corps cesse rapidement de fonctionner correctement, et la mort survient en à peine trois jours. Apprendre à trouver de l'eau s'impose comme l'absolue priorité avant de s'aventurer en pleine nature.

L'IMPORTANCE DE L'EAU

L'HOMME DOIT BOIRE au minimum 3 litres d'eau par jour. Survie et eau douce sont indissociables. L'approvisionnement en eau détermine chaque déplacement, les véhicules de tous types ne pouvant transporter au-delà de quelques jours de réserve. À pied, il faut toujours emporter avec soi assez d'eau pour au moins une journée, plus une réserve d'urgence. La première règle est d'atteindre un point d'eau par jour. Il est donc important d'apprendre à trouver de l'eau et de savoir comment la collecter.

OÙ CHERCHER DE L'EAU

En montagne, la pluie forme des cours d'eau qui se rejoignent en torrents furieux. Lorsque cette eau atteint les plaines, ces torrents deviennent des rivières paisibles qui, à terme, se jettent dans la mer. On trouvera donc de l'eau potable tout le long de ce parcours, une eau à l'état naturel qu'il conviendra cependant de purifier sous peine de maladies hydriques (*voir* page 75).

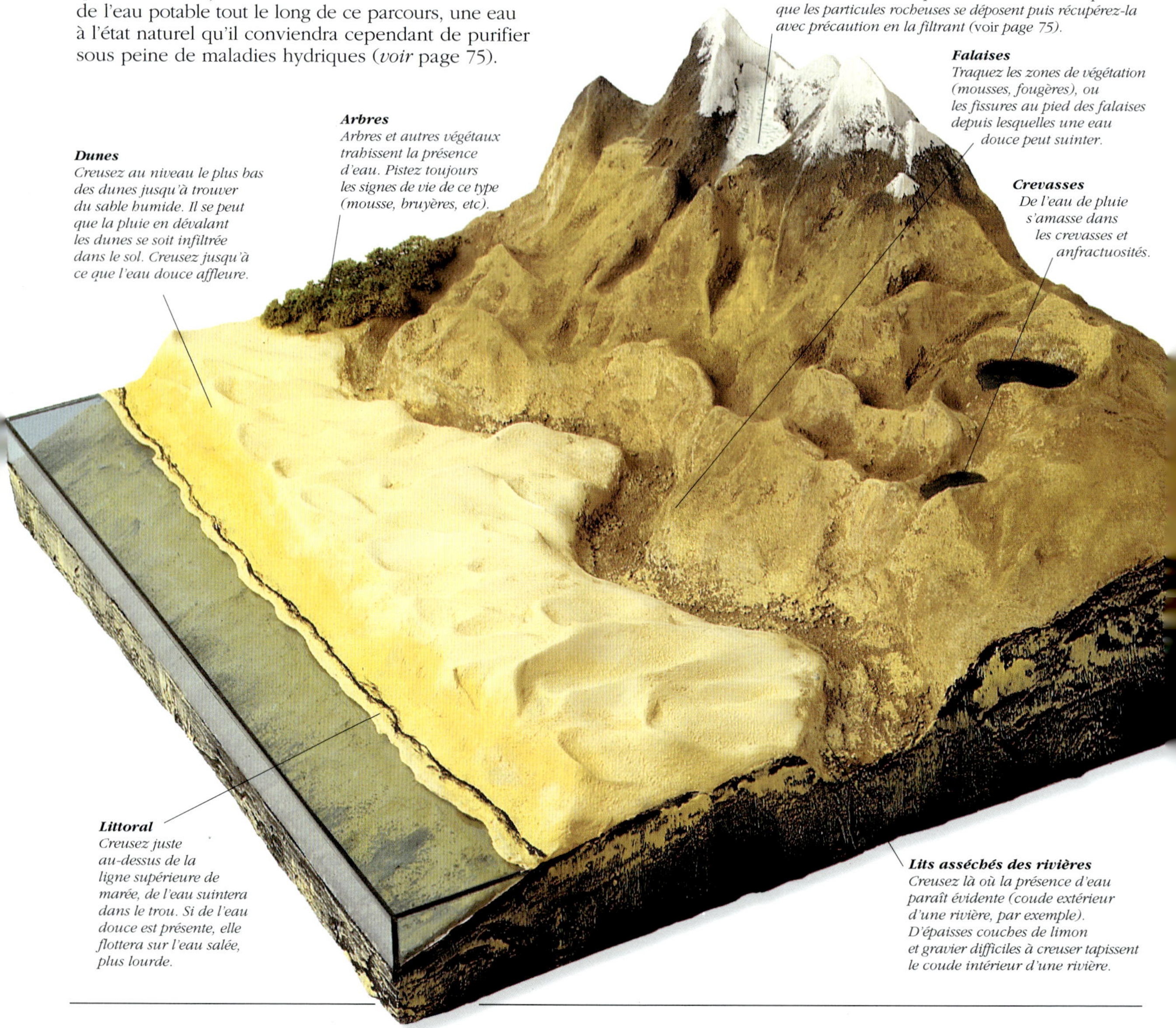

SIGNES D'EAU

Végétation, traces d'animaux et habitations, autant de signes indiquant la présence d'eau. Il existe d'autres signes trahissant l'existence d'une source cachée. En zone désertique, recherchez systématiquement toutes manifestations de vie, même si certains oiseaux, comme les vautours, couvrent de longues distances pour s'abreuver.

Arbres et autres végétaux
*Les arbres ont un besoin vital d'eau, certains plongeant leurs racines profondément dans le sol pour la capter. Le palmier pousse sur un sol où l'eau est proche de la surface. D'autres espèces la stockent dans le tronc ou les racines (*voir *page 72**).*

Traces d'animaux
Les herbivores ont besoin de boire au moins deux fois par jour, à l'aube et au crépuscule, quand les troupeaux reviennent ou se dirigent vers l'eau. Recherchez les traces convergentes des animaux, elles devraient vous mener à un point d'eau. Attention à la présence d'éventuels prédateurs.

Abeilles et mouches
Les abeilles restent à moins de 5 km du nid et doivent disposer d'eau à l'intérieur de ce périmètre. Observez la direction de leur vol au départ du nid. Les mouches restent encore plus près de l'eau (environ 100 m). Dans les régions arides, elles semblent pourtant surgir de nulle part, sans aucune relation avec le point d'eau le plus proche.

Fourmis en marche
Les fourmis sont dépendantes de l'eau. Si une colonne fait l'ascension d'un arbre, elle se dirige probablement vers une réserve d'eau de pluie.

DÉSHYDRATATION ET BESOINS DU CORPS HUMAIN EN EAU

L'eau est vitale pour le corps humain. Contrairement aux graisses issues de l'alimentation, l'eau n'est pas stockée par le corps humain. Nous avons besoin d'un apport en eau constant pour la maîtrise de notre température (transpiration), l'élimination des déchets par les reins et la bonne marche de notre système nerveux. Sans nourriture, l'organisme puisera sur ses réserves environ trois semaines, mais si le corps n'est pas hydraté durant cinq jours, la mort est assurée.

EFFETS DE LA PERTE D'EAU

1-5 % de perte	6-10 % de perte	11-12 % de perte
Soif	Céphalée	Délire
Inconfort	Vertiges	Gonflement de la langue
Léthargie	Bouche sèche	Convulsions
Impatience	Picotements des membres	Surdité
Manque d'appétit	Bleuissement de la peau	Vision voilée
Rougeur de la peau	Difficultés d'élocution	Perte de sensibilité
Accélération du pouls	Gêne respiratoire	Flétrissement de la peau
Nausée	Incapacité à se mouvoir	Incapacité à régurgiter
Faiblesse	Trouble de la vision	Mort

Besoin d'eau
Le corps humain se compose d'environ 75 % d'eau, élément vital. La déperdition d'eau, à travers la transpiration et l'urine, doit être compensée sous peine de troubles nerveux, fonctionnels, qui vont en s'aggravant et peuvent aboutir au décès du sujet.

PRÉVENIR LA PERTE D'EAU

Même à l'ombre, un individu perd en moyenne plus d'un litre d'eau par jour par la respiration et l'urine. L'effort accentue cette déperdition à travers la transpiration, surtout par temps chaud. Si vous vous trouvez à court d'eau, reposez-vous et travaillez à la tombée de la nuit. Essayez de rester calme et à l'ombre. Respirez par le nez pour réduire la perte en eau et ne fumez pas. Ne vous allongez pas sur un sol chaud. Mangez le minimum nécessaire pour rester en vie. Évitez les aliments gras et ne consommez pas d'alcool, les deux nécessitant d'importantes quantités d'eau pour la digestion. N'attendez pas d'être en manque d'eau pour en rechercher.

RÉCUPÉRATION DE L'EAU

EN SITUATION DE survie, dans la liste des priorités, la collecte d'eau se place juste après la recherche d'abri. Sans eau, vous ne survivrez pas plus de quelques jours. Votre campement ne se situera pas forcément à proximité d'une source d'eau potable (*voir* page 40), mais vous pourrez toujours en cas d'urgence récupérer rosée ou pluie. L'eau collectée dans l'atmosphère, les plantes ou au moyen d'un alambic solaire présente l'avantage, par rapport aux autres sources naturelles d'eau, d'être pure (*voir* page 74). L'aube est le moment idéal pour la récupération de l'eau.

RÉCUPÉRER L'EAU DE PLUIE

Disposez des conteneurs à travers le camp pour collecter une éventuelle eau de pluie. Récupérez l'eau ruisselant du toit de votre abri, en fabriquant une gouttière pour la canaliser vers un conteneur (*voir* page 53) ou un bassin (*voir* page 77). Même à proximité d'une rivière ou d'un ruisseau, pensez à récupérer l'eau de pluie. Pure, elle évite le recours à la stérilisation par produits chimiques ou par ébullition (*voir* page 75). Étalez une grande toile imperméable, de préférence sur un sol en pente. Fixez la toile en fichant des chevilles à chaque angle et collectez l'eau dans un récipient.

Collecteur d'eau de pluie
Une toile imperméable récupère l'eau, qui peut être canalisée vers un récipient. Par fortes pluies, surveillez le système pour vider le récipient dès qu'il est plein.

RÉCUPÉRER LA ROSÉE

La nuit, l'air se refroidit et la vapeur d'eau se condense en gouttelettes sur le sol, les plantes et les véhicules. Cette eau s'évapore rapidement au lever du soleil. Végétaux, insectes et animaux vivent grâce à la rosée ; l'homme peut aussi exploiter cette alimentation naturelle en eau.

1 Récupérez la rosée en roulant un linge dans les herbes hautes et humides, de préférence à l'aube, la rosée s'évaporant avec le soleil. Les peuples des régions arides recourent souvent à cette méthode pour obtenir de l'eau pure.

2 Essorez le linge au-dessus d'un récipient. Répétez l'opération autant de fois que nécessaire.

CREUSER POUR TROUVER DE L'EAU

L'eau suinte souvent dans un trou creusé sur un sol marécageux. Creusez sur environ 30 cm de profondeur, récupérez l'eau qui s'élève dans le trou, une eau, limoneuse les premiers temps puis claire, que vous pourrez stériliser et consommer.

De l'eau dans la boue
creuser un trou dans de la terre marécageuse jusqu'à ce que de l'eau clair affleure à la surface.

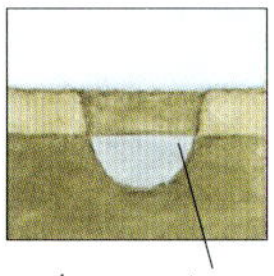

Croquis en coupe, mettant en évidence une poche d'eau

ATTENTION

Avant de creuser, inspectez le terrain. Ne creusez pas à l'endroit où la boue émet une odeur nauséabonde et où flotte une vase verdâtre : l'eau est probablement souillée. Ne récupérez pas l'eau où croupissent des charognes. Stérilisez toujours l'eau avant consommation (*voir* page 74).

L'eau de la végétation

Les plantes libèrent de la vapeur d'eau. Récupérez-la en enfermant le feuillage dans un sac plastique de façon à ce que la vapeur se condense en gouttelettes sur les parois du sac.

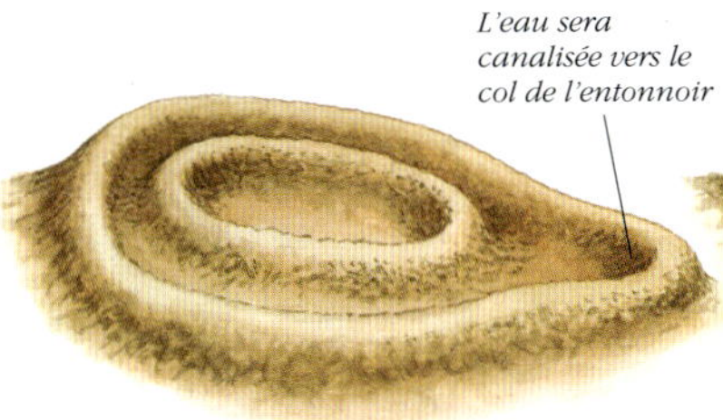

1 Creusez un petit cratère sur un sol pentu, cerné d'un cratère plus large en forme d'entonnoir. Séparez les cratères d'un petit muret de terre.

2 Fixez un sac en plastique au-dessus des cratères en le maintenant avec un bâton, et en le lestant avec des pierres. Amassez feuilles et herbes dans le cratère central.

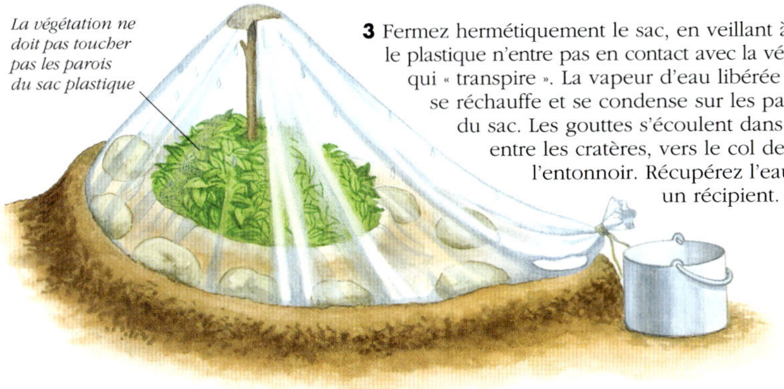

3 Fermez hermétiquement le sac, en veillant à ce que le plastique n'entre pas en contact avec la végétation, qui « transpire ». La vapeur d'eau libérée se réchauffe et se condense sur les parois du sac. Les gouttes s'écoulent dans le canal entre les cratères, vers le col de l'entonnoir. Récupérez l'eau dans un récipient.

Autres méthodes

Récupérez quelques gouttes d'eau à partir du brouillard ou d'une épaisse brume en étalant un tissu au sol, ou en le tendant entre deux arbres. En cas d'urgence, étalez une bâche plastique sur l'herbe toute une nuit. Au contact de l'air froid, l'air chaud du sol génère un phénomène de condensation, et des gouttelettes d'eau se forment au dos de la bâche. Ne comptez pas récupérer beaucoup d'eau, mais une quantité suffisante pour survivre, le temps de trouver mieux.

Sur une branche
Enfermez une branche feuillue dans un sac plastique. La vapeur d'eau libérée par le feuillage se réchauffe et se condense, des gouttelettes d'eau apparaissent à l'intérieur du sac.

Extraire l'eau du sol

Récupérez l'eau du sol avec un alambic solaire. Quand il y a une différence de températures entre deux surfaces, la lame d'air qui les sépare se réchauffe, se sature et se condense sous forme de gouttelettes sur la surface la plus froide.

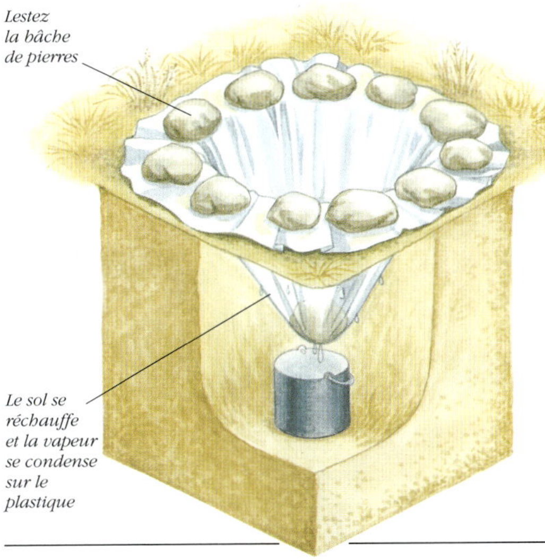

Construire un alambic solaire
Creusez un trou d'environ 1 m de large sur 60 cm de profondeur, placez un récipient au centre. Recouvrez le trou d'une bâche plastique, maintenue au sol par des pierres. Lestez le centre de la bâche, au-dessus du récipient, avec une pierre de la taille du poing. L'air se réchauffe dans le trou, génère de la vapeur qui se sature et se condense sur la bâche pour s'écouler en gouttelettes dans le récipient. Un système efficace la nuit dans le désert, mais aussi le jour. La nuit, l'air refroidit le plastique qui, au contact de l'air chaud dans le trou, génère un phénomène de condensation.

Condensation d'eau de mer

Eau de mer et urine se condensent sous forme d'eau douce, en suivant le même dispositif que celui de l'alambic solaire. Versez l'eau de mer dans un récipient, placez une tasse au centre. Couvrez d'un sac plastique et fermez bien. Posez une pierre au centre, pour former un entonnoir au-dessus de la tasse. L'air se réchauffe et l'eau en s'évaporant se condense en eau douce à l'intérieur du sac.

Alambic d'eau de mer

Sources d'eau naturelles

L'EAU EST PARTOUT. On l'obtient à partir des végétaux, du sang ou des yeux des animaux, mais aussi de certaines espèces de grenouilles qui stockent l'humidité dans leurs tissus en prévision de leur hibernation dans la boue des trous d'eau asséchés. Les peuples indigènes savent où trouver l'eau, qui constitue leur ressource la plus précieuse. En puisant dans les ressources naturelles en eau, vous mettez en péril un équilibre fragile et risquez de déclencher l'hostilité des autochtones. Ne saccagez pas les trous d'eau ou les puits et veillez à exploiter au mieux la moindre goutte d'eau.

Des plantes riches en eau

Plusieurs espèces végétales stockent l'eau, dans leurs racines ou leur feuillage. Certaines récupèrent l'eau de pluie afin de piéger les insectes et s'en nourrir, d'autres sécrètent un fluide spécial pour leur propre usage, que l'homme peut boire en cas d'urgence. Ci-dessous, quelques exemples de plantes réservoirs à travers la planète.

Orbea variegata (Stapelia)
Comme toutes les succulentes, la stapelia stocke l'eau dans sa tige. Éventuellement, mâchez les feuilles charnues pour leur humidité.

Népenthès (Nepenthes)
Cette plante piège les insectes dans un fluide aqueux contenu dans son urne. Filtrez ce liquide pour retirer les insectes morts (à consommer éventuellement).

Acacia (Acacia)
Comme d'autres arbres du désert, l'acacia stocke l'eau dans ses racines, au-dessous de la surface du sol.

Neoregalia
Les bromélias gardent l'eau de pluie au cœur de leur rosette. Mâcher les feuilles permet d'en récupérer.

Figuier de Barbarie (Opuntia)
Certaines cactées comme le figuier de Barbarie présentent des feuilles charnues qui, mâchées, offrent un peu d'humidité.

Cactus-tonneau (Echinocactus grusonii)
Ce cactus-tonneau est l'unique exception à la règle qui impose de ne pas boire le suc laiteux de la plante (voir ci-contre). Le cactus-tonneau peut atteindre 1 m de haut.

Autres sources d'eau

Les palmiers contiennent un liquide sucré que l'on récupère dans les tiges fleuries. Les racines des plantes du désert stockent l'eau, mais sont difficiles à repérer et à déterrer. Certaines grenouilles australiennes et africaines s'enfouissent dans la boue à la saison sèche. En cas d'urgence, exprimez l'eau de ces batraciens.

L'EAU D'UN CACTUS

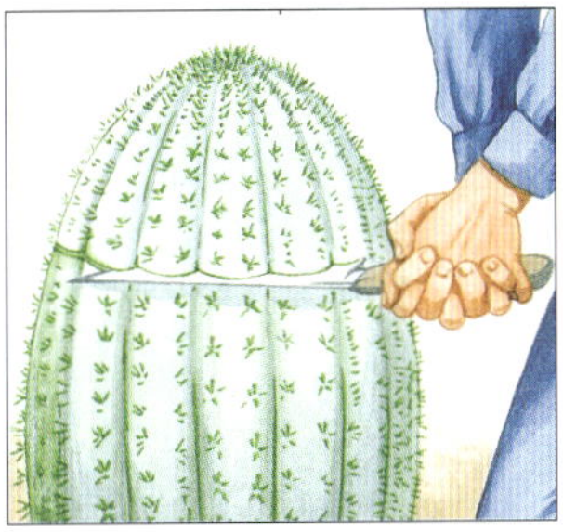

1 Pour extraire l'eau d'un cactus-tonneau, découpez le chapeau au couteau ou à la machette, en évitant les épines.

2 Écrasez la chair du cactus à l'aide d'un bâton pour obtenir une pulpe, avant d'en exprimer le jus.

3 Aspirez le jus de la pulpe avec une tige creuse ou un roseau. Une option à n'utiliser qu'en cas d'urgence, ce cactus à croissance lente étant menacé d'extinction dans certaines régions.

L'EAU D'UNE LIANE

1 Incisez la liane aussi haut que possible en laissant intacte la partie la plus basse dans un premier temps, car le suc remonterait dans la tige par capillarité.

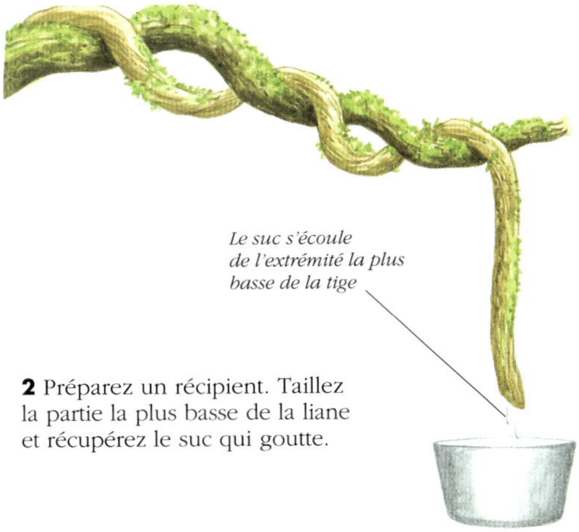

2 Préparez un récipient. Taillez la partie la plus basse de la liane et récupérez le suc qui goutte.

ATTENTION

Le suc laiteux des plantes est généralement toxique, comme celui du saquarro *(Carnegiea)* du Mexique. Riches en protéines, le lait de noix de coco et les sucs d'origine animale nécessitent beaucoup d'eau pour leur digestion.
Le lait riche et épais de la noix de coco est un laxatif puissant, provoquant des diarrhées susceptibles d'entraîner faiblesse et déshydratation.

L'EAU DES RACINES

1 Taillez un jeune bananier ou plantain à environ 8 cm au-dessus du sol.

2 Évidez le tronc. Récupérez le liquide qui remonte des racines au creux du tronc.

L'EAU DE LA GLACE ET DE LA NEIGE

Glace fondue
Faites fondre la glace sur une roche inclinée au-dessus d'un feu. N'utilisez pas d'eau de mer récemment gelée, trop riche en sel. L'eau de mer de la banquise (Arctique) contient moins de sel.

Neige fondue
Prélevez de la neige en profondeur, placez-la dans un linge, suspendu au-dessus d'un récipient, près d'un feu. Ne la mettez pas à fondre dans le récipient directement au-dessus du feu, car l'eau ainsi produite serait rapidement absorbée par la neige restante et le récipient brûlerait. Avec près de 41 cm de neige compacte vous obtiendrez 3 cm d'eau douce.

Stérilisation de l'eau

Dans la nature, l'eau, rarement pure, doit toujours être stérilisée avant consommation. Elle peut en effet contenir des micro-organismes nocifs, vecteurs de maladies. Il faut également filtrer les particules de vase et autres contaminants. En Occident, l'eau est quasiment toujours potable, particulièrement au robinet. Cependant, dans certaines régions, même l'eau du robinet est impure. Si quelques populations finissent par développer une tolérance vis-à-vis d'une eau légèrement impure, elles s'habituent aussi à souffrir de troubles gastro-intestinaux.

Boire l'eau
L'eau doit toujours être filtrée, même si ce n'est qu'à travers une chaussette ou un mouchoir. Cela permettra d'éliminer les micro-organismes nocifs.

Méthodes de stérilisation de l'eau

Dans la nature, excepté l'eau de pluie, l'eau pure n'équivaux jamais exactement à la formule H_2O, mais contient sels, minéraux et organismes nocifs. Il faut la filtrer pour éliminer les particules, puis la stériliser, en la portant à ébullition, 5 minutes minimum, ou la traiter chimiquement. Ne buvez jamais eau de mer et urine sans les distiller (*voir* page ci-contre). Il existe de nombreux équipements de distillation qui filtrent l'eau, puis la stérilisent chimiquement. Éventuellement, utilisez des pastilles de stérilisation, ou faites bouillir l'eau après filtrage (*voir* page ci-contre).

Iode
D'utilisation malaisée, elle teinte l'eau en rose et lui donne un goût particulier.

Permanganate de potassium
Traitement chimique pour la stérilisation de l'eau. L'eau doit prendre une coloration violette.

Pastilles de chlore
Ces pastilles donnent à l'eau un goût de piscine mais ont le mérite d'être sûres. Comptez une pastille pour un demi-litre d'eau.

Filtre portable
L'embout se place dans un récipient d'eau impure. L'eau stérilisée sort du bec quand la pompe est actionnée et peut être récupérée dans un conteneur.

Stérilisateur de poche
Une fois démonté, il se range dans une poche. On verse l'eau impure dans le filtre qui s'adapte au goulot d'une bouteille d'eau. L'eau stérilisée s'égoutte dans le réservoir.

Stérilisateur
L'embout est plongé directement dans le cours d'eau, l'extrémité de l'autre tube se place dans un seau. Actionnez la pompe pour aspirer l'eau du ruisseau dans le stérilisateur.

Traitement improvisé de l'eau

Filtre tripode
Utilisez une chaussette en guise de filtre puis stérilisez l'eau par ébullition (*voir* ci-contre). Doublez le fond de la chaussette avec une autre moins épaisse, du sable fin ou un mouchoir. Après chaque filtrage, retournez le tout et rincez bien. Fabriquez un tripode en guise de support pour fixer votre filtre (*voir* page 119).

Maintenez le tripode avec de la ficelle

Versez l'eau dans la chaussette

L'eau filtrée est récupérée dans une gamelle

Distiller l'eau salée

On peut tirer de l'eau douce d'une eau impropre à la consommation par distillation. Portez l'eau impure à ébullition et récupérez la vapeur sur un linge placé sur le récipient. Utilisez plusieurs linges, l'un après l'autre et ôtez-les avec un bâton pour ne pas vous brûler. Une fois refroidi, essorez-les pour extraire l'eau.

ALAMBIC D'EAU SALÉE

Les dangers de l'eau

Un animal qui s'abreuve infeste l'eau d'une multitude de micro-organismes et parasites intestinaux nocifs pour l'homme, certains au temps d'incubation assez long, d'autres aux effets plus immédiats. N'ayant développé aucune tolérance à ce type de contaminants, le citadin y est particulièrement sensible. Les produits chimiques utilisés par l'industrie et l'agriculture, sans compter les infiltrations des sols liées à l'urbanisation, ne nous laissent pas le choix. Toute eau récupérée dans la nature doit être stérilisée avant consommation.

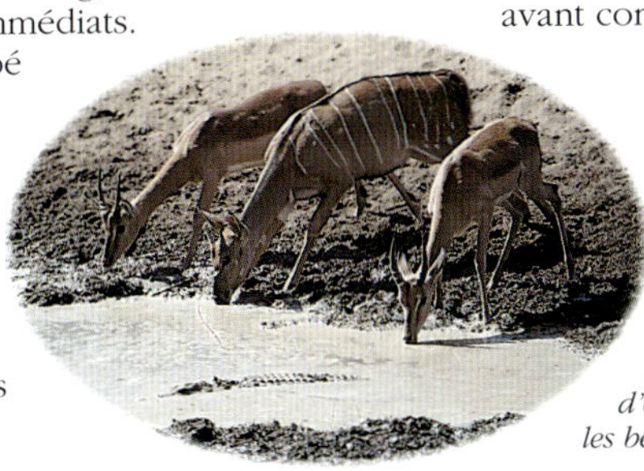

Dangers
Chercher de l'eau en pleine nature peut être dangereux. Attention aux trous d'eau fréquentés par les bêtes sauvages.

Mauvais signes

Crânes d'animaux et ossements ne sont pas toujours signes d'une eau infestée. En cas de doute de pollution chimique, recherchez sur les berges des traces de dépôts poudreux ou portez à ébullition un échantillon et examinez les résidus. Absence de végétation et algues verdâtres en surface sont aussi des signes d'une eau impure.

Eau stagnante
Massettes et joncs indiquent souvent une eau stagnante, à éviter.

Maladies hydriques

Maladies	Causes	Symptômes
Leptospirose (forme sévère = maladie de Weil)	Transmis par animaux infectés par la bactérie *Leptospira* (rats, bétail, souris, chiens, porcs). S'attrape au contact d'urine ou de liquide amniotique infectés. La bactérie pénètre par la peau lésée ou les muqueuses, bouche, nez, gorge ou yeux.	Réactions de type grippal (fièvre, frissons, maux de tête, douleurs musculaires). Entraîne sous sa forme sévère méningite, ictère, insuffisance rénale, hémorragie, atteinte cardiaque.
Bilharziose (*schistosomiasis*)	Transmise par un ver plat parasite d'eau douce et stagnante. Le ver pénètre la peau et loge dans les intestins. Autre agent pathogène : un escargot d'eau douce.	Démangeaisons, crise d'asthme, augmentation du volume du foie, inflammation des voies urinaires.
Dysenterie amibienne	Transmise par la consommation d'eau contaminée par des rejets d'égouts.	Diarrhées avec présence de sang et/ou de pus, infection du côlon. Les complications entraînent hépatite, abcès au niveau du foie ou des poumons, perforation intestinale.
Ankylostome	Une larve parasite pénètre le corps par l'eau contaminée ou s'infiltre directement sous la peau.	Les vers adultes dans les intestins génèrent anémie et fatigue. Les larves dans le sang peuvent entraîner une pneumonie.
Giardiase	Transmise par le giardia, un parasite présent dans l'eau souillée par de l'urine ou des excréments.	Diarrhées et douleurs abdominales. Une maladie qui se répand en Amérique du Nord, en Afrique et en Asie.

Se prémunir des maladies hydriques
La stérilisation est le seul moyen de ne pas attraper de maladies transmises par l'eau. Si un membre de votre groupe tombe malade après avoir bu de l'eau, isolez-le avec une personne chargée de le veiller. Les malades doivent disposer de couverts et d'assiettes séparés. Soyez vigilants avec les excréments et les vêtements, sans doute contaminés par la bactérie responsable de l'affection. Veillez à l'hygiène du camp, afin de prévenir toute nouvelle infection au sein du groupe (voir *page 56*).

Transport et conservation

Vous aurez besoin d'un récipient pour cuisiner et d'un autre pour collecter l'eau dans un ruisseau, même si le camp est établi à proximité d'un cours d'eau. Camper près d'un cours d'eau n'étant pas judicieux, il vous faudra rapporter de l'eau au campement et cela une à deux fois par jour. De plus, entre explorations, recherches de nourriture et travaux divers, vous ne serez sûrement pas en mesure de trouver de l'eau quand vous en aurez besoin et devrez donc la transporter avec vous.

Économiser l'eau
L'eau est précieuse. N'en gâchez pas, peut-être n'aurez-vous plus l'occasion de refaire votre stock.

Conteneurs

Il en existe de toutes sortes, conçus pour transporter liquides chauds ou froids, des flacons ou gourdes en plastique et en acier inoxydable, aux sacs en tissu imperméable, à replier une fois vides. Veillez à différencier récipients à eau et conteneurs destinés au transport du combustible pour votre réchaud.

Thermos
Pot isotherme incassable pour transporter des liquides.

Gourde en plastique
Conteneur en plastique solide, mais pouvant fondre au contact de la chaleur.

Pot en acier
Conteneur robuste mais lourd une fois plein.

Banane imperméable
Accessoire conçu pour le transport de l'eau et qui laisse les mains libres au randonneur évoluant dans des régions où cette ressource est rare.

Gourde et tasse
Accessoire avec un gobelet en plastique servant de bouchon.

Sac à eau
Un sac pliable une fois vide. Ne le laissez pas traîner au sol au risque de l'abîmer.

Gourde souple
Un grand classique. Attention à ne pas sectionner l'attache reliant le bouchon à la gourde !

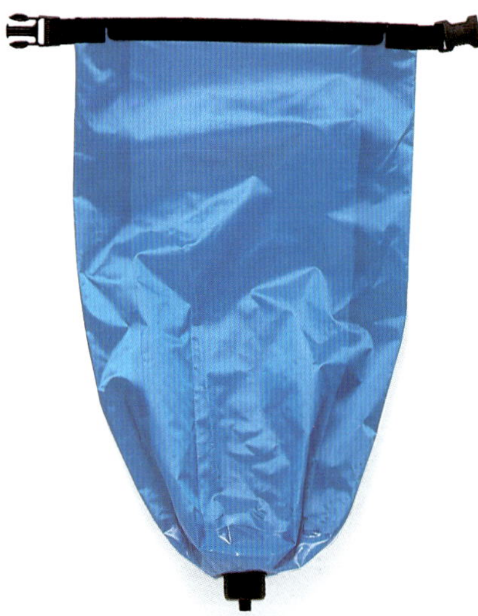

Grand sac à eau
Pratique, le sac suspendu à une branche sous le vent permet de conserver toute la fraîcheur de l'eau.

Transport de l'eau

Le transport de l'eau fait partie des corvées quotidiennes car il y a peu de chances de trouver un site de campement à proximité d'une source. La priorité est de remplir de grands conteneurs d'eau pour les ramener au camp. Mieux vaut transporter le conteneur sur le dos, de façon à garder les mains libres en cas de problème. Pour ne pas perdre une goutte d'eau, utilisez une petite bouteille pour remplir le conteneur à ras bord.

Cadre de transport
Fabriquez un cadre de transport adapté *(voir page 135).*

Conteneur en écorce

1 Fabriquez un conteneur avec de l'écorce verte et souple (du bouleau par exemple). Découpez un rectangle.

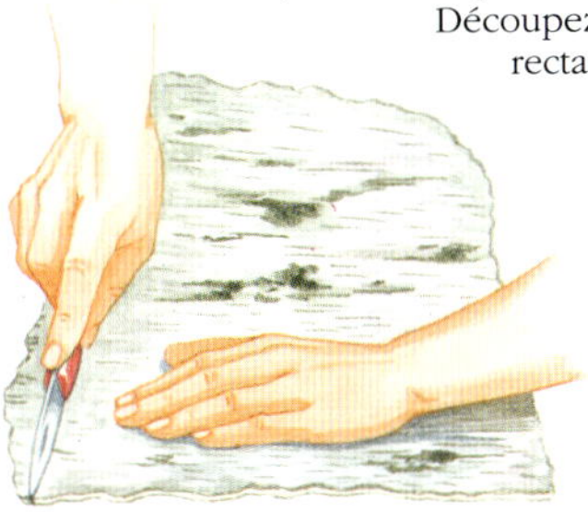

2 Humectez les coins du rectangle et repliez les côtés.

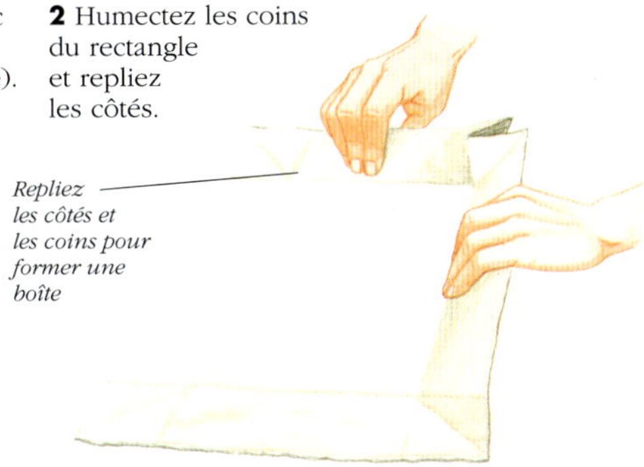

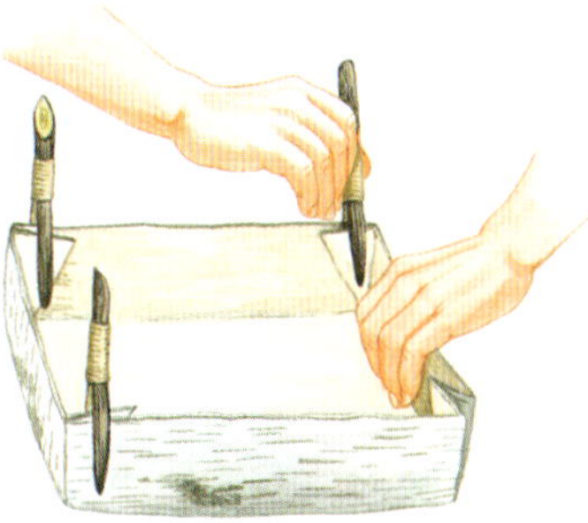

3 Fabriquez des pinces avec de petits morceaux de bois refendus liés avec de l'herbe. Encollez les coins avec de la résine de pin. Pincez le montage durant le séchage.

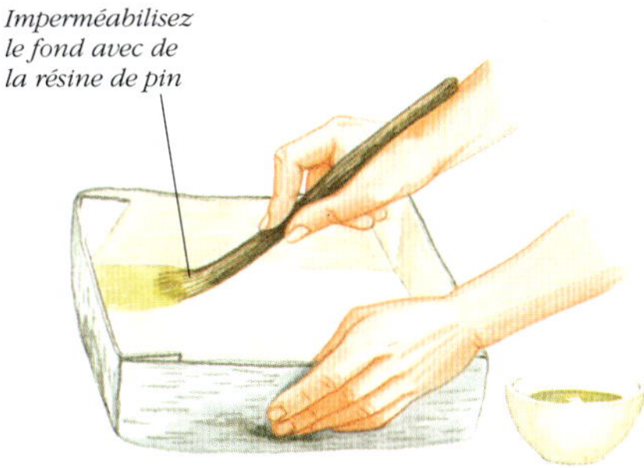

4 Après séchage, retirez les pinces et imperméabilisez le fond d'une couche de résine de pin. Utilisez une tige mâchonnée en guise de pinceau. Laissez bien sécher.

Conteneurs improvisés

Section de tiges de bambou
Les segments ou chambres d'une tige de bambou forment de parfaits conteneurs. Découpez une grosse tige, à 2 cm environ sous l'anneau d'un segment, reportez cette mesure sous l'anneau du segment suivant et découpez la tige pour obtenir un conteneur ouvert d'un côté.

Calebasses
Évidez et faites sécher calebasses et courges pour obtenir des conteneurs à eau. Découpez le sommet de la calebasse pour retirer la pulpe au couteau ou grattez l'intérieur à l'aide d'un bâton pointu.

Conduite à tenir

- Filtrez et purifiez l'eau collectée dans la nature (*voir* page 74).
- Prévoyez des réserves d'eau suffisantes pour vos besoins et parer à toute urgence, lorsque la ressource vient à manquer.
- Installez autant de conteneurs que possible à la moindre averse. Ces réserves vous aideront à affronter le pire.
- Respectez l'eau. Ne la gaspillez pas, même si vos réserves vous le permettent. Vous pourriez un jour en manquer !
- Ne consommez jamais d'urine ou d'eau de mer non traitée. En situation de survie, distillez-les (*voir* page 75).
- Le froid comme la canicule peuvent entraîner une déshydratation, veillez à boire suffisamment. La marche dans la neige ou le ski sont sources de transpiration.
- En l'absence d'eau, indispensable à la digestion, évitez de manger.

Stocker l'eau

1 Stockez l'eau à la saison des pluies pour affronter les mois secs ou faites une réserve pour éviter de retourner à la source trop souvent. Creusez le sol au-dessus d'une source souterraine, puits naturel par exemple, jusqu'à atteindre la couche argileuse ou la pierre.

2 Tapissez le trou d'un tapis de sol ou d'une couche d'argile humide afin d'imperméabiliser le fond. Le jour, recouvrez le trou d'une bâche en vinyle ou d'une natte d'herbes tressées (*voir* page 40) afin de limiter l'évaporation. Le soir ou lorsqu'il pleut, retirez la bâche pour réalimenter la réserve, avant qu'elle ne s'évapore totalement.

CHAPITRE 5

TROUVER ET PRÉPARER LA NOURRITURE

EN L'ABSENCE DE réfrigérateur, four et autres équipements, la recherche, le stockage et la préparation de la nourriture relève d'une démarche particulière. Privé de notre régime alimentaire habituel, il convient de bien évaluer nos besoins nutritionnels et les quantités nécessaires à notre organisme (*voir* page 14) mais aussi de savoir où trouver notre nourriture. En pleine nature, la quête de vitamines et minéraux représente un vrai challenge. Viande et poisson suffisent généralement à combler nos besoins. Si la collecte de plantes, d'invertébrés et de poissons reste assez simple, chasser les animaux pour leur viande se révèle plus difficile et l'énergie dépensée rend l'aventure dangereuse en situation de survie, à moins d'être un chasseur expérimenté. Mieux vaut consommer les ingrédients sans tarder, avant que chaleur, insectes ou bactéries ne les décomposent. En cas de séjour prolongé sur un site, constituez une réserve de nourriture de conserves en prévision des jours de disette.

NOURRITURES TERRESTRES
En situation de survie, privés des aliments auxquels nous sommes habitués, nous ne devrons compter que sur nous-même pour ne pas mourir de faim. Des plantes aux insectes, la nature abonde de nourritures, parfois surprenantes au palais, mais qui pourraient bien un jour nous sauver la vie.

NOURRITURE À EMPORTER

LA NOURRITURE À emporter peut être conditionnée en boîte, déshydratée dans un sachet plastique ou laissée nature. Les conserves prêtes à consommer (froide ou chaude) ont l'inconvénient d'être lourdes à transporter. La nourriture déshydratée, plus légère, exige de grandes quantités d'eau pour se réhydrater. Dans certaines régions, vous aurez donc à transporter l'eau nécessaire à cette opération. Vous devrez aussi respecter un temps de trempage assez long pour réhydrater les aliments, sous peine que la nourriture ingérée absorbe l'eau du corps et entraîne inconfort intestinal ou occlusion grave.

Aliments énergétiques
Les aliments sucrés à faible teneur nutritionnelle sont une variante du régime alimentaire de base. En montagne ou dans les régions polaires, les randonneurs boivent chaud et sucré pour consommer des calories indispensables (voir page 15).

CRÈME AU CHOCOLAT EN POUDRE

CRÈME GLACÉE DÉSHYDRATÉE

PRÉPARATION POUR DESSERT À LA FRAISE

BONBONS ACIDULÉS PARFUMÉS AUX FRUITS

Spécial petit-déjeuner
Le petit-déjeuner procure l'énergie indispensable pour démarrer la journée. Céréales, flocons d'avoine ou müesli donnent les fibres nécessaires au transit intestinal. Les fruits contiennent des fibres et les mélanges sont nutritifs.

ASSORTIMENT

MÜESLI

FRUITS SECS

FLOCONS D'AVOINE

Haricots et légumes secs
Riche en féculents, le riz est difficile à cuire sur un réchaud et sa préparation consomme beaucoup de combustible. Sources de fibres et de protéines, haricots et légumes secs doivent tremper avant cuisson, surtout les haricots rouges. Reportez-vous aux instructions sur l'emballage.

RIZ

LENTILLES

HARICOTS ROUGES

POIS CASSÉS

Biscuits secs
Afin de maintenir un niveau d'énergie constant, grignotez tout au long de la journée et faites un repas complet le soir afin que la digestion se fasse durant le sommeil. Les biscuits secs déclinent saveurs sucrées, chocolatées ou salées, sources d'énergie et de féculents.

BISCUIT SUCRÉ

BISCUIT CHOCOLAT

BISCUITS RICHES EN FIBRES

BARRE DE CÉRÉALES

BARRE CHOCOLATÉE

BISCUITS SALÉS NATURE

Boissons
Les boissons procurent chaleur et confort. Le lait en poudre peut offrir une source appréciable de calcium et rehausser la saveur d'un breuvage. Le chocolat chaud reste une boisson incomparable les soirs de grand froid.

CAFÉ

THÉ

CACAO EN POUDRE

LAIT EN POUDRE

Aliments principaux
La lyophilisation est un procédé de déshydratation à basse température qui conserve la structure et la texture des aliments, surtout des fruits. La nourriture déshydratée doit être réhydratée avant cuisson.

PRÉPARATION AU SOJA

PRÉPARATION LYOPHILISÉE

PRÉPARATION DÉSHYDRATÉE

PRÉPARATION VÉGÉTARIENNE DÉSHYDRATÉE

Basiques
Farine et sel entrent dans la composition de plusieurs préparations (voir *page 117*)*. La graisse animale permet de pallier au manque de lipides dans votre alimentation. Le sucre aide à donner du goût aux aliments sauvages.*

FARINE

GRAISSE ANIMALE

SUCRE ROUX

SEL

Épices et parfums
Épices et parfums donnent de la saveur à la nourriture de camping et aux aliments sauvages (voir *page 93*)*. Privilégiez la poudre de curry, les clous de girofle, l'oignon, les épices, le concentré de tomates et les sauces.*

BOUILLON DÉSHYDRATÉ

SAUCE À L'OIGNON DÉSHYDRATÉE

SOUPE DÉSHYDRATÉE

CONCENTRÉ DE TOMATES

VIANDES ET POISSONS

Viandes rouges et poissons assurent l'apport nécessaire en protéines, mais se conservent difficilement frais. Mieux vaut emporter avec soi des produits conditionnés en boîtes ou des salaisons. Une conserve ouverte doit être consommée sans attendre, d'où l'intérêt de ne pas choisir des boîtes volumineuses et lourdes à transporter dans un sac à dos. Les salaisons, comme le salami, sont plus légères, mais le choix en la matière est aussi plus limité. Vous pourrez réaliser vos propres conserves de viande ou de poisson (*voir* page 118). Les préparations complètes à base de protéines de soja ou de tofu, mais aussi de pâtes ou de légumes constituent d'autres options.

SARDINES EN BOÎTE

PRÉPARATION AUX PÂTES

CASSOULET EN BOÎTE

SALAMI

PLANTES COMESTIBLES

SAUF PERDU AU cœur d'un désert, vous trouverez toujours des plantes dans la nature, dont de nombreuses espèces comestibles et nutritives. À vous de différencier espèces nutritives et toxiques, susceptibles de vous rendre malade. Des plantes nutritives présentent parfois poils ou barbes irritants pour la bouche et le palais, mais aussi graines toxiques. Certaines se révèlent moins digestes ou toxiques, selon les périodes de l'année. D'autres enfin offrent une faible valeur nutritive et les efforts fournis pour les récolter et les préparer brûlent plus de calories que celles gagnées en les consommant.

TEST DE COMESTIBILITÉ

En situation de survie, ce simple test vous aidera à juger de la toxicité des plantes. Une espèce à sève blanche se révèle souvent toxique. Notez vos observations sous forme de croquis.

1 Déchirez une feuille et sentez-la. Écartez toute plante dégageant une mauvaise odeur ou un parfum de pêche ou d'amande.

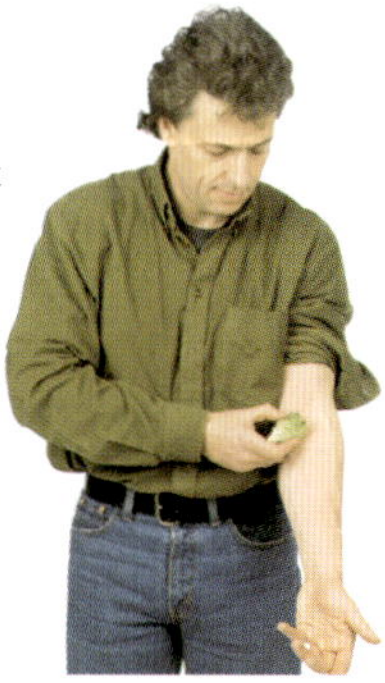

2 Frottez doucement l'échantillon prélevé sur votre peau, au creux du coude. Après 20 minutes, vous pourrez juger si démangeaison, irritation ou réaction allergique se développent.

3 Déposez un petit morceau de feuille 5 secondes sur vos lèvres. Patientez 20 minutes. En l'absence de réactions, répétez l'opération au coin de la bouche, au bout de la langue et sous la langue.

4 Si vous ne constatez pas de réaction sous la langue, avalez quelques feuilles et patientez 5 heures. Ne mangez rien d'autre. Si aucune réaction ne s'est manifestée, mangez la plante sans crainte.

PLANTES DES RÉGIONS TEMPÉRÉES

Évitez les plantes âgées, aux pousses et feuilles fibreuses ou coriaces d'un goût souvent âcre. Les jeunes pousses contiennent plus d'éléments nutritifs et sont consommables sans cuisson préalable. Voici quelques exemples.

Chou marin (Crambe maritima) *L'espèce s'épanouit le long des rivages. Ses feuilles et sa tige souterraine seront cuites avant consommation.*

Orpin âcre (Sedum) *Cette vivace rampante et tapissante affectionne les murets et les rochers, à la saveur piquante et poivrée. Les feuilles peuvent être consommées crues en salade ou cuites pour relever la saveur d'une soupe par exemple.*

Pourpier (Portulaca) *Cette succulente prospère dans les marais salants, au-dessus de la ligne de marée haute. Les feuilles peuvent être récoltées toute l'année. Elles seront plongées dans une eau citronnée avant d'être mangées. Agrémentez-les d'autres plantes ou aliments pour varier et enrichir votre régime, sous peine de malnutrition.*

Renouée (Polygonum) *Vivant sous d'autres variétés en Europe et en Amérique du Nord, la renouée affectionne prairies et zones boisées. Elle peut mesurer 60 cm. Faites bouillir feuilles et pousses avant consommation et laissez macérer les racines dans l'eau avant de les rôtir.*

Barbarée commune (Barbarea) *Herbacée d'Europe, d'Amérique du Nord et de Nouvelle-Zélande. Mangez les feuilles crues ou bouillies.*

AUTRES PLANTES DES RÉGIONS TEMPÉRÉES

Les algues comme le varech *(Porphyria)* seront bouillies, cuites ou séchées. La carragheen produit une sorte de gélatine (*voir* page 93). Les feuilles de pissenlit *(Taraxacum)* et d'oseille *(Rumex)* s'utilisent comme celles de l'épinard. Les jeunes feuilles et tiges de l'égopode podagraire *(Aegopodium)* sont consommables lorsque les pousses mesurent 15 cm de haut. L'ail sauvage, comme l'ail des ours *(Allium)* rehausse les saveurs.

Plantes des régions tropicales

Différentes plantes prospèrent sous la chaleur et l'humidité des Tropiques. En l'absence de saison, leur croissance se poursuit tout au long de l'année. De multiples espèces produisent fruits et légumes nourrissants. Testez toujours les plantes avant de les consommer. Ci-dessous, quelques espèces des régions tropicales.

Bambou (Pseudosasa)
Coupez les jeunes tiges à la base avant de refendre l'enveloppe au couteau. La chair tendre à l'intérieur peut se cuire à l'eau, comme les asperges. Les graines sont aussi comestibles.

Palmiers
Les jeunes pousses de palmiers comme le cocotier (Cocos), *le palmier à sucre* (Arenga) *ou encore le sagoutier* (Metroxylon) *sont comestibles. Faites bouillir la moelle du sagoutier, riche en amidon, comme le riz. Certaines espèces de palmiers ne sont pas comestibles. Sachez les identifier.*

Cœur de palmier
Le cœur de certains palmiers sera consommé cru ou cuit. Ne mangez aucun fruit de palmier sans avoir identifié l'espèce.

Amaranthe
(Amaranthus)
La plante peut mesurer jusqu'à 1 m. Découpez feuilles et tiges en petits morceaux, et faites-les bouillir dans de l'eau salée, comme les épinards. Les jeunes pousses se mangent crues, en salade.

Autres plantes tropicales

Les espèces diffèrent selon les régions, mais plus d'un millier sont comestibles. Certaines portent des fruits délicieux mais inaccessibles lorsque la plante grimpe au sommet de la canopée des forêts tropicales. L'épinard de Malabar *(Basella)*, aux tiges et aux feuilles riches en vitamines, ou la canne à sucre *(Saccharum)*, dont les tiges sont mâchées crues, sont des espèces facilement accessibles.

Arbres

Beaucoup d'arbres produisent des fruits, des baies ou des noix riches en éléments nutritifs (*voir* page 80). Vous pourrez consommer bourgeons, pousses et écorce de nombreuses espèces, et boire la sève de quelques arbres. En guise de thé, laissez infuser les aiguilles riches en vitamine C de certains conifères à feuilles persistantes.

Épicea (Picea)
Le liber de l'épicéa est particulièrement riche en vitamine C. Prélevez-le au bas du tronc, au plus près des racines. Pelez l'écorce et faites bouillir le liber de façon à l'attendrir. Utilisez les aiguilles de l'épicéa pour préparer une boisson rafraîchissante (voir *page 93*).

Érable (Acer)
Prélevez la sève sucrée au niveau des blessures naturelles ou des gemmes sur le tronc. Faites bouillir la sève jusqu'à obtention d'un sirop épais, hautement énergétique.

Autres arbres

Les jeunes aiguilles de pin *(Pinus)* permettent d'obtenir un thé délicieux (*voir* page 93). Le liber du peuplier *(Populus)* est très nourrissant, et le bouleau *(Betula)* a une sève excellente. Pour prélever la sève, entaillez l'écorce en V, en veillant à ne pas abîmer plus d'un quart de la circonférence du tronc. Le caroubier *(Ceratonia)* et le tamarinier *(Tamarindus)* produisent des gousses à la pulpe comestible.

PLANTES TOXIQUES

LE NOMBRE DE plantes toxiques est moins élevé que celui des plantes comestibles, surtout dans les régions tempérées. Certaines, toxiques par simple contact, génèrent éruptions et sévères irritations (*voir* page 181). D'autres, toxiques par ingestion, peuvent provoquer vomissements, diarrhées, et même parfois entraîner la mort. Attention, certaines espèces toxiques ressemblent à s'y méprendre à des espèces comestibles ! Apprenez à les identifier et respectez certaines règles de prudence avant de goûter une nouvelle espèce (*voir* page 82), notamment en situation de survie, loin d'une assistance médicale.

PLANTES DES RÉGIONS TEMPÉRÉES

Feuilles, tiges, mais aussi fleurs, racines et sève de certaines plantes sont toxiques. Un simple frottement suffit parfois à libérer leur poison par le biais de pores ou de poils urticants. Dans les régions tempérées, les plantes comestibles dominent, même si certaines espèces toxiques peuvent se révéler mortelles.

Digitale (Digitalis)
La plante renferme un poison violent, utilisé en médecine comme cardiotonique. La digitale peut mesurer 1,50 m et porte des fleurs caractéristiques en forme de clochettes, de couleur pourpre, rose, jaune ou blanche.

Lupin (Lupinus)
Plante d'Europe, d'Amérique du Nord et d'Asie, à fleurs de couleur pourpre, rose, jaune ou blanche. Toutes les parties du lupin entraînent une inflammation digestive mortelle.

AUTRES PLANTES TEMPÉRÉES

L'aconit *(Aconitum)*, qui prospère dans les forêts humides, reste la plus toxique de toutes les plantes des régions tempérées. La ciguë *(Conium)* et la cicutaire *(Cicuta)* se reconnaissent à leurs ombelles de fleurs blanches. Méfiez-vous de toutes les espèces ombellifères, pour la plupart toxiques.
Le poison-chêne et le sumac vénéneux *(Toxicodendron)* entraînent des allergies de contact.

Ricin (Ricinus)
Cette plante originaire des régions tropicales est souvent cultivée à des fins médicinales pour l'huile laxative tirée du broyage de ses graines. L'ingestion de graines de ricin à l'état sauvage peut se révéler mortelle.

ATTENTION

De nombreuses plantes toxiques des régions tempérées ressemblent à des espèces comestibles.
En cas de doute, n'y goûtez pas ! L'ingestion d'une simple bouchée de ciguë (*voir* ci-dessus) suffit à entraîner paralysie et mort en quelques minutes à peine.

Zigadène vénéneux (Zigadenus)
Le bulbe toxique de la plante peut être confondu avec celui de l'oignon sauvage (voir *page 86). Cette plante à longues feuilles et à fleurs blanches, de 60 cm de haut, se rencontre dans les zones boisées et les prairies d'Amérique du Nord.*

Sumac (Toxicodendron)
Plante des régions boisées d'Amérique du Nord. Espèce grimpante ou rampante, le sumac se distingue par ses fleurs verdâtres et ses baies blanches. Un contact entraîne une réaction allergique cutanée souvent sévère.

Renoncule (Ranunculus)
L'ingestion de toutes les espèces du genre entraîne de douloureuses et sévères inflammations digestives. La plante est répandue dans le monde entier et toutes les variétés ont au moins cinq pétales se chevauchant, d'un jaune éclatant.

Plantes des régions tropicales

La diversité des plantes tropicales incite à la plus grande prudence. Ne consommez que les espèces bien identifiées. Si la situation vous oblige à consommer une espèce inconnue, procédez à un test de comestibilité (*voir* page 83) et n'ingérez que de très petites quantités. Ci-dessous, quelques espèces des régions tropicales.

Jatropha glandulosa
Feuilles, graines, fruits et sève de différentes espèces du genre Jatropha *sont toxiques. Les graines renferment un puissant laxatif.*

Sapium insigne
La sève laiteuse de cette plante est très toxique. Son contact entraîne l'apparition d'éruptions vésiculeuses. Méfiez-vous des espèces à sève laiteuse, le plus souvent toxiques.

Autres plantes tropicales

Prospérant près de l'eau, l'ortie du genre *Laportea* entraîne de sévères dermatites de contact et ses graines sont toxiques.
Fruit et sève du mancenillier (*Hippomane*) sont toxiques.
Le mucune (*Mucuna*), rencontré sur terrains boisés ou buissonneux, possède des gousses et des fleurs urticantes. Un contact avec les yeux peut entraîner la cécité.

Jatropha podagrica
Toutes les parties de cette plante, dont la tige présente une base renflée, sont très toxiques. Reportez-vous à des sources sérieuses pour identifier des espèces inconnues ou renseignez-vous auprès des populations locales.

Jatropha integerrima
*Cette espèce des zones boisées se rencontre dans toutes les régions tropicales. Toutes les parties de la plante peuvent causer une inflammation digestive, accompagnés de diarrhées et de vomissements. Ces troubles sont susceptibles d'entraîner une déshydratation (*voir *page 181) préoccupante en situation de survie.*

Arbres

Rien ne permet de distinguer un arbre toxique d'un arbre potentiellement comestible. Certaines parties sont comestibles, et d'autres toxiques. Restez vigilants face aux espèces tropicales. Certaines ont des graines ou des fruits mortels, d'autres, une sève pouvant entraîner, par simple contact, éruptions vésiculeuses ou cécité.

Palétuvier (Excoecaria)
Ce petit arbre se rencontre dans les zones de mangroves et d'estuaires d'Australasie, mais aussi en Asie du Sud-Est et en Afrique tropicale. Sa sève urticante entraîne de sévères réactions cutanées et un simple contact avec les yeux peut entraîner la cécité.

Laurier californien (Umbellularia)
L'espèce prospère en Amérique du Nord. Ses feuilles persistantes, ovales, coriaces, et très parfumées, sont toxiques. Cet arbre à fleurs jaunes porte des baies pourpres ou vertes.

Autres arbres

Les graines des gousses de cytise *(Laburnum)* sont mortelles, comme les baies de l'if *(Taxus)*. Écorce, fleurs et gousses du robinier faux-acacia *(Robinia)* d'Amérique du Nord possèdent des substances toxiques.
La sève du rengas *(Gluta)* d'Asie du Sud-Est est irritante, comme celle du Hua d'Amérique du Sud, pouvant entraîner la cécité.
Ne consommez jamais fruits ou autre partie d'un arbre sans l'avoir bien identifié.

RACINES, TUBERCULES ET BULBES

RICHES EN VITAMINES et en amidon, les racines, tubercules et bulbes de certaines plantes peuvent être consommés en situation de survie, même si certaines se révèlent parfois nocives lorsqu'elles sont crues. Grattez les racines puis ébouillantez-les ou faites-les blanchir avant de les griller à la broche (*voir* page 116). Évitez si possible de peler les racines, sachant que leur peau est souvent riche en vitamines et minéraux, à l'exception des racines de certaines espèces, comme la consoude, qui renferment des substances toxiques. Apprenez à identifier des racines comestibles et ne consommez pas les autres.

RACINES COMESTIBLES

Pour savoir si une racine ou un bulbe est comestible, commencez par identifier la plante. Les espèces de différentes régions sont souvent similaires ou possèdent des bulbes a priori identiques, mais méfiez-vous des apparences ! Ainsi, le bulbe du zigadène vénéneux ressemble à s'y méprendre à celui d'un inoffensif oignon (*voir* page 84). Faites bien cuire la plupart des bulbes, racines et tubercules avant de les consommer.

Salsifis (Tragopogon)
Plante de 60 à 90 cm de haut souvent cultivée sur terrain sec. Ses fleurs pourpres évoquent celles du pissenlit. Ses longues feuilles et son tubercule semblable à un navet sont comestibles.

Châtaigne d'eau (Trapa)
Plante aquatique répandue en Europe et en Asie. Ses graines coriaces sont comestibles crues ou grillées.

Nénuphar
(Nymphaea)
Cette plante à feuilles cordiformes se développe dans les eaux tropicales et tempérées, dans presque toutes les régions du monde. Graines, tubercules et tiges sont comestibles, même si les graines sont légèrement amères.

Sagittaire (Sagittaria)
Cette plante aquatique qui se développe jusqu'à 1 m de hauteur présente des feuilles dressées en forme de flèche et de petites fleurs à trois pétales. Le tubercule, consommable cru, est meilleur cuit.

Acore
(Acorus)
Plante herbacée atteignant jusqu'à 1,30 m de hauteur, l'acore affectionne les abords des plans d'eau. Son tubercule à l'arôme prononcé est comestible après avoir été émincé, puis porté à ébullition et réduit en sirop.

Arachide
(Arachis)
Petite plante buissonneuse, l'arachide porte des feuilles ovales membraneuses et des fleurs jaunes papilionacées. Ses fruits qui mûrissent sous terre sont sous forme d'une gousse ou cosse renfermant des graines.

AUTRES RACINES

En guise de café, préparez une décoction à base de racines grillées de pissenlit *(Taraxacum)* ou de souchet *(Cyperus)*. Réduisez en poudre le tubercule de certaines espèces, comme l'arum sauvage ou l'arum des marais *(Calla)*, pour l'utiliser comme une farine (*voir* page 92). Les racines sucrées de l'astragale *(Astralagus)* sont comestibles crues ou cuites, comme les tubercules du topinambour *(Helianthus)*, qui pousse à l'état sauvage en Amérique du Nord.

Racines toxiques

En règle générale, si les racines d'une plante sont toxiques, feuilles, tige, fleurs et sève le sont aussi. La petite éclaire ou ficaire illustre parfaitement ce constat : une simple manipulation de la plante suffit même à provoquer une éruption cutanée. Certaines racines sont comestibles uniquement après cuisson, car mortelles consommées crues. Restez vigilant et, en cas de doute, évitez toute consommation.

Manioc (Manihot)
Mortel consommé cru, le tubercule du manioc doit être mis à tremper 48 heures, puis bien cuit avant consommation.

ATTENTION

À moins d'identifier clairement une espèce, il parait difficile d'établir si les racines d'une plante sont comestibles ou toxiques. En cas de doute, évitez toute consommation. Apprenez à reconnaître quelques espèces et oubliez les autres !

Narcisse sauvage (Narcissus)
Une plante facile à reconnaître, grâce à ses fleurs en tous points semblables à celles de la variété cultivée. En l'absence de fleur, évitez de consommer la plante.

Arum des marais (Calla)
Aussi baptisé arum sauvage, la plante porte une fleur distinctive, appelée spadice, protégée par une spathe ou feuille en forme de cornet. L'arum se développe à proximité de l'eau. Les racines, toxiques crues mais comestibles après cuisson, peuvent être réduites en farine (voir *page 92*).

Taro (Colocasia)
Cette plante des régions tropicales humides, atteignant jusqu'à 1,50 m de hauteur, porte de longues feuilles cordiformes et des fleurs jaune orangé. Ses racines, toxiques lorsqu'elles sont consommées crues, ont un léger goût de pomme de terre après cuisson.

Igname sauvage (Dioscorea)
Cette plante est cultivée sous les Tropiques. Le tubercule de certaines variétés se révèle toxique, sauf pelé et cuit. Ne consommez jamais un tubercule cru sans avoir identifié l'espèce. L'igname a de grandes feuilles et se développe autour des troncs.

Autres racines

Les tubercules de la morelle noire *(Solanum)* sont comestibles cuits. Ses baies, semblables à des tomates, sont toxiques. La tomate sauvage *(Lycopersicon)*, comestible, ressemble à la morelle noire. Renoncez à ces deux espèces difficiles à différencier ! Le bulbe toxique et mortel du zigadène vénéneux *(Zigadenus)* ressemble à celui de l'oignon (*voir* page 84). Également mortels, tubercules et racines de la ficaire *(Ranunculus)* et de la cicutaire *(Cicuta)*.

Dompte-venin (Vincetoxicum)
Plante des régions tempérées, à feuilles pointues opposées et à petites fleurs blanc jaunâtre regroupées en cymes. L'ingestion de ses racines et de ses gousses entraîne vomissements et déshydratation. La sève aussi est toxique.

Ornithogale (Ornithogalum)
Plante des régions tempérées de 30 cm de hauteur. Les bulbes sont comestibles après cuisson, mais toutes les autres parties de la plante devront être écartées.

Fruits frais et fruits secs

En situation de survie, les fruits sont la principale source de nourriture. Dans les régions tempérées, les fruits frais sauvages apparaissent en l'été, les fruits secs à l'automne. Beaucoup de fruits frais sauvages se conservent difficilement, à moins de les réduire en confiture ou de faire sécher les espèces qui s'y prêtent (*voir* page 118). En récoltant les fruits, gardez en tête que vous prélevez la nourriture des oiseaux et des mammifères. Les fruits secs en particulier sont amassés par certains animaux pour survivre durant l'hiver. Ne consommez pas en abondance les fruits trop mûrs ou blets, au risque d'être malade.

Fruits secs comestibles

Les fruits secs apportent protéines et matière grasse. Après extraction, gardez l'huile des fruits oléagineuses, comme celui du hêtre, pour l'utiliser en cuisine. Faites bouillir les fruits secs dans de l'eau et dégraissez la surface. Leur broyage donne de la farine (*voir* page 92). Faciles à transporter, ils constituent un aliment de choix pour les randonneurs.

Noix (Juglans)
Les noyers des régions tempérées se reconnaissent à leur écorce fissurée. Les noix sont protégées par une drupe verte charnue qui se dessèche et pourrit après être tombé de l'arbre. Les noix sont riches en calories.

Noisette (Corylus)
Arbuste ou haut buisson des régions tempérées, le noisetier porte des feuilles cordiformes dentées et des fleurs brun jaunâtre sous forme d'épis. La noisette est protégée par une enveloppe, ou cupule membraneuse.

Pistache (Pistacia)
Le pistachier pousse en Europe, en Asie et en Australie. La pistache est comestible crue ou grillée.

Autres fruits secs

La noix de pécan *(Carya)* se trouve dans les zones humides d'Amérique du Nord. Sa teneur en matière grasse est supérieure à celle de tous les fruits, légumes et noix. La noix de macadamia *(Macadamia)* originaire d'Australie est comestible, comme les pignons *(Pinus)*.

Châtaigne (Castanea)
Le châtaignier a des feuilles dentées et des bogues épineuses où se développent les châtaignes. Retirez la coque et faites bouillir les châtaignes avant de les réduire en purée ou de les griller au feu.

Fruits secs toxiques

Testez la comestibilité des fruits secs (*voir* page 82). Ils sont rarement toxiques, mais certains se révèlent dangereux crus et d'autres rendent malade s'ils sont moisis. Une noix qui ne dégage pas une odeur d'amande sucrée peut renfermer de l'acide prussique irritant et ne doit donc pas être consommée.

Marronnier d'Inde (Aesculus)
Espèce des régions tempérées à feuilles palmées, à grappes de fleurs pâles et aux bourgeons collants. L'arbre peut grimper jusqu'à 30 m de hauteur dans certaines régions. Ses feuilles toxiques cachent des bogues moins épineuses que celle du châtaignier, renfermant une graine, le marron, bien plus grosse que celle de la châtaigne comestible.

Noix de cajou (Anacardium)
Toxique crue, la noix doit être pelée puis bouillie. Les fumées de la cuisson peuvent entraîner une cécité. La noix de cajou est le fruit de l'anacardier, un arbre des régions tropicales.

Autres fruits secs

Les amandes *(Prunus)* comestibles peuvent renfermer de l'acide prussique et paraître amères. Les glands du chêne *(Quercus)* sont comestibles après avoir été bouillis ou mis à tremper dans de l'eau froide plusieurs heures, puis grillés, pour leur ôter leur amertume.

Fruits frais comestibles

Les fruits frais comestibles sont riches en nutriments essentiels, dont des sucres et vitamines A, B et C. Les oiseaux et les mammifères en mangent aussi. Les fruits frais sont parfois attaqués par des insectes, mais les asticots présents dans la pulpe assurent un apport en nutriments au consommateur. Évitez de manger trop de fruits frais.

Ronces (Rubus)
Espèce des régions nordiques tempérées et d'Arctique. Cette plante buissonneuse, atteignant jusqu'à 30 cm de hauteur, porte des fleurs blanches et des fruits semblables à des framboises.

Passiflore
(Passiflora)
Plante grimpante des régions tropicales, surtout d'Amérique du Sud, à longues tiges sarmenteuses dotées de vrilles et à fleurs blanches et pourpres. Ses fruits ovoïdes pourpres, charnus et juteux, sont comestibles.

Autres fruits frais

La vigne sauvage *(Vitis)* se trouve dans toutes les régions chaudes du monde. Ses feuilles bouillies sont comestibles. Des espèces de fraisiers sauvages *(Fragaria)* abondent dans les bois et sur terrains secs et herbeux. Les fraises sont riches en vitamine C.

Airelle (Vaccinium)
Plante des régions tempérées du Nord, aimant la toundra, les forêts et les terrains marécageux.

Genévrier (Juniperus)
Espèce des régions tempérées du Nord, prospérant en montagne sous forme de grands buissons ou d'arbustes compacts. Le genévrier porte des baies vertes qui virent au bleu violacé à maturité. Les fruits mûrs sont comestibles mais légèrement amers.

Fruits frais toxiques

Les fruits frais attirent animaux et oiseaux qui essaiment des graines par le biais des fientes. Plusieurs baies toxiques ressemblent à des baies comestibles, ce qui complique les choses lorsque votre seule source de nourriture est assurée par la nature. Comme avec les plantes et les champignons, apprenez à identifier quelques espèces et oubliez les autres.

Vigne vierge (Parthenocissus)
Les baies de couleur pourpre ou bleu foncé de cette plante des régions tempérées ressemblent au raisin, mais toutes les baies des plantes sarmenteuses à vrilles ne sont pas comestibles.

Sorbier (sorbus)
Si les fruits de certaines espèces sont comestibles, évitez de manger les variétés à baies blanches, souvent toxiques. D'autres plantes à baies blanches le sont aussi, comme l'herbe de Saint-Christophe ou certaines variétés de morelles.

Fraisier des Indes (Duchesnea)
Les fruits de cette espèce, dite faux fraisier, sont mortels. La plante prospère dans les régions tropicales d'Asie, et en Amérique du Nord.

Autres fruits frais

Beaucoup de fruits sont toxiques, surtout dans les régions tropicales. La surconsommation d'espèces à faible teneur en toxines entraîne diarrhées ou nausées. D'autres espèces sont mortelles, même ingérées en petites quantités. Les risques d'intoxication redoublent en situation de survie, lorsque l'organisme est affaibli. Les baies violacées et mortelles de la belladone *(Atropa)* font partie des fruits toxiques les plus répandus. La consommation des baies rouges de l'arum maculé *(Arum)* provoque de graves troubles digestifs. Les baies blanches ou noires de l'herbe de Saint-Christophe *(Actaea)* entraînent vomissements et inflammation gastrique. La surconsommation des fruits du pommier sauvage *(Malus)* provoque des diarrhées. Les fruits du vomiquier *(Strychnos)*, semblables à des oranges, renferment des graines mortelles.

CHAMPIGNONS ET LICHENS

POUR BEAUCOUP DE promeneurs, la cueillette de champignons est une habitude. Mets délicieux, les champignons sauvages riches en minéraux et protéines entrent dans la préparation de plusieurs recettes. Cueillette et consommation exigent pourtant la plus grande prudence. Certaines espèces mortelles ressemblent à des variétés comestibles et les amateurs les plus avertis peuvent se laisser abuser. Les espèces toxiques prospérant sous certaines latitudes sont parfois identiques aux variétés comestibles d'autres pays ! Ne consommez jamais un champignon sans avoir clairement identifié l'espèce.

CHAMPIGNONS COMESTIBLES

Aucune règle ne permet de reconnaître un champignon comestible. La cueillette reste une affaire de spécialistes, mais entraînez-vous à bien identifier une ou deux espèces comestibles, en vous référant à leur milieu de prédilection. Mémorisez aussi les espèces toxiques, surtout mortelles. Écartez toutes les espèces dont vous n'êtes pas sûr.

Morille (Morchella esculenta)
Champignon printanier blanc, sur sols sablonneux et calcaires, sous les arbres ou dans les clairières.

Clavaire crépue (Sparassis crispa)
Champignon d'automne, dans les forêts de conifères, à la base des troncs et au-dessus des racines. La chair à l'odeur anisée présente un goût de noix.

Vesse-de-loup (Calvatia utriformis)
Champignon à chair blanche, abondant en été et en automne, dans les champs et les prés. À consommer de préférence jeune.

Pézize orangée (Aleuria aurantia)
Champignon qui se développe en pleine lumière dans les clairières au sein des bois ou à l'automne dans les prairies. Une espèce comestible, sans odeur ni goût prononcés.

AUTRES CHAMPIGNONS

Toutes les variétés de bolets ont l'apparence du champignon, avec des pores sous le chapeau à la place des lames. Certains, modérément toxiques, se reconnaissent à la couleur rougeâtre ou orangée des pores et du pied, mais aussi à la saveur déplaisante de leur chair crue. Les polypores qui se développent sur les troncs sont généralement comestibles, en dehors de quelques variétés, coriaces et insipides. Faites cuire tous les champignons sauvages afin de neutraliser leur toxicité, aussi faible soit-elle. Attention, la cuisson ne suffit pas à rendre comestible les espèces toxiques ! Les champignons diffèrent selon les latitudes, apprenez à identifier les espèces de votre région ou de l'endroit où vous souhaitez vous rendre.

Polypore poule des bois (Grifola frondosa)
Champignon poussant du printemps à l'automne au pied des arbres décidus. Espèce à l'odeur boisée et au goût sucré.

Fistuline hépatique (Fistulina hepatica)
Champignon d'automne sur le tronc des chênes. Sa chair rouge, amère crue, sera mise à tremper et cuite longuement avant consommation.

CHAMPIGNONS TOXIQUES

Rien ne permet de distinguer un champignon toxique. Les amanites, considérées comme les espèces les plus toxiques, sont les plus faciles à identifier. D'autres champignons toxiques sont très différents, quelques-uns ressemblant même aux espèces comestibles de certains pays. Les signes renvoyant à leur toxicité varient d'une espèce à l'autre. Écartez tout champignon que vous n'identifiez pas catégoriquement.

ATTENTION

Si le genre des amanites regroupe les champignons les plus toxiques, tous les champignons toxiques ne ressemblent pas à des amanites ! Identifiez catégoriquement une espèce avant de la consommer et écartez systématiquement toutes les autres.

Amanite panthère
(Amanita pantherina)
Souvent mortelle, elle a un chapeau brun, des verrues et des lames blanches, et deux ou trois anneaux au pied.

Amanite tue-mouches (Amanita muscaria muscaria)
Espèce facile à identifier, prospérant à l'automne dans les forêts de pins ou les hêtraies. Son chapeau rouge vif est piqué de verrues blanches.

Amanite phalloïde (Amanita phalloides)
La plus toxique de toutes les espèces pousse sous les hêtres ou les chênes. Elle présente un chapeau vert olive et un pied blanchâtre à large volve, à lames et à chair blanches.

IDENTIFICATION D'UN CHAMPIGNON TOXIQUE

Les amanites sont faciles à identifier. Toutes ont une volve à la base du pied, des anneaux au sommet, et des lames blanches sous le chapeau.

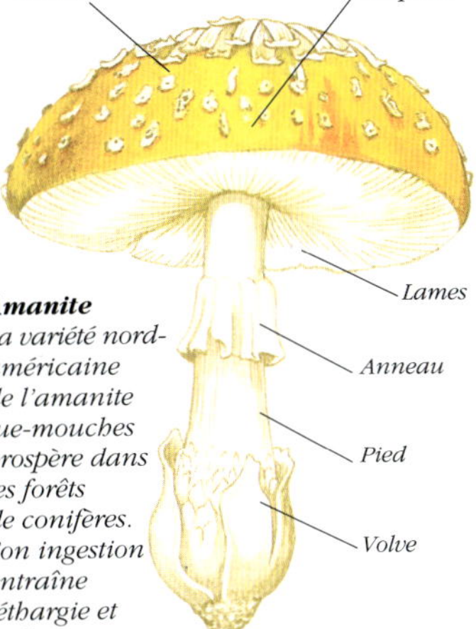

Amanite
La variété nord-américaine de l'amanite tue-mouches prospère dans les forêts de conifères. Son ingestion entraîne léthargie et hallucinations.

Amanite vireuse
(Amanita virosa)
Espèce mortelle qui prospère dans les bois, en été et en automne. Sa chair blanche visqueuse dégage une odeur sucrée. Les spécimens jeunes ressemblent à des agarics comestibles.

AUTRES CHAMPIGNONS

Quelques champignons toxiques ont l'apparence d'espèces réputées comestibles dans certains pays.
La plupart des agarics sont comestibles, mais l'agaric jaunissant *(Agaricus xanthodermus)* se révèle toxique.
Le champignon se reconnaît à sa forte odeur iodée et au jaunissement de la chair au froissement. Autres espèces toxiques, l'amanite printanière *(Amanita verna)*, un champignon blanc prospérant sur les terrains sablonneux à l'ombre des arbres, mais aussi différentes espèces de cortinaires, dont certaines mortelles.

LICHENS COMESTIBLES

Les lichens prospèrent sur les rochers, dans les régions nordiques et arctiques. Aucune espèce se révèle toxique. Avant consommation, faites-les tremper une nuit entière dans de l'eau pour neutraliser leur acidité.

Lichen des caribous (Cladonia rangiferina)
Espèce vivace des régions arctiques qui doit son nom à sa ressemblance avec les bois de caribou. Laissez tremper le lichen plusieurs heures dans de l'eau puis faites-le bouillir pour le rendre plus digeste.

Lichen des rochers
Espèce nutritive des régions nordiques tempérées et de l'Arctique. À laisser tremper et à faire bouillir avant consommation.

SE NOURRIR DE PLANTES

LA RÉCOLTE DE végétaux ne se résume pas à ramasser tout ce qui vous semble comestible. Concentrez votre cueillette sur une ou deux espèces pour préparer un plat de résistance ou agrémenter votre repas. En limitant votre sélection, vous réduisez le risque de ramasser une plante toxique ou impropre à la consommation (*voir* page 84). Veillez à ne pas piller la nature pour que chaque espèce puisse se régénérer. Une plante froissée s'abîme vite, utilisez une boîte ou un sac pour ramasser les végétaux.

CREUSER À LA RECHERCHE DE RACINES

L'hiver, certaines plantes puisent dans leur réserve d'amidon au niveau des racines. Au printemps, l'amidon se transforme en sucre pour nourrir les pousses. Les racines sont donc plus nutritives à l'automne et plus sucrées au printemps. Identifiez la plante en prélevant ses racines au printemps, avec pour repère quelques jeunes pousses.

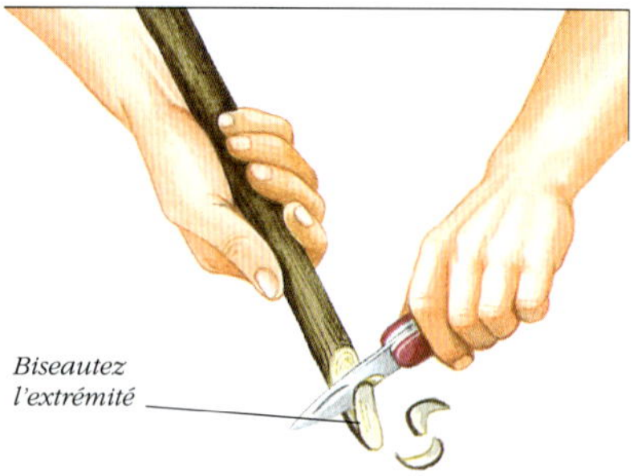

1 Découpez une tige de bois dur, comme le noyer par exemple, et taillez une des extrémités en biseau. Renforcez la pointe de cet outil en la passant au feu.

2 Creusez à côté de la plante. Aérez la terre au niveau des racines pour l'arracher d'un coup.

PRÉPARER LES RACINES

Faites cuire les racines dès que possible après leur prélèvement afin d'éviter qu'elles s'abîment. Nettoyez les racines, sans les peler, sachant que la peau est riche en vitamines essentielles. Coupez les racines en morceaux et faites-les bouillir dans de l'eau pour neutraliser leur amertume. Attendez que la chair s'attendrisse, en piquant régulièrement les morceaux à la fourchette pour vérifier la cuisson.

PRÉPARER DE LA FARINE

La plupart des graines sont indigestes si elles ne sont pas broyées jusqu'à obtention d'une farine. La farine sera ajoutée à une préparation en sauce ou mélangée à de l'eau pour réaliser une pâte à cuire ou un pain de mie (*voir* page 117). La farine s'obtient aussi par broyage de fruits secs (*voir* page 88), de racines ou d'inflorescences.

1 Pour préparer une farine à partir de graines, plongez la tête de la plante dans un sac et secouez-la afin de déloger les graines, ou procédez à un égrenage manuel. Laissez sécher les graines au soleil.

2 Commencez par battre et frotter les graines afin de détacher les enveloppes. Vannez les graines en les mettant dans un plateau et en secouant celui-ci pour séparer les balles plus légères qui s'envoleront.

3 Broyez les graines à l'aide d'une pierre sur une large dalle légèrement incurvée au centre. Travaillez par mouvements réguliers et circulaires, en veillant à ce que la farine ne s'envole pas.

Se nourrir d'algues

L'algue rouge *(Chondrus)* se consomme fraîche, séchée ou cuite, sous forme de gelée. Riche en iode, en minéraux et en vitamines A et B, elle se développe au printemps et en début d'été sur les rochers à marée basse. Sont également comestibles les feuilles bouillies de porphyries *(Porphyria)*, de laitues de mer *(Ulva)* et de diverses laminaires *(Alaria)*.

Algues séchant au soleil sur un rocher

1 Récoltez les algues en les détachant des rochers avec un couteau. Laissez-les sécher au soleil, le temps qu'elles pâlissent et prennent une consistance coriace.

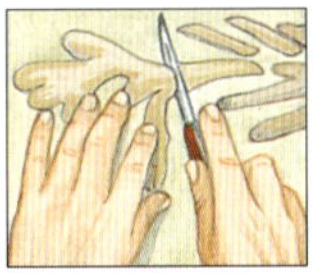

2 Nettoyez les algues et coupez-les en morceaux.

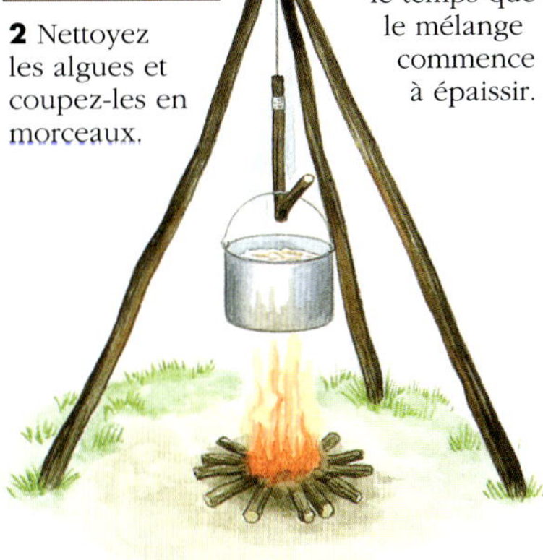

3 Plongez les morceaux d'algues dans de l'eau ou du lait et faites bouillir, le temps que le mélange commence à épaissir.

4 Retirez les algues. Ajoutez des baies ou du sucre pour adoucir.

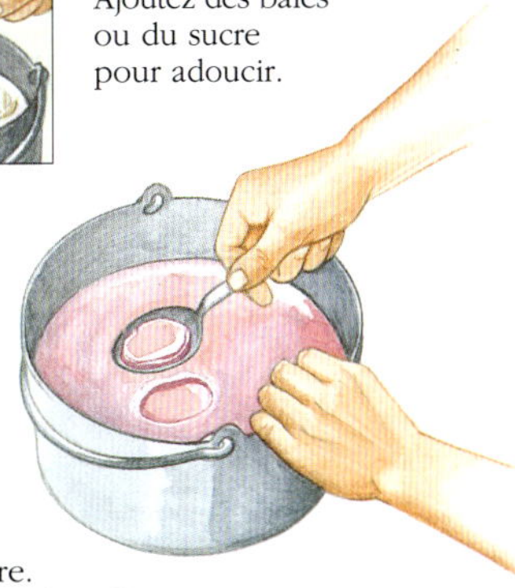

5 Le mélange refroidi se fige et peut être prélevé à la cuillère. Attendez que la gelée soit bien froide avant de la goûter.

Préparer des boissons

Les aiguilles des conifères à feuillage persistant, pin *(Pinus)* ou épicéa *(Picea)*, riches en vitamines A et C, se prêtent à la préparation d'infusions. Récoltez des aiguilles fraîches, sans trace de décoloration. Pour faire du café, utilisez des feuilles de chicorée *(Chicorium)* ou des glands *(Quercus)*.

1 Pour préparer une infusion à base d'aiguilles de conifère, comptez deux cuillerées à café d'aiguilles par tasse. Froissez les aiguilles avec une pierre.

2 Versez les aiguilles dans de l'eau bouillante. Maintenez au chaud sans laissez bouillir et laissez infuser 5 à10 minutes. Agitez souvent.

3 Filtrez la préparation à travers un linge fixé sur une gamelle en métal. Adoucissez l'infusion d'un peu de sucre ou de miel.

Autres boissons

En Australie, les feuilles d'eucalyptus entrent dans la préparation d'une boisson rafraîchissante mentholée qui fait office de thé. Les inflorescences séchées du clou de girofle *(Trifolium)*, des feuilles d'ortie *(Urtica)* et du lierre *(Glechoma)* peuvent servir à préparer des infusions. La sève de l'érable *(Acer)* mélangée à de l'eau donne une excellente boisson.

Parfums naturels

Les plantes sauvages seront relevées avec des épices ou divers assaisonnements. Emportez dans votre sac à dos des épices prêts à l'emploi, comme du curry et de la cannelle en poudre ou des clous de girofle. L'autre option consiste à trouver épices et parfums dans la nature et à sécher les plantes pour les utiliser. La noix muscade, amande du fruit d'un arbre à feuillage persistant *(Myristica)* qui pousse à l'état sauvage dans les îles orientales d'Indonésie, fait partie de ces épices. Une fois sèche, l'amande râpée ou hachée rehausse la saveur des plats cuits au four, des gelées, ainsi que des préparations à base de légumes (épinards ou courges, par exemple). Les herbes aromatiques, comme le thym et le basilic, ont un parfum agréable.

Cannelle

Poudre de curry

Piment en poudre

Poivre en grains

Noix muscade

Ail

INVERTÉBRÉS

À L'IDÉE DE consommer limaces, escargots ou sauterelles, la plupart des gens avouent préférer jeûner. Mais en situation de survie, il est illusoire d'attendre qu'un repas digne de ce nom tombe comme par enchantement dans votre assiette… En vous affaiblissant, vous perdrez votre capacité à rechercher de nouvelles sources de nourriture. L'expérimentation est vitale et pour survivre aucune source potentielle de nourriture ne doit être écartée, aussi repoussante puisse t-elle vous sembler. Certains invertébrés, comme les larves, renferment plus de protéines que les légumes. À vous de les trouver !

INVERTÉBRÉS COMESTIBLES

Toutes sortes d'invertébrés sont comestibles, mais il ne s'agit pas d'engloutir limaces ou sauterelles sans les mâcher avant de les avaler. Seules certaines parties de ces créatures sont comestibles et devront être bien cuites avant consommation. Quelques-unes exigent une préparation spéciale (*voir* page 96).

Sauterelles
Tous les insectes sauteurs ont de grosses pattes. Consommez les sauterelles grillées pour éliminer les parasites et afin de donner plus de saveur à cette « viande » dite sauvage.

Fourmis
*Les fourmis sont un mets de choix, à condition d'éviter piqûres et morsures en les collectant (*voir *page 96). Les fourmis pot-à-miel possèdent nectar et eau dans leur abdomen distendu.*

Abeilles
Abeilles sauvages, couvains et larves sont comestibles. Le miel donne de l'énergie. Les abeilles à la piqûre parfois mortelle ou responsable de choc anaphylactique, seront manipulées avec précaution.

Escargots
Vers, limaces et escargots sont excellents à manger. Évitez les les escargots de mer et les espèces très colorées, souvent toxiques.

Papillons et mites
Papillons et mites sont nutritifs, à condition d'être consommés en grande quantité. Les chenilles sont plus faciles à capturer et assurent une ration copieuse.

Étoiles de mer
Les étoiles de mer se réfugient souvent sur les bois à la dérive. Crabes et crevettes se concentrent dans les bassins formés à marée basse.

Oursins
Certains échynodermes comme les oursins (Echinocyamus) *se réfugient sous le sable des plages. Prenez garde à leurs longs piquants acérés en les déterrant.*

AUTRES INVERTÉBRÉS

Les insectes qui abondent partout sont plus riches que les légumes du point de vue alimentaire, mais seule la consommation en grande quantité assure un apport nutritionnel intéressant. Les larves de coléoptères sont charnues, et certaines populations indigènes enrichissent leur régime alimentaire en passant des heures à les collecter. Pensez aux insectes aquatiques, comme le gyrin *(Gyrinidae)*, difficiles cependant à capturer, à moins de disposer d'un filet à fines mailles. Termites, cloportes et mollusques sont aussi comestibles. Évitez les araignées aux poils urticants et dont certaines parties de la bouche renferment des toxines utilisées pour tuer les proies et dangereuses pour l'homme.

Invertébrés toxiques

La collecte d'invertébrés exige du bon sens. Évitez les insectes de couleur vive, les espèces nécrophages, les spécimens morts ou visqueux, et tous ceux qui ont une odeur forte. Les invertébrés consommés par d'autres animaux ne sont pas forcément comestibles pour l'homme. La prudence reste de mise lors de la collecte (*voir* page 96).

Coléoptères rouges
Les insectes rouges ou de couleurs vives, comme les coléoptères ou les charançons, signalent aux prédateurs qu'ils ne sont pas comestibles. Leurs toxines peuvent être mortelles ou affecter votre santé.

Cônes
Les centaines d'espèces injectent un venin à leur proie au moyen de stylets ou harpons. Chez certaines espèces, ce venin est mortel. Attention aux piqûres de ce mollusque enterré dans le sable.

Papillons rouges
La coloration de l'écaille rouge (Callimorpha) *signale sa saveur désagréable. Certaines espèces d'insectes non toxiques arborent des couleurs vives imitant celles des variétés toxiques. En cas de doute, ne mangez pas les espèces de couleurs vives.*

ATTENTION

Comme avec les plantes sauvages, apprenez à identifier quelques espèces d'invertébrés comestibles et écartez toutes les autres. En situation de survie, l'organisme affaibli est plus sensible au venin, même à faible dose.

Autres invertébrés

Les chenilles velues et les polychètes présentent des soies renfermant des substances urticantes. La peau de certains mille-pattes, notamment des espèces tropicales de grande taille, est souvent venimeuse. Certaines espèces de coccinelles jaunes *(Coccinellidae)* sont venimeuses. Si la plupart des poulpes sont comestibles, l'espèce australienne à anneaux bleus *(Hapalochlaena)* délivre une piqûre mortelle ; mieux vaut donc éviter tout contact avec ces espèces. Méfiez-vous des couvains enterrés dans le sol et des fourmis des bois *(Formica)* qui projettent de l'acide formique sur ses agresseurs. Écartez tout invertébré que vous ne parvenez pas à identifier catégoriquement.

Cnidaires
Les cnidaires venimeux comme l'hydre (Hydra) *évoluent dans les courants chauds. La physalie ou galère portugaise* (Physalia) *dispose de tentacules urticants de plus de 12 m de long. Évitez le plus possible tout contact avec ces créatures, mais aussi avec les méduses à la piqûre venimeuse* (voir *page 180).*

Guêpes
Ces insectes ont un venin agissant même après leur mort. N'essayez pas de les capturer ! Une piqûre à la gorge provoque un œdème pouvant bloquer la respiration, et parfois entraîner la mort.

Coquillages
Comestibles cuits, les coquillages restent potentiellement dangereux. Ces animaux qui se nourrissent en filtrant de grandes quantités d'eau renferment parfois une concentration élevée de polluants et de toxines. Collectez les mollusques vivants et consommez-les vite.

Anémones de mer
On peut trouver les anémones sur les parois des rochers à marée basse. Évitez tout contact avec elles, car la plupart disposent de tentacules urticants. Tous les animaux capturant leur proie en leur infligeant une piqûre mortelle se révèlent dangereux pour l'homme.

SE NOURRIR D'INVERTÉBRÉS

LES INVERTÉBRÉS SONT bien plus nombreux que toutes les autres espèces animales et se révèlent souvent être seuls aptes à survivre dans les conditions et les milieux les plus extrêmes. Leur capture, bien souvent plus facile que celle des poissons, exige un minimum de dépense énergétique. Souvent insipides lorsqu'ils sont consommés seuls, les invertébrés seront hachés finement ou broyés, puis intégrés à des préparations au goût plus relevé.

INSECTES VOLANTS

La plupart des insectes volants, comme les papillons de nuit, sont comestibles. Le meilleur reste le miel. Consommez les abeilles et les larves adultes. Ne capturez les abeilles qu'en cas d'absolue nécessité : attention aux piqûres.

Abeilles et miel
Pour capturer les abeilles et leur miel, enfumez le nid avec une touffe d'herbe fumante. Obstruez l'entrée et laissez le nid pour la nuit. Au matin, dégagez avec prudence l'entrée à l'aide d'un bâton puis récupérez les abeilles mortes et le miel.

Insectes nocturnes
Tendez une toile claire entre deux branches, fixez le bas à deux chevilles plantées au sol. Placez une torche derrière la toile et posez au sol, à l'avant, un récipient d'eau. Les insectes attirés par la lumière heurteront la toile et tomberont dans l'eau.

PRÉPARER LES INSECTES

Retirez le dard des abeilles. Détachez les ailes et les pattes de tous les insectes. Sur le plan nutritionnel, mieux vaut manger les insectes crus, mais bouillis ou grillés le goût sera meilleur.

Broyage
Broyez-les avec des pierres avant de les ajouter à une préparation.

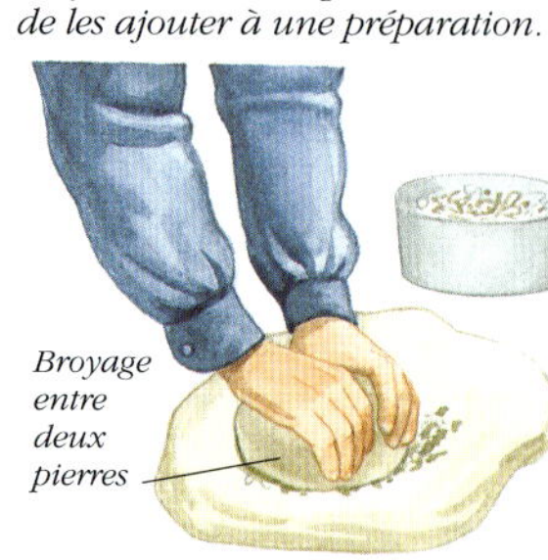

INSECTES RAMPANTS

Les larves nutritives des coléoptères logent dans les souches pourries ou sous l'écorce des arbres. Dénichez-les en grattant le bois en décomposition à l'aide d'un bâton. Les chenilles rampent sur les feuilles qu'elles consomment, souvent regroupées en colonies. Leurs soies urticantes peuvent piquer.

1 Pour collecter termites et fourmis, découpez un long bâton droit et pelez l'écorce. Introduisez doucement le bâton dans un des orifices de la termitière ou de la fourmilière. Prévoyez un récipient à portée de mains pour collecter les insectes.

2 Retirez doucement le bâton. Les termites qui auront attaqué le bâton se seront accrochées au bois avec leur mandibules. Faites tomber les insectes dans le récipient. Préparez-les comme indiqué ci-dessus.

CAPTURER DES INSECTES

Creusez un trou de la profondeur de votre récipient et insérez ce dernier dans le trou. Couvrez le trou d'une tablette de bois posée sur deux pierres, afin de laisser un espace entre le bois et le sol. Les insectes en quête d'ombre ramperont sous la tablette et tomberont dans le trou. Ajoutez un peu d'eau dans le récipient pour les attirer.

PIÈGE À INSECTES

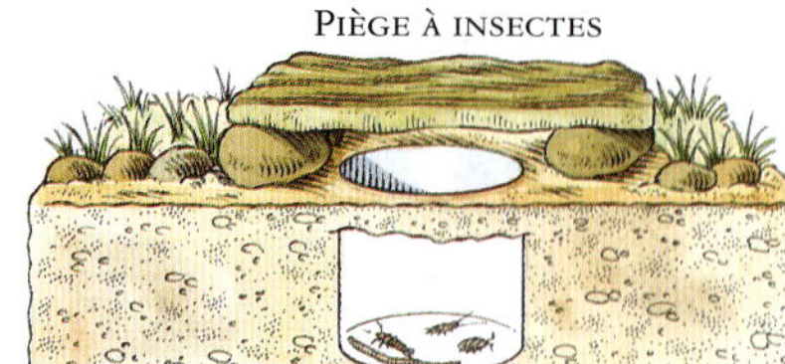

Coquillages

Facile à récolter sur la plupart des plages, les coquillages se révèlent très nutritifs. Veillez à les ramasser vivants, sachant que leur chair se décompose très vite après leur mort. Cuisinez-les et consommez-les sans attendre. Évitez de prélever des coquillages à proximité de zones polluées.

Ramasser des couteaux
Les couteaux s'enterrent à la verticale dans le sable, en laissant un petit trou au sommet de leur tunnel afin de respirer. Insérez dans ces orifices un morceau de fil de fer ou une fine baguette, ou saupoudrez le sable de sel et tirez alors sur les couteaux qui émergent.

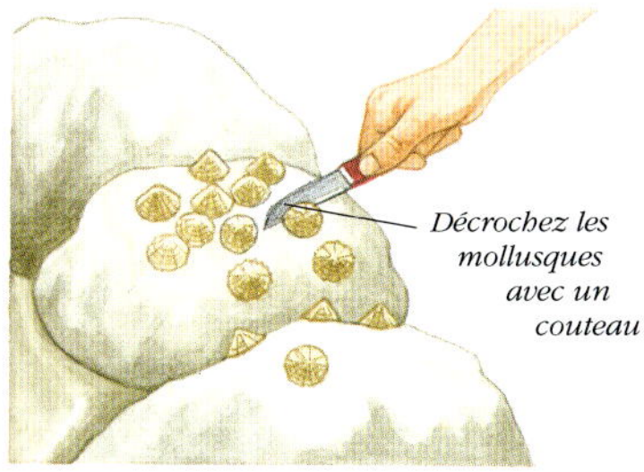

Bigorneaux et patelles
Prélevez les mollusques comme les patelles sur les rochers, à marée basse. Ne ramassez que les mollusques bien arrimés au rocher.

ATTENTION

Un minimum de précautions s'imposent avec les coquillages. Ne les consommez jamais crus, ébouillantez-les ou faites-les cuire à l'étouffée 5 minutes minimum, aussitôt après les avoir ramassé.

Cuire les coquillages

Faites bouillir les coquillages dans leur coquilles 5 minutes minimum avant de les manger. Jetez les moules qui ne s'ouvrent pas dans l'eau bouillante. Puis extrayez bigorneaux et patelles de leur coquille avec une fourchette.

Ébouillantage
Ébouillantez les coquillages pour éliminer les toxines.

Autres invertébrés comestibles

Ramassez escargots, limaces et vers à l'aube. Conservez les escargots et les limaces vivants une journée, sur un lit de feuilles. Tuez-les en les plongeant dans l'eau bouillante. Les escargots se consomment bouillis et les limaces sont meilleures grillées. Faites tremper les vers une journée dans de l'eau salée puis retirez leur boyau avant de les cuire ou de les sécher.

Fourmis pot-de-miel
La fourmi nourrie de nectar et d'eau reste suspendue dans le nid et se transforme en une « citerne » vivante.

Parer un crabe

Prenez garde aux pinces des crabes en les ramassant. Attachez les pinces des espèces les plus grosses afin d'éviter que les crabes entassés se battent et se blessent. Tuez-les en les plongeant dans l'eau bouillante.

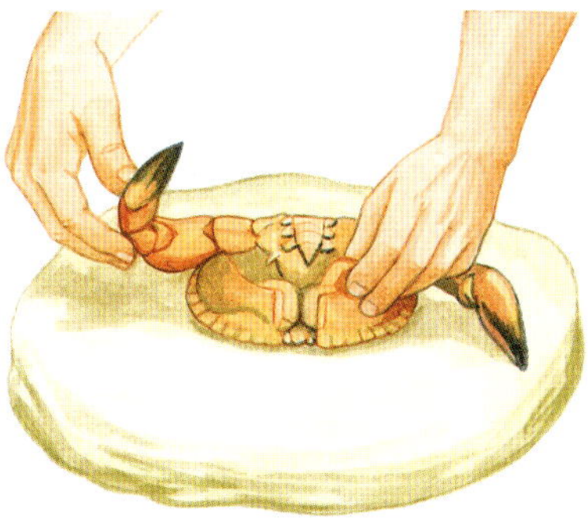

1 Parez bien le crabe pour éliminer les organes stockant des toxines. Pour le consommer, tordez et détachez les pattes à l'articulation puis les pinces renfermant la chair comestible.

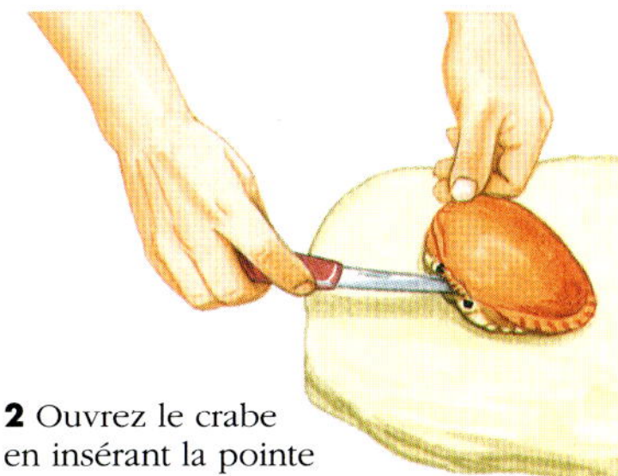

2 Ouvrez le crabe en insérant la pointe d'un couteau entre les deux moitiés de la carapace, et opérez un mouvement de torsion.

3 Retirez les entrailles, les parties vertes, et les deux ouïes, toutes toxiques. Détachez la chair de la carapace. Brisez les pinces et coupez le long du muscle.

POISSONS D'EAU DOUCE

LES POISSONS D'EAU douce peuplent les fleuves, les rivières et les lacs, mais aussi les estuaires, en amont des embouchures. La plupart des espèces sillonnent les cours d'eau, alors que certains poissons de mer, comme le saumon, remontent les rivières pour déposer leurs œufs dans les eaux calmes des frayères. La constitution d'un poisson d'eau douce dépend de la qualité et de la quantité de sa nourriture, et des saisons. Certains lacs et fleuves sont parfois très profonds loin des berges, mais la majorité des poissons d'eau douce évolue exclusivement aux abords des rivages.

POISSONS D'EAU DOUCE COMESTIBLES

Les poissons d'eau douce sont presque tous comestibles, mais certains se révèlent meilleurs ou plus faciles à préparer que d'autres. Un poisson pourvu de nombreuses et fines arêtes est difficile à préparer et à consommer sans avaler une arête susceptible de se coincer dans la gorge ! Ci-dessous, quelques espèces les plus courantes.

Tanche (Tinca)
L'espèce vit dans les eaux calmes et les fonds des cours d'eau, en amont des embouchures. La tanche se rencontre en Europe, en Amérique du Nord et en Australie.

Brème (Abramis, Pagellus)
L'espèce appartient à la famille des carpes (Cyprinidés)*, comme le poisson rouge et le vairon. La brème se nourrit sur les fonds, dans les eaux calmes des rivières d'Europe et d'Asie. Certains spécimens atteignent une taille imposante.*

Carpe (Cyprinus)
La carpe commune mesure 60 cm de long et se nourrit sur les fonds ou en surface des fleuves et rivières. La légende veut que l'espèce vive plusieurs siècles. En réalité, l'espérance de vie d'une carpe est d'environ quarante ans. Ne culpabilisez donc pas si vous capturez un spécimen de grande taille…

Truite (Oncorhynchus)
Proche parente du saumon, à l'aspect assez semblable *(voir page 100)**. La truite arc-en-ciel vit dans les eaux froides des torrents et des lacs d'Europe, d'Amérique du Nord, d'Australasie, d'Afrique et d'Asie.*

Rotengle (Scardinus)
Aussi appelé gardon rouge, le rotengle aime les eaux calmes riches en végétation où il peut se cacher. Présent en Europe, en Amérique du Nord et en Scandinavie, il se nourrit en surface, mais certains spécimens âgés chassent sur les fonds.

AUTRES POISSONS

Fleuves et lacs tropicaux abondent en espèces comestibles : la vandoise et le chevesne (*Leuciscus*) ou le gardon (*Rutilus*) sont parmi les plus répandues dans le monde. L'observation vous aidera à déterminer si l'espèce se nourrit en surface ou sur le fond, et l'expérience vous apprendra à identifier les plus savoureuses. Si vous pêchez une espèce inconnue, faites griller le poisson, dépouillez-le et retirez les arêtes avant de faire bouillir la chair.

Poissons d'eau douce dangereux

Les poissons carnassiers sont plus agressifs que leurs proies et ils se nourrissent des petits représentants de leur propre espèce. Certains sont dotés d'épines acérées, parfois reliés à des sacs de venin. Le mucus présent sur la peau peut être toxique et urticant. Dans ce cas, dépouillez impérativement le poisson avant de la consommer.

Brochet vermiculé (Esox)
Certains poissons d'Amérique du Nord peuvent atteindre jusqu'à 1 m de long. Le brochet aime les eaux claires et tranquilles où abonde la végétation. Doté de dents acérés, il peuple les fleuves et rivières qui se jettent dans l'Atlantique.

AUTRES POISSONS

Différentes espèces comestibles de poissons d'eau douce sont armées de dents ou d'épines pointues, mais aussi de mucus toxique qui tapisse leur peau. Le redoutable et vorace piranha (*Serrasalmus*) des régions tropicales d'Amérique du Sud est l'exemple même du poisson dangereux, tout comme l'anguille électrique (*Electrophorus*) d'Amérique du Sud qui émet de puissantes décharges électriques.

Tandan (Tandanus)
Espèce de la famille des poissons-chats qui évolue dans les eaux calmes d'Australasie et de la région indo-pacifique. Les nageoires dorsale et pectorale du poisson-chat ont une longue épine, parfois reliée à un sac de venin. La peau du poisson est couverte d'un mucus toxique.

Chabot (Ictalurus)
Espèce à épines venimeuses et à peau tapissée de mucus toxique. Manipulez le poisson prudemment et dépouillez-le avant de le consommer (voir page 110). Le chabot se nourrit de plantes et d'insectes, essentiellement sur les fonds des rivières aux eaux tranquilles d'Amérique du Nord et d'Europe. Cousin du poisson-chat, il arbore les moustaches caractéristiques des membres de cette famille.

ATTENTION

Une fois mort, un poisson qui n'est pas destiné à être séché, fumé ou mis en saumure (*voir* page 118) doit être rapidement consommé, avant que sa chair ne se décompose et que les bactéries prolifèrent. Ne mangez aucun poisson retrouvé mort, même si ce dernier vous paraît frais.

Perche (Perca)
Prédateur vorace, la perche se déplace souvent en banc et représente une menace pour les autres poissons, surtout pour les petites espèces. La perche fréquente les cours d'eau calmes d'Europe, d'Asie, d'Amérique du Nord et d'Australie. L'espèce possède une nageoire dorsale à rayons pointus.

Brochet (Esox)
Sédentaire et agressif, à dents très acérées, le brochet est surnommé dans certaines régions « loup de rivière ». Il peut s'attaquer à des proies aussi grosses que lui. L'espèce se trouve dans les eaux d'Europe et d'Amérique du Nord.

Doré jaune (Stizostedion)
Cousin du brochet, parfois baptisé perche-brochet, l'espèce arbore de gros yeux tapissés de cellules réfléchissantes qui brillent dans l'obscurité lorsque le poisson est éclairé. Commune en Amérique du Nord, cette espèce comestible de la famille des percidés, à nageoire dorsale hérissée de rayons pointus, doit être manipulée avec soin.

Poissons de mer

Les gros poissons de mer vivent en eau profonde et les bancs de poissons plus petits dans les eaux côtières, là où la lumière éclairant les fonds permet à la végétation de pousser. Les poissons parcourant de longues distances pour se nourrir ou se reproduire sont assaillis par les prédateurs. En s'approchant du rivage, certains gros spécimens se prennent dans les filets ou mordent à l'hameçon mais, le plus souvent, leur capture s'effectue au large. En situation de survie, privé de bateau, vous les pêcherez près du rivage, dans les eaux peu profondes des estuaires ou à marée basse, dans les chenaux.

Poissons de mer comestibles

Peu de poissons de mer sont impropres à la consommation. C'est crue que leur chair conserve toute sa valeur nutritive et ses graisses. Pour les cuisiner, optez pour une cuisson à la vapeur, une grillade ou une préparation au four (*voir* page 117). Évitez de consommer la peau, parfois tapissée de mucus toxique ou hérissée d'épines.

Saumon (Salmo)
Le saumon de l'Atlantique remonte les rivières sur de longues distances pour frayer. Il peuple les eaux océaniques d'Europe, d'Amérique du Nord, d'Australie, de Nouvelle-Zélande, d'Amérique du Sud et d'Asie.

Tarpon (Megalops)
L'espèce hante les criques, les mangroves, les lagons et toutes les eaux chaudes tropicales peu profondes. Ce poisson à grosses écailles coriaces a tendance à se débattre une fois pris à l'hameçon.

Raie (Raja)
Le poisson s'enterre le jour dans le sable ou la vase des fonds du Pacifique et de l'Atlantique, et attend la nuit pour partir en quête de mollusques et de poissons. Certains spécimens de raie peuvent atteindre 2,40 m de long.

Turbot (Scophthalmus)
Poisson de consommation courante, le turbot évolue dans les eaux côtières d'Europe, notamment de Scandinavie. Il se capture facilement avec de petits poissons comme appâts.

Thon (Thunnus, Euthynnus)
Ce prédateur se nourrit de petits poissons, vivants ou morts. Certaines espèces atteignent une taille imposante. Le thon fréquente les eaux tempérées et tropicales, évoluant en larges bancs près des côtes.

Autres poissons

Très prisé, le hareng *(Clupea)* est en voie de disparition dans les eaux tempérées. Le poisson se déplace en larges bancs, parfois près du rivage ; quelques individus se prennent alors dans les filets ou mordent à l'hameçon. La perche *(Morone)* est élancée, de taille moyenne, facile à pêcher à l'hameçon lorsqu'elle s'approche du rivage pour se nourrir de nuit, à marée basse. Aussi comestibles, diverses espèces de mulets *(Mullidae, Muglidae)*, l'ombre arctique *(Thymallus)*, et le mérou *(Serranidae)*.

POISSONS DE MER DANGEREUX

Les gros poissons évoluent en eau profonde, mais certaines espèces dangereuses patrouillent dans les eaux côtières, en quête de proies. Ainsi, des requins s'approcheraient des plages pour capturer leurs proies. Ils sentent l'odeur du sang et repèrent l'écho d'un animal en détresse à des kilomètres. Les épines ou le dard de certains poissons infligent d'intolérables douleurs en se crochetant à la chair ; d'autres ont des dents acérées.

Raie pastenague (Urolophus, Dasyatis)
Raie au dard venimeux et à la queue en forme de fouet. Sa piqûre peut être mortelle si elle n'est pas traitée rapidement. L'espèce évolue dans le Pacifique Nord et dans les eaux tropicales.

Barracuda
(Sphyraena)
Poisson aux dents très aiguisées pouvant s'attaquer aux nageurs. Les petites espèces des eaux peu profondes sont comestibles, mais attention aux morsures ! Difficile à capturer, il bondit lorsqu'il est pris à l'hameçon. Le barracuda vit dans les eaux chaudes tempérées et les eaux tropicales du monde entier.

AUTRES POISSONS

Le baliste *(Balistidae)* des eaux tropicales peu profondes, doté d'une longue épine érectile au niveau de l'abdomen, a une chair toxique. Le poisson-pierre *(Synanceia)* et le poisson-zèbre *(Scorpanenidae)* sont des espèces tropicales à épines venimeuses. Vivant au large de l'Europe et de l'Afrique occidentale, les vives *(Trachinidae)* s'enterrent dans le sable, et leurs épines provoquent de fortes douleurs.

Maquereaux (Scomberomorus)
Le maquereaux est un poisson gras répandu dans le monde entier. Au printemps, l'espèce se déplace au large, en gigantesques bancs, souvent capturés dans les filets des pêcheurs. C'est un nageur rapide aux dents acérées.

ATTENTION

Si vous pratiquez la pêche au lancer, sortez de l'eau quand le poisson est ferré. Odeur de sang et bruits de lutte peuvent alerter les prédateurs. Dans l'eau, évitez toute agitation s'apparentant au signal d'un poisson en détresse.

Marlin (Makaira, Tetrapturus)
Espèce des eaux chaudes tempérées et tropicales. Ce nageur rapide, à la chair savoureuse, se révèle un redoutable combattant lorsqu'il est capturé. Le marlin est doté d'un long rostre rigide, semblable à une épée. Mieux vaut pêcher le poisson à la cuiller en surface ou en eau peu profonde.

Thazard (Acanthocybium)
Poisson difficile à capturer, le thazard bondit hors de l'eau lorsqu'il est pris à l'hameçon. Attention à ses dents acérées en le ramenant à terre. L'espèce vit dans les eaux chaudes et tempérées de tous les océans.

Requin
Il y a des centaines d'espèces réparties à travers le monde. Souvent agressifs, ils se débattent une fois pris à l'hameçon. Certains font les morts quand ils sont ramenés à terre, et saisissent le pêcheur peu méfiant. Le requin-léopard (Triakis) *fréquente les eaux côtières d'Amérique du Nord, côté Pacifique. Le foie du requin est impropre à la consommation.*

PÊCHE ET ÉQUIPEMENT

LA CAPTURE DE poissons demande de la patience ! Sans un équipement adapté, vous finirez bien par attraper un poisson, mais il aura vite fait de vous échapper. Le poisson peut être pêché à l'hameçon, pris dans une nasse, dans un filet, crocheté, harponné ou capturé à mains nues (*voir* page 104). Différents matériaux, naturels ou synthétiques, peuvent servir à la confection d'hameçons, leurres et flotteurs. Utilisez des fibres naturelles en guise de ligne (*voir* page 34) ou la ligne d'un kit de survie (*voir* page 28) et un bâton pour la canne. Attention à ne pas détériorer cet équipement lorsque le poisson mord à l'hameçon. Prévoyez harpons ou filets afin que les prises ne puissent pas s'échapper.

HAMEÇON ÉPINE

1 Découpez une tige de ronce d'environ 2,5 cm de longueur, dotée d'une robuste épine.

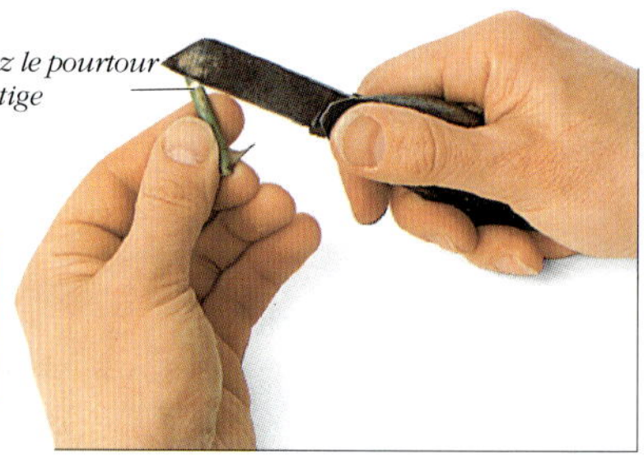

2 Au canif, entaillez légèrement le pourtour de la tige à son extrémité afin que la ligne ne glisse pas une fois fixée.

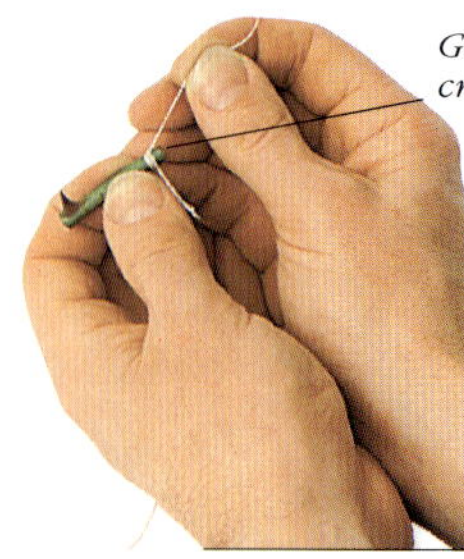

3 Placez le fil au creux de l'entaille et enroulez-le autour de la tige.

Ligne et hameçon *Pour pêcher anguilles ou poissons-chats, qui avalent les appâts, ou pour crocheter les ouïes ou la gueule des autres.*

HAMEÇON CLOU ET LEURRE EN PLUME

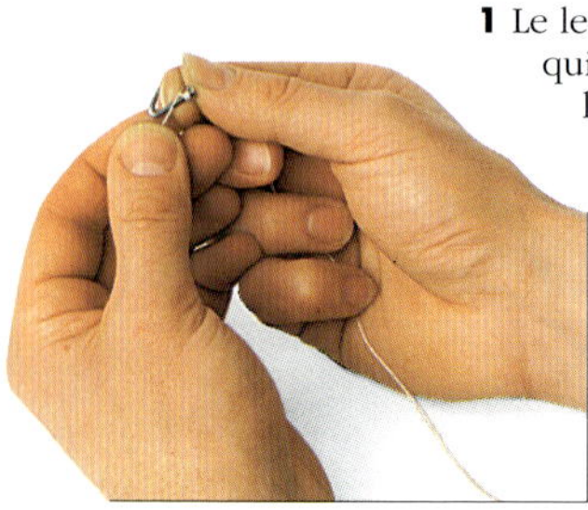

1 Le leurre attire le poisson qui mord et avale l'hameçon. Identifiez les espèces qui évoluent sur votre territoire de pêche et faites un leurre adapté. Pour l'hameçon, tordez un clou et fixez-le en bout de ligne.

2 Fixez une plume au-dessus de l'hameçon. Ce leurre éveillera la curiosité du poisson. Agitez le leurre à la surface de l'eau, en plongeant souvent l'hameçon sous l'eau pour inciter le poisson à mordre.

Ligne, leurre et hameçon *L'hameçon doit être bien fixé pour ne pas se décrocher quand le poisson mord.*

FLOTTEUR EN BOUTON DE ROSE ET HAMEÇON

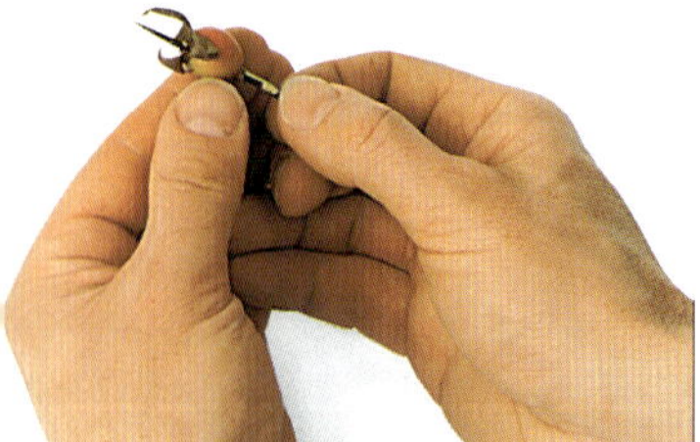

1 Utilisez un bouton de rose en guise de flotteur, transpercé d'une tige ou d'une épine à l'aide d'un couteau pointu.

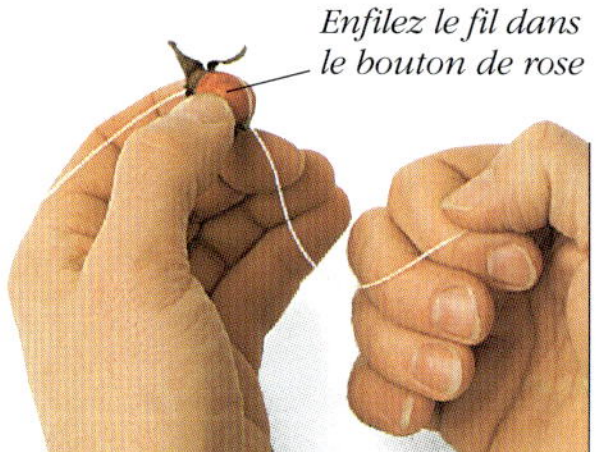

2 Insérez un fil ou la ligne dans le trou. Le flotteur maintient l'appât et l'hameçon à bonne profondeur, à portée des poissons.

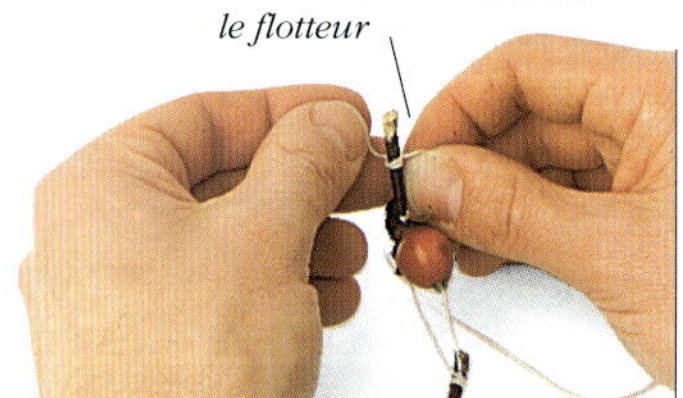

3 Fixez des brindilles au-dessus et en dessous du flotteur afin de le stabiliser et éviter qu'il ne glisse le long de la ligne.

4 Fixez l'hameçon, ici une épingle de sûreté, à la distance souhaitée du flotteur.

Appâts

Dispersez des appâts, fixés à des hameçons en surface, ou placez-les dans des nasses. En guise d'appâts, choisissez insectes, petits fruits, vers, viande crue ou morceaux de poissons. Par ses mouvements de détresse, un appât vivant attire les poissons, qui y voient une proie facile. L'appât sera fonction du régime alimentaire du poisson.

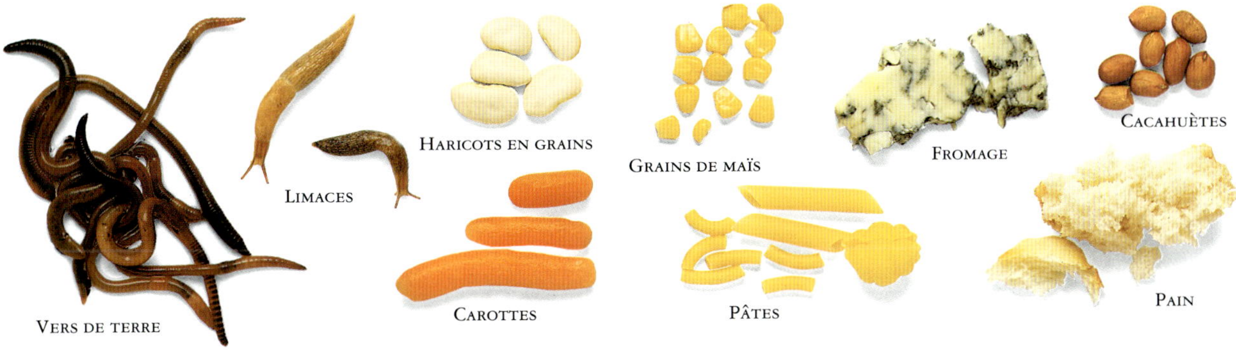

Fourche de capture

Coupez les rameaux pour confectionner une lance

1 Ce type de lance est normalement conçu pour pêcher en eau profonde (*voir* page 104). Préparez une branche droite et fine en retirant les rameaux.

Épointez l'extrémité

2 Taillez une extrémité pour former une longue pointe. Renforcez sa résistance en la passant délicatement au feu. Aplanissez les deux côtés de la pointe pour pouvoir y lier les branches de la fourche.

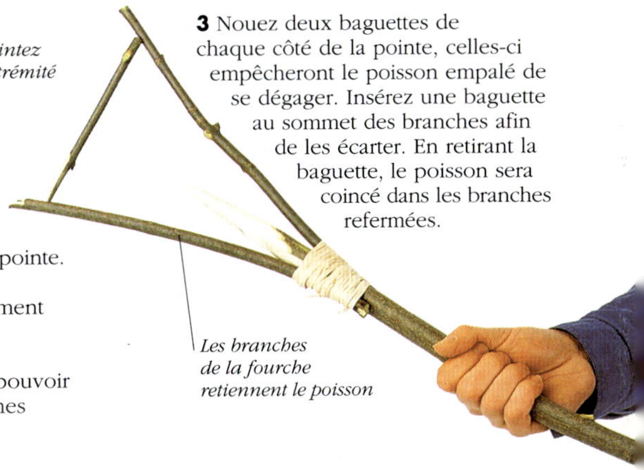

3 Nouez deux baguettes de chaque côté de la pointe, celles-ci empêcheront le poisson empalé de se dégager. Insérez une baguette au sommet des branches afin de les écarter. En retirant la baguette, le poisson sera coincé dans les branches refermées.

Les branches de la fourche retiennent le poisson

Lance à pointes

1 Incisez en long le bout d'une branche droite pour pouvoir facilement fixer quelques pointes à l'extrémité de celle-ci.

2 Fixez de petites pointes de bois solides autour du bout de la lance, qui résistera ainsi au poids de la prise.

Conseils d'utilisation
Attention à ne pas abîmer les pointes de la lance sur les rochers ou le fond de la rivière. Utilisez une épuisette pour sortir le poisson de l'eau.

Pêcher en toute sécurité

Restez vigilant lorsque vous pêchez avec un équipement improvisé. Le matériel peut rompre et entraîner la fuite de vos prises ou une perte d'équilibre. En dehors de la noyade et des risques de pneumonie, une chute vous expose à diverses maladies hydriques (*voir* page 75). Ne pénétrez jamais dans une eau boueuse sans une canne support qui vous aidera à sonder le terrain. Méfiez-vous des prédateurs qui chassent ou s'abreuvent à proximité.

Le chasseur chassé
Observez les traces laissées par les animaux près des points d'eau, vous pourriez être une cible facile !

Pêche et techniques

Pour l'amateur de pêche, les techniques présentées ci-dessous paraîtront rudimentaires. Ces méthodes, qui ont pourtant fait leur preuve, se basent sur la connaissance de la proie bien plus que sur le matériel utilisé. Prenez le temps d'observer les poissons, leurs allées et venues selon les heures de la journée, le moment et l'endroit où ils chassent, afin de mettre en place une stratégie de capture. Veillez à ne pas endommager harpons ou lances improvisés et pensez avant tout à votre sécurité. Ces techniques s'adaptent à la pêche en eau douce ou aux criques de bord de mer ; la plupart sont illégales dans certains pays, leur pratique doit donc se limiter aux situations de survie.

Utiliser lignes et hameçons

En mordant à l'hameçon, le poisson libère la ligne de sa gâchette

Ligne autonome
Ce dispositif fonctionne seul. Lorsque le poisson mord, la ligne sous tension libérée de sa gâchette se détend et l'hameçon s'accroche dans la gueule du poisson alors projeté hors de l'eau.

Ligne flottante
Placez plusieurs hameçons pour augmenter vos chances d'attraper du poisson L'inconvénient est que votre réserve d'appâts s'épuisera assez vite. Réservez cette technique aux situations de survie, pour pêcher en eau douce ou dans une crique d'eau de mer.

Pêcher sous la glace

Découpez un trou de 30 cm de diamètre dans la glace, près du rivage ; comptez au moins 5 cm d'épaisseur pour supporter votre poids. Ne brisez pas la glace, au risque de la fragiliser et de passer au travers. Fixez la ligne avec l'hameçon et l'appât à un bout de bois placé en travers du trou et signalé par un drapeau.

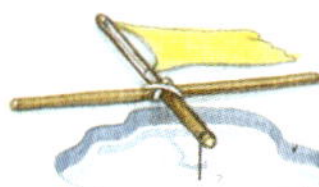

Hameçon appâté
Attachez la ligne à un drapeau pour voir quand le poisson mord.

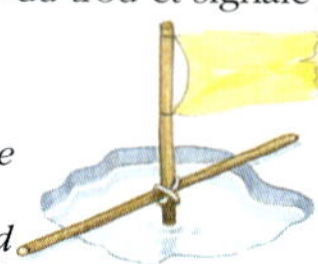

Signal de la prise
Le bois et le drapeau se hissent quand il y a touche.

Pêcher à la main

1 Cette technique de braconnier est plus efficace dans les eaux protégées. Agenouillez-vous sur la berge et plongez les mains dans l'eau, paumes retournées.

2 Glissez très lentement vos mains sous un poisson au repos et refermez les pouces sur la prise. Retirez vivement le poisson de l'eau.

Pêcher à la lance

Fourche de capture
Ce dispositif emprisonne le poisson harponné en évitant qu'il se débatte

Mode d'emploi du harpon
La pêche au harpon exige expérience et patience. Attention à ne pas briser le harpon sur les rochers ou le fond de la rivière. Maintenez la pointe sous l'eau pour éviter les éclaboussures. Frappez dès vous apercevez votre proie.

Ramenez une prise à terre

1 Lorsque le poisson mord, résistez en tirant sur la ligne. Attention à ne pas casser le matériel, notamment en ramenant le poisson à terre.

2 Remontez le poisson doucement en surface. Utilisez l'épuisette dès que possible pour soutenir le poisson. N'hésitez pas à rentrer dans l'eau si nécessaire, sans vous éloigner de la berge, même porté par le courant ou par votre enthousiasme. La sécurité prime !

Utiliser une gaffe

Gaffer le poisson
Si besoin, utilisez une gaffe et non l'épuisette pour remonter le poisson. Ne le soulevez pas trop haut.

Où dénicher le poisson

Repaires et cachettes
Les poissons choisissent des endroits où ils peuvent se nourrir en toute sécurité. Ces repaires varient selon les espèces, l'environnement et les heures de la journée. Eaux stagnantes, crues de rivière, creux des berges, troncs ou rochers sont des abris sûrs. Par temps chaud, ils cherchent l'ombre et se réfugient en eau profonde. Par temps froid, ils évoluent dans les eaux peu profondes, le long des berges ou dans les zones ensoleillées.

Filets de pêche et nasses

En situation de survie, filets de pêche et nasses sont plus pratiques que lignes et hameçons. Ces pièges peuvent rester des heures ou une nuit entière sans surveillance, vous laissant le loisir de vous occuper par ailleurs. Fabriquez les filets à l'aide de ficelles, cordes ou de fibres naturelles (*voir* page 34), ou encore avec la toile d'un vêtement usagé ; utilisez des rameaux pour le manche. Pour les nasses, exploitez baguettes et cordages, joncs et fibres tressés, ou matériaux recyclés (bouteilles). Ce matériel peut se montrer réellement efficace, mais son usage est réservé aux situations de survie.

Fabriquer une épuisette

Utiliser un T-shirt

1 Insérez les bras de la fourche d'un rameau dans l'ourlet, à travers deux petites entailles pratiquées dans la couture.

2 À la rencontre des deux bras de la fourche, coupez l'ourlet et tirez sur les deux rameaux. Nouez l'extrémité des deux bras de la fourche et poussez-les dans l'ourlet.

3 Nouez le T-shirt de part et d'autre du col. Coupez le surplus de tissu sous la ligature ou retournez l'épuisette pour que le tissu ne traîne pas dans l'eau.

Utiliser des cordes

1 Nouez l'extrémité des bras d'une fourche pour former un cercle.

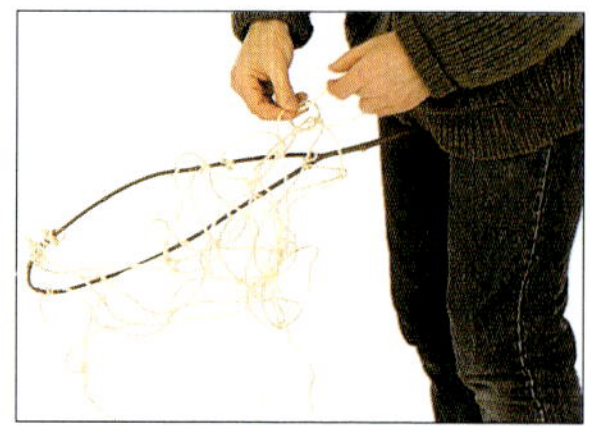

2 Nouez les extrémités de bouts de cordes de chaque côté du cerceau pour former des boucles.

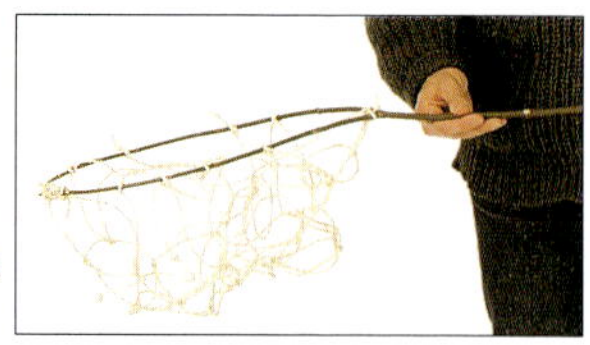

3 Tressez d'autres cordes en travers des boucles du cerceau, de façon à former le filet de l'épuisette.

Fabriquer un filet à poissons

Le filet à poissons peut être de différentes tailles. Tendez une corde entre deux arbres et nouez à intervalles réguliers plusieurs cordelettes, sur toute la longueur. Tendez les cordelettes en les fixant en bas à une fine branche. Tissez plusieurs cordelettes en travers de cette trame, en formant un nœud à chaque intersection pour renforcer la résistance du filet. Ajustez la taille des mailles selon la taille des poissons à capturer.

Fabriquer une nasse

1 Ce type de nasse pourra être utilisé en rivière ou dans les eaux d'une crique. Nouez une botte de rameaux au niveau d'une des extrémités.

2 Faites un cerceau en nouant les deux extrémités d'un rameau.

Maintenez le cerceau et séparez les barreaux de la nasse

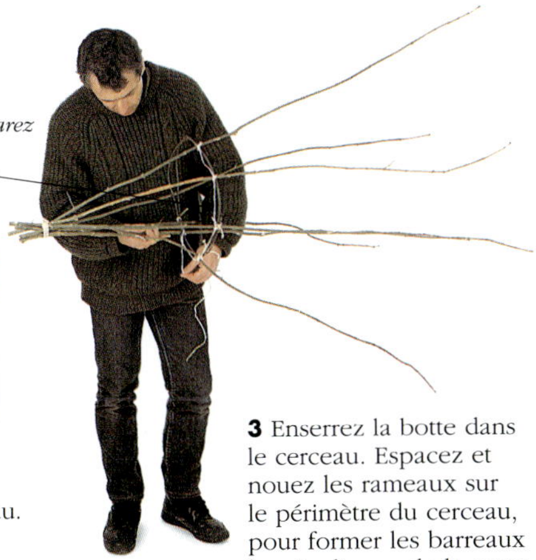

3 Enserrez la botte dans le cerceau. Espacez et nouez les rameaux sur le périmètre du cerceau, pour former les barreaux longitudinaux de la nasse.

4 Insérez et nouez un second cerceau à l'autre bout de la nasse de façon à former la « chambre » du piège. Faites une nasse de dimension suffisante.

5 Formez l'entrée de la nasse en insérant un grand et un petit cerceau à l'une des extrémités du piège, de façon à obtenir un tunnel évasé.

Nouez des cordelettes aux barreaux pour former les mailles du filet

6 Inversez le sens du tunnel côté opposé de la nasse et fixez-le en place. Tresser des cordelettes tout autour des barreaux de la nasse.

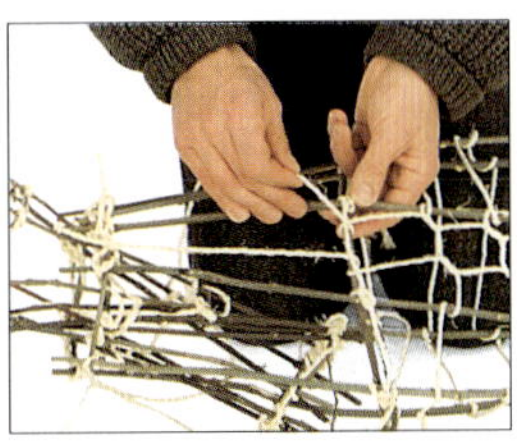

7 Renforcez les mailles du filet en enserrant la nasse. Les poissons piégés ne pourront plus ressortir (*voir* page 109).

Autres pièges

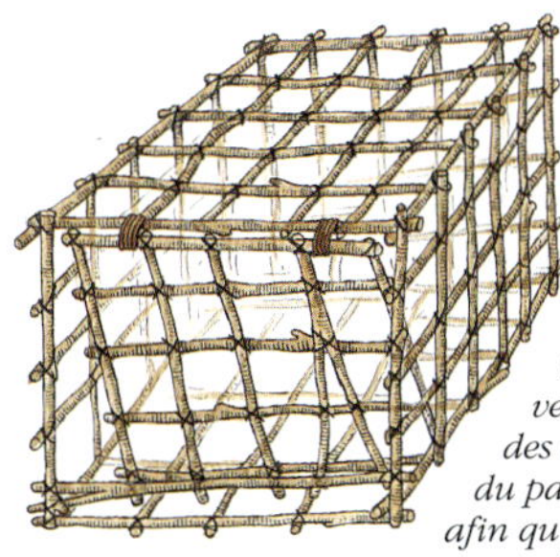

Panier à crabes

Un piège simple à fabriquer, en nouant plusieurs bâtons en forme de boîte. Adaptez sa taille en fonction des crustacés à capturer. La porte de la nasse s'ouvre de l'extérieur vers l'intérieur. Placez des appâts à l'intérieur du panier, lesté d'une pierre afin qu'il repose bien au fond de l'eau. En mer et en eau peu profonde, vous capturerez crabes ou homards, en rivière ce sera des écrevisses.

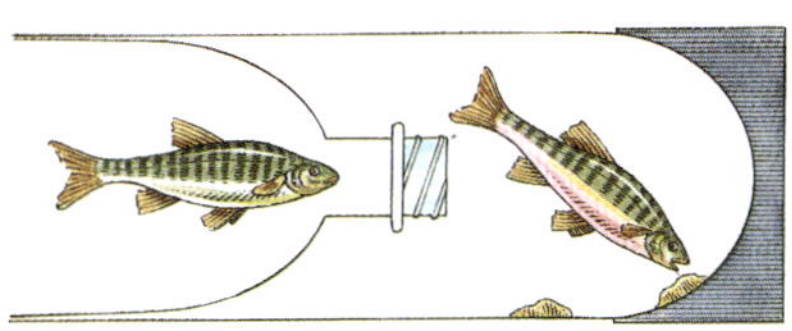

Nasse bouteille

Coupez le sommet d'une bouteille en plastique. Enfoncez le goulot à l'envers dans la bouteille. Les poissons appâtés pénétreront par le goulot, mais ne pourront plus ressortir. Déposez le piège dans l'eau et inspectez-le régulièrement.

FILETS ET NASSES, MODE D'EMPLOI

UNE LIGNE AVEC des hameçons peut rester en place toute une nuit mais, à moins de la vérifier aux premières lueurs de l'aube, il y a des chances pour que les prises aient été consommées par de plus gros poissons ou se soient échappées en emportant les hameçons. Les nasses resteront installées plusieurs jours. Les filets doivent être tendus pour de courtes périodes ou utilisés pour pêcher à la traîne. Des poissons de différentes tailles se prennent aux mailles d'un filet. Tendu trop longtemps en travers d'une rivière, ce piège décimera les poissons du cours d'eau, qu'ils soient comestibles ou non. Cette pratique, illégale dans de nombreux pays, doit se limiter aux situations de survie.

FILET : MODE D'EMPLOI

1 En conditions de survie prolongées, faites un barrage afin de constituer des réserves de poissons pour l'hiver. Élevez un mur de roches au centre du cours d'eau, au niveau d'un méandre, là où le courant ralentit et où le lit s'élargit.

Montez un mur en travers de la rivière

2 Enfoncez trois pieux, espacés de 30 cm environ, dans la rivière. Inclinez les pieux dans le sens du courant afin que l'eau ne frappe pas violemment le mur de rondins achevé. Couchez deux rondins côté amont et enfoncez trois pieux de maintien. Couchez des rondins pour élever le mur.

Les poissons forcés à aller dans le chenal se prennent dans les mailles du filet

3 Enfoncez un pieu de chaque côté du chenal, à proximité du barrage, afin d'y fixer le filet à poissons (*voir* page 106). Les poissons détournés par le barrage s'engageront dans le chenal et se prendront dans les mailles du filet. Retirez le filet après usage, ainsi que les rondins du mur pour éviter toute pression inutile sur les pieux.

PÊCHE À LA SENNE

La senne est un large filet avec une poche où se prennent les poissons. La pêche se pratique à deux : une personne prend l'extrémité du filet et le tient sur l'épaule tout en entrant dans l'eau, alors que l'autre reste sur le rivage. La première personne avance jusqu'à déployer toute la longueur du filet, puis reviens vers le rivage en décrivant une courbe, de façon à former une poche encerclant les poissons. Le filet est traîné puis ramené sur la plage où les poissons sont achevés.

Pêche au bord du rivage
Une senne tendue dans des eaux peu profondes permet de capturer des bancs de poissons.

Pièges et murets de rochers

Piège à simple muret
Au niveau d'un chenal de marée, érigez un muret avec de gros rochers en formant une boucle à partir du rivage. Lorsque la marée descend, les poissons se prendront dans le bassin formé entre la rive et le muret. Sur le littoral, en l'absence de falaises ou de berges hautes, élevez un muret en formant un cercle complet et colmatez les brèches entre les rochers à l'aide de petits cailloux.

Piège à double muret
Érigez deux murets de façon à former une sorte d'entonnoir, en orientant l'ouverture vers l'aval du cours d'eau. Les poissons descendant le courant seront orientés vers le goulot de l'entonnoir où vous aurez installé un filet ou une nasse (voir *page 106*)*.*

Épuisette : mode d'emploi

1 Les poissons ne fréquentent pas les eaux boueuses peu oxygénées où ils ont du mal à respirer. Remuez la boue tapissant les fonds avec les pieds pour que les poissons remontent à la surface.

2 Maniez délicatement l'épuisette, en la relevant dès qu'un poisson est à l'intérieur. Resserrez le cerceau en maintenant le filet afin d'éviter que le poisson ne s'échappe d'un bond.

Filet appâté, mode d'emploi

Utilisez un filet confectionné à l'aide d'un T-shirt (*voir* page 106) ou d'une chaussette. Glissez la fourche d'un rameau dans la couture pour le manche et appâtez le filet avec de la fiente ou des déchets de poisson. Traînez le filet dans l'eau.

Pêche à l'anguille
Appâtez les anguilles avec des déchets de poissons ou de la fiente.

Conseils de prudence

- L'eau est dangereuse quelles que soient la vitesse du courant ou la profondeur. Une glissade sur les rochers peut être fatale.
- Planifiez votre stratégie afin d'éviter le plus possible les risques d'accidents. Prenez les précautions nécessaires avant d'agir.
- Les poissons ont vite fait de bondir en cherchant à retourner à l'eau. Réfléchissez à la façon la plus prudente qu'il soit pour les hâler et les ramener à terre après leur capture.
- Les fonds réservent bien des surprises, des algues pouvant entraver votre marche aux créatures dangereuses, comme les crocodiles, en passant par les trous d'eau ou les courants. Si possible, évitez de pénétrer dans l'eau, aussi claire soit-elle.
- Ne sautez ou ne plongez jamais dans l'eau sans avoir inspecté auparavant attentivement la zone.
- Utilisez le matériel improvisé avec prudence, surtout les lances et les harpons qui peuvent vous faire tomber en rompant.

PRÉPARER LE POISSON

UNE FOIS RAMENÉ à terre, le poisson doit être tué immédiatement, d'un coup ferme de bâton ou de pierre derrière la tête. Videz le poisson dès sa capture, avant de le cuire et de le consommer ou de le sécher (*voir* page 118). Dans les régions chaudes, une brève exposition au soleil suffit à décomposer la chair, par multiplication des bactéries sur la peau humide ou envahissement des mouches. Une fois écaillé, dépouillé et levé en filets, le poisson est moins fragile. Dans les régions froides, le poisson peut attendre six à douze heures avant d'être paré. Moins nerveux, il pourra être débité plus facilement qu'un poisson fraîchement sorti de l'eau. Préparez un bouillon en faisant bouillir arêtes, peau et tête. Au même titre que la chair fraîche, le bouillon doit être consommé dès que possible.

LEVER DES FILETS

La technique consiste à débarrasser le poisson des parties non comestibles en conservant le plus de chair possible. Dans ces organes, un poisson concentre en effet des traces des polluants qui peuvent contaminer les eaux. Ainsi, certains métaux comme le mercure, présent en infime quantité dans l'eau de mer, se retrouvent dans le foie des poissons. À forte dose, le mercure est fatal pour l'homme. Ces substances ne contaminent pas les muscles du poisson.

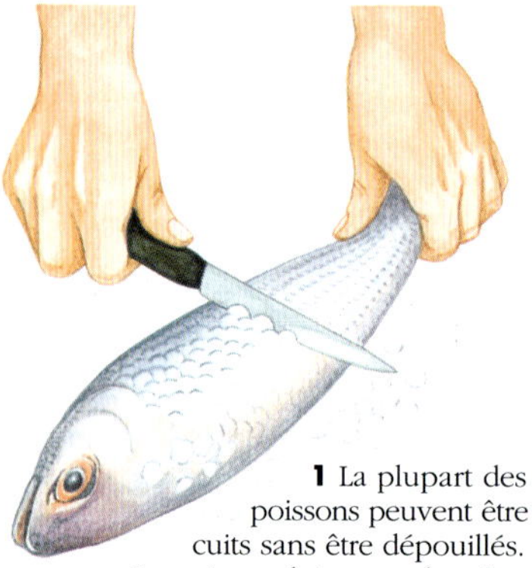

1 La plupart des poissons peuvent être cuits sans être dépouillés. Le poisson doit cependant être écaillé. Grattez la peau, de la queue vers la tête, à l'aide de la lame d'un couteau, en travaillant de l'intérieur vers l'extérieur.

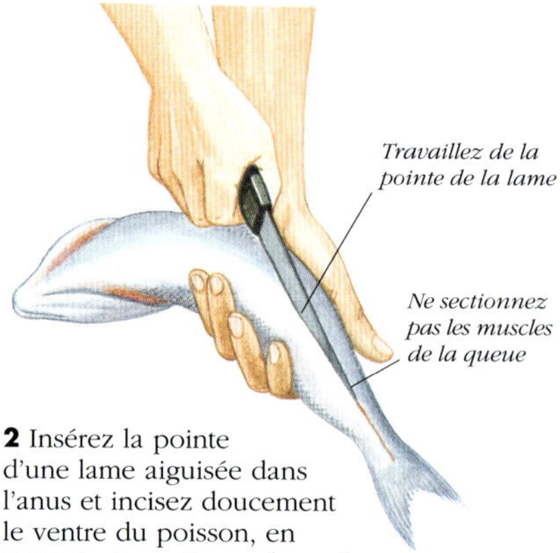

2 Insérez la pointe d'une lame aiguisée dans l'anus et incisez doucement le ventre du poisson, en remontant au niveau des ouïes. Attention à ne pas sectionner les muscles de la queue ou perforer les organes.

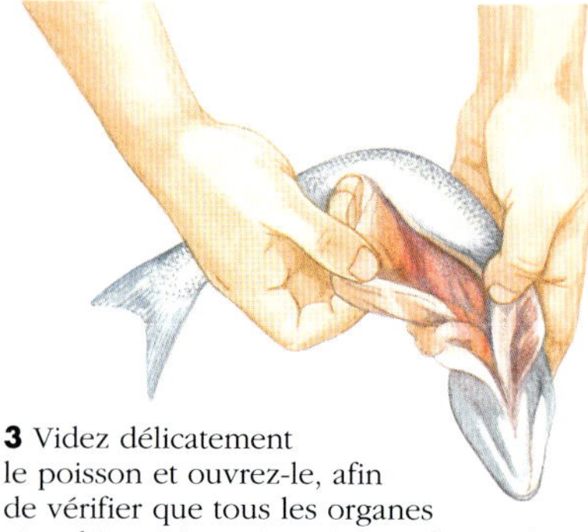

3 Videz délicatement le poisson et ouvrez-le, afin de vérifier que tous les organes aient bien été retirés. Réservez les œufs d'une femelle ou la laitance d'un mâle. Lavez l'extérieur et l'intérieur à grande eau.

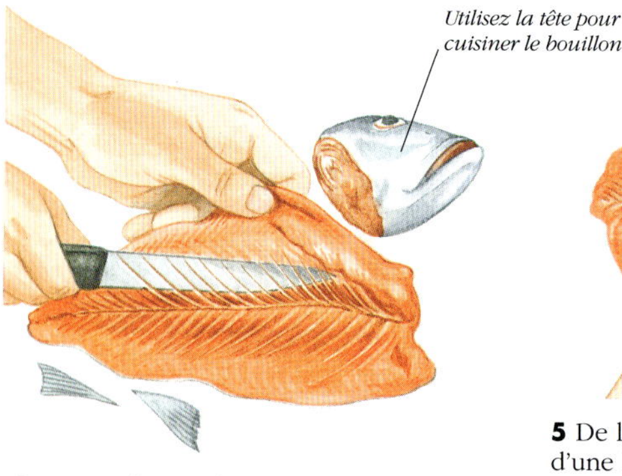

4 Coupez la tête, la queue et les nageoires. Ouvrez le poisson en deux et détachez les arêtes de la chair, à l'aide de la pointe d'une lame. Le retrait des arêtes est parfois plus facile une fois le poisson cuit.

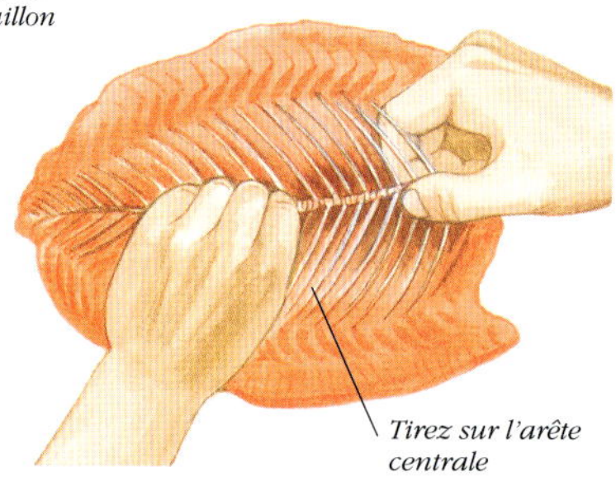

5 De la pointe d'une lame, séparez le sommet de l'arête centrale de la chair. Tirez doucement mais fermement sur l'arête centrale pour détacher toutes les arêtes d'un seul tenant. Grattez de la pointe d'une lame les morceaux d'arêtes fichés dans la chair.

DÉPOUILLER UN POISSON

Certaines espèces de poissons, notamment les plus petites, n'exigent pas d'être dépecées avant cuisson. Mais quelques-unes sécrètent un mucus toxique ou urticant au niveau de la peau. D'autres, comme le poisson-chat ou le requin, présentent une peau très coriace qu'il convient de retirer avant consommation.

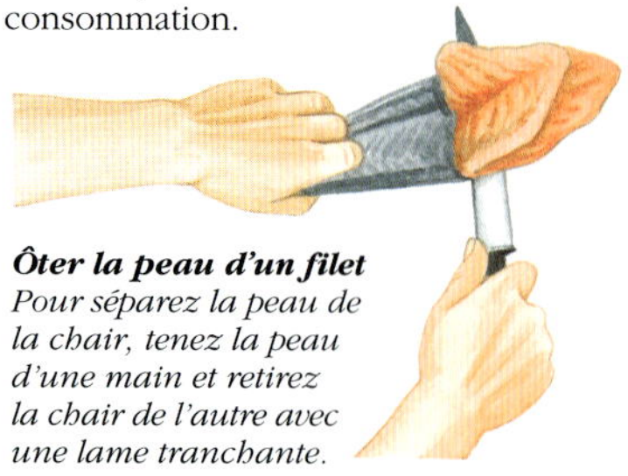

Ôter la peau d'un filet
Pour séparez la peau de la chair, tenez la peau d'une main et retirez la chair de l'autre avec une lame tranchante.

Embrocher le poisson pour le cuire

Consommez de préférence le poisson aussitôt après sa capture. Les méthodes de cuisson simples donnent une saveur incomparable à la chair. Évitez de trop cuire le poisson. Faites-le griller au-dessus de braises ou à la broche (*voir* page 116). Un poisson entier sera frit à la poêle, bouilli ou cuit à l'étouffée dans la glaise (*voir* page 117).

1 Ouvrez les filets et insérez deux baguettes en travers de la chair, au sommet et à la base des filets. Le bois vert carbonisera en fin de cuisson, un bois plein de sève se fendra avec la chaleur.

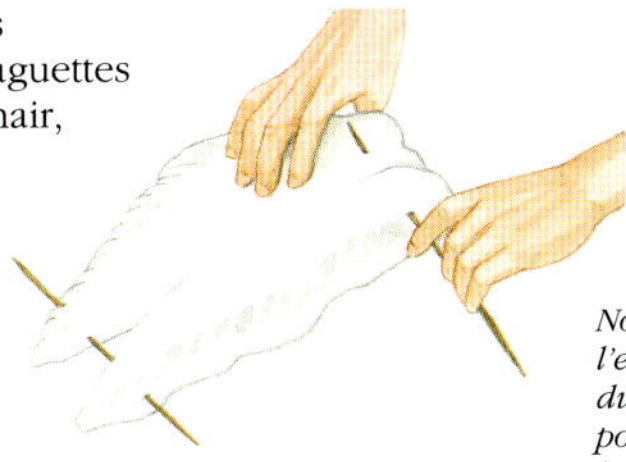

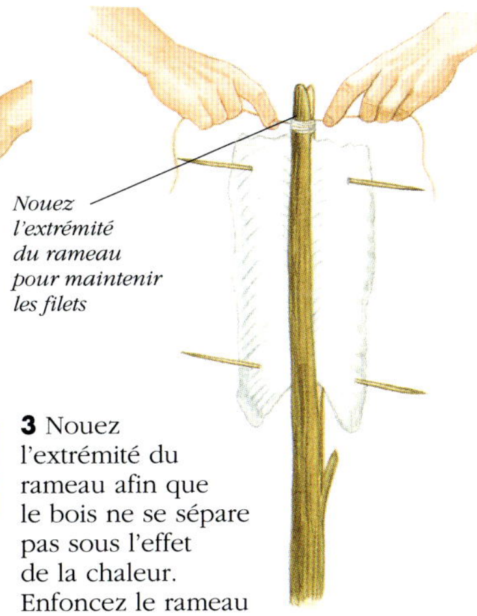

2 Refendez un rameau, sur la moitié de sa hauteur. Insérez les filets dans la fente du bois. Tirez de chaque côté de façon à bien tendre la chair, afin d'obtenir une cuisson uniforme.

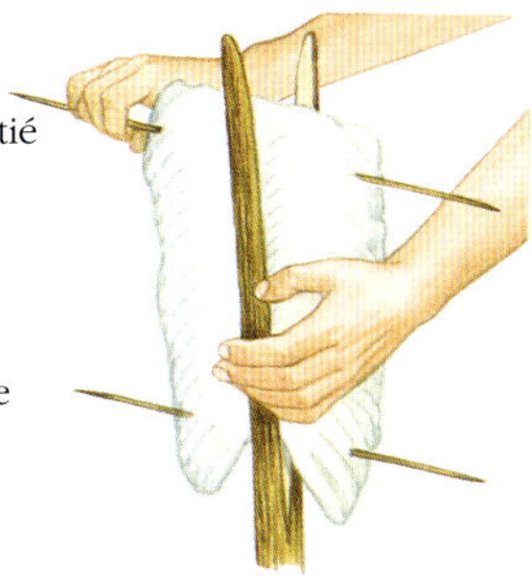

3 Nouez l'extrémité du rameau afin que le bois ne se sépare pas sous l'effet de la chaleur. Enfoncez le rameau dans le sol, en l'inclinant au-dessus des braises. Le poisson est cuit quand sa chair se détache facilement.

Cuire de petits poissons

Faites frire, griller ou rôtir les poissons entiers ne dépassant pas 15 cm de long, sans lever les filets. Videz-les et empalez-les sur du bois vert avant de les faire griller au-dessus des braises ou à la poêle. Ne retirez pas la tête et la queue, qui maintiennent la chair.

Embrochage
Videz les poissons en laissant tête et queue. Embrochez-les sur une pique pour les griller au-dessus des braises.

Dépouiller une anguille

Poisson savoureux, l'anguille doit être vidée, dépouillée et levée en filets avant cuisson. La longueur du poisson et sa peau visqueuse compliquent l'opération, à moins de procéder dès que le poisson est achevé. Videz et dépouillez l'anguille comme indiqué page précédente ou dépouillez-la entière comme indiqué ci-dessous.

1 Transpercez l'anguille au niveau des ouïes, à l'arrière de la tête, avec un bâton suspendu à deux piquets fourchus.

2 Maintenez l'anguille avec un linge et incisez la chair autour de la tête. L'anguille morte peut encore être agitée de mouvements réflexes.

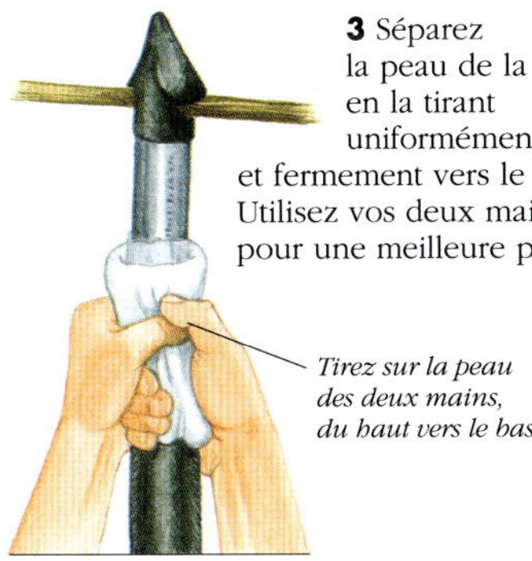

3 Séparez la peau de la chair, en la tirant uniformément et fermement vers le bas. Utilisez vos deux mains pour une meilleure prise.

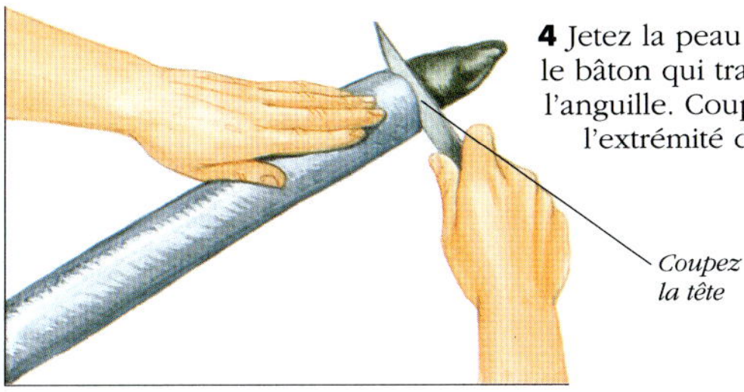

4 Jetez la peau et retirez le bâton qui transperce l'anguille. Coupez la tête et l'extrémité de la queue.

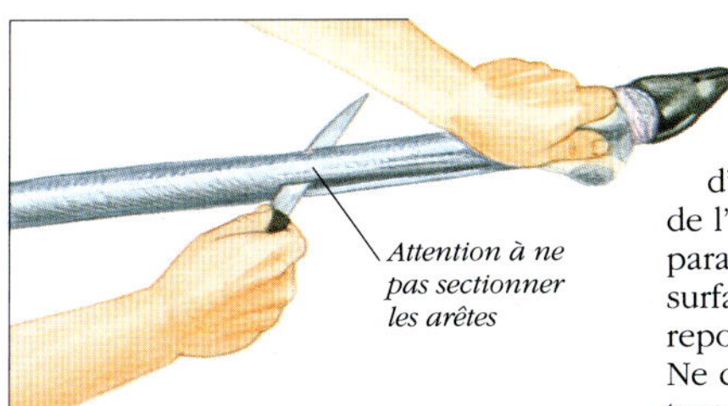

5 Maintenez l'anguille avec un linge. Faites glisser la lame d'un couteau le long de l'arête centrale, parallèlement à la surface sur laquelle repose le poisson. Ne coupez pas la chair trop près de l'arête.

USTENSILES DE CUISINE

EN CAMPING, LES ustensiles de cuisine peuvent se réduire à un récipient, une cuillère en bois et un réchaud ou un feu. Lors de la cuisson, récipient, réchaud ou feu seront abrités du vent et le récipient fermé par un couvercle afin d'économiser le combustible. La cuisine exige hygiène et propreté. Lavez-vous les mains et ne sortez que l'équipement indispensable. La plupart des préparations prêtes à l'emploi se consomment après ajout d'eau et cuisson. Les randonneurs expérimentés privilégient plutôt les mélanges de fruits comme desserts et plats de résistance afin d'économiser le combustible et les corvées de vaisselle.

Cuisine en plein-air
Installez le réchaud à l'abri du vent, en veillant à ce qu'il soit bien stable. Ne saisissez jamais un récipient brûlant à pleines mains !

RÉCIPIENTS ET POÊLES

Gare aux brûlures des doigts, des lèvres, de la bouche ou de la langue lorsque vous mangez à même le récipient sortant du feu. Utilisez plutôt assiettes et tasses en plastique. Inutile d'emporter une batterie de cuisine, à moins que vous ne vous déplaciez en groupe ou à bord d'un véhicule. Sélectionnez quelques récipients parmi les plus utiles et gardez-les en bon état aussi longtemps que possible.

Tasse
Optez pour un modèle robuste, en plastique, muni d'une anse solide.

Assiette
Indispensable pour vous servir une part et laisser le reste au chaud sur le feu.

Plat creux
Pour consommer les céréales ou les plats en sauce.

Poêle plate antiadhésive
Un récipient pratique en camping mais au revêtement fragile exigeant le plus grand soin sous peine de voir les aliments attacher au fond.

Poêle profonde antiadhésive
Indispensable pour cuisiner pour plusieurs personnes.

Bouilloire
Un modèle en matériau léger, utilisable comme récipient de cuisson et non pour réchauffer l'eau d'une boisson.

Assortiment de gamelles
Les modèles de qualité se composent de plusieurs récipients légers, parfois d'une bouilloire.

Poêle à frire
Optez pour un modèle léger, spécial camping. Attention à ne pas brûler le récipient.

Récipient en aluminium
Matière légère qui chauffe vite. Surveillez la cuisson pour ne pas laisser brûler le repas.

COUVERTS

Réservez les couverts de camping à votre usage personnel et veillez à les maintenir toujours propres, afin d'éviter aphtes et autres infections. Si possible, lavez les couverts en les plongeant dans l'eau bouillante. Remplacez une cuillère ou un couteau cassés en sculptant de nouveaux couverts dans du bois (*voir* page suivante). Fabriquez ustensiles et éléments de vaisselle à partir d'écorces, de bâtons, de polypores ou d'ossements.

FOURCHETTE COUTEAU PETITE CUILLÈRE

ÉTUI À COUVERTS

Fabriquer un pot en terre cuite

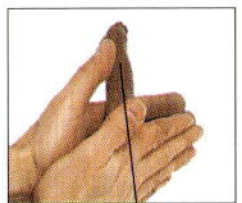

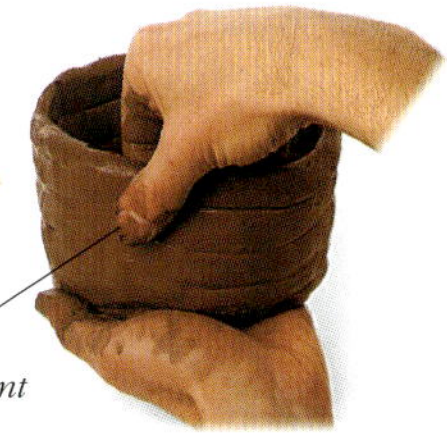

1 Formez une base circulaire, plus épaisse que les parois du pot par souci de stabilité et de robustesse.

2 Élevez des parois droites en superposant des boudins de terre enroulés sur eux-mêmes.

3 Lissez du pouce le dernier boudin de terre une fois les parois à hauteur souhaitée.

4 Lissez les parois du pouce, en humidifiant la terre. Passez au feu après séchage.

Fabriquer une cuillère en bois

1 Découpez un morceau de bois à grain fin et modelez la forme en travaillant dans le sens des fibres. Évitez les bois résineux trop cassants.

2 Travaillez toujours vers l'extérieur, au cas où la lame dérape. La cuillère doit s'adapter à la taille de votre bouche, mais le diamètre du manche importe peu.

3 La sculpture du fond de la cuillère est longue et délicate. Ne creusez pas trop le fond et dégagez le bois de ses aspérités.

Fabriquer un bol en bois

1 Sculptez un bol dans un bloc de bois ou une ronce de noyer, souvent très dure donc plus difficile et plus longue à travailler. Utilisez des braises pour accélérer le processus.

2 Retirez le bois brûlé et remettez des braises dans le creux du bois en soufflant sur les endroits à brûler.

3 Attention à ne pas trop creuser le bol, le transpercer avec la lame du couteau ou le perforer avec les braises.

Récipients et poêles improvisés

Récipients en boîte de conserve
Perforez les côtés d'une boîte de conserve pour y attacher une ficelle en guise de poignée. Le récipient doit être placé assez haut au-dessus des flammes afin d'éviter de brûler la ficelle.

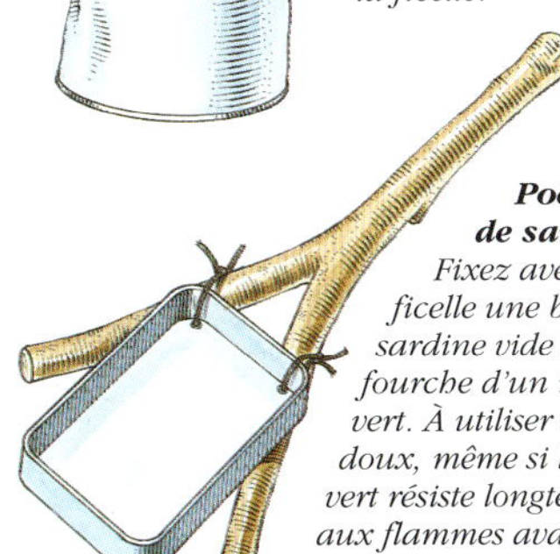

Poêle en boîte de sardines
Fixez avec une ficelle une boîte de sardine vide sur la fourche d'un rameau vert. À utiliser sur feu doux, même si le bois vert résiste longtemps aux flammes avant de s'embraser.

Réchauds et fours

Le plus simple des équipements de cuisson reste le feu de bois ou des allume-feu brûlant avec une flamme régulière et assez longtemps pour préparer une boisson chaude. Lorsqu'il est impossible d'allumer un feu sans risque, utilisez un réchaud à flamme contrôlée, facile à allumer et à faible consommation. Pour une cuisine élaborée, fabriquez un four ou une fosse à vapeur. Gardez réchaud, allume-feu, allumettes, récipients et couvercle dans votre sac à dos pour qu'ils soient faciles d'accès.

Alimenter un réchaud
Optez pour un modèle adapté à vos besoins, à cartouche de gaz ou autre combustible. Veillez à ce que la flamme soit bien éteinte lorsque vous remplissez le réchaud de pétrole ou d'essence.

Réchauds de camping

supports pour petite poêle

Miniréchaud
Léger avec cartouche de gaz de pétrole liquéfié (mélange de butane et propane). Supporte difficilement une grande poêle.

supports repliables

Réchaud multi-usages
Modèle puissant et polyvalent, à supports repliables, susceptibles d'accueillir une grande poêle.

Réchaud à essence sans plomb
Fonctionnant au gaz liquéfié ou à l'essence sans plomb, équipé d'un robinet de purge facilitant le nettoyage du générateur.

Réchaud multicombustibles
Léger, pratique et compact, utilisant essence blanche catalytique, pétrole, gasoil, essence plombée, solvant ou kérosène.

ATTENTION

L'utilisation d'appareils de cuisson exige la plus grande prudence. N'oubliez pas le risque d'explosion lié à ce type d'équipement. Cuisinez dans une zone bien ventilée ; un réchaud brûle de l'oxygène et libère du monoxyde de carbone. Un réchaud pressurisé qui fuit génère une vapeur pouvant exploser à la moindre étincelle.

Réchaud non pressurisé
Un classique qui brûle de l'alcool méthylique, avec pare-vent incorporé et récipients emboîtables. Stable et robuste, sans pièces mécaniques pouvant s'abîmer, ce type de réchaud offre une puissance limitée.

Combustibles

Les cartouches de combustible doivent se différencier des flacons isothermes. Une cartouche ne doit présenter aucune fuite, sous peine de polluer la nourriture ou de couvrir de moisissure vêtements et équipements. Vérifiez l'état des cartouches et la quantité de combustible restant avant de prendre la route.

Cartouche de pétrole

Cartouche de kérosène

Combustible solide en gel

Cartouche de gaz

Four en terre

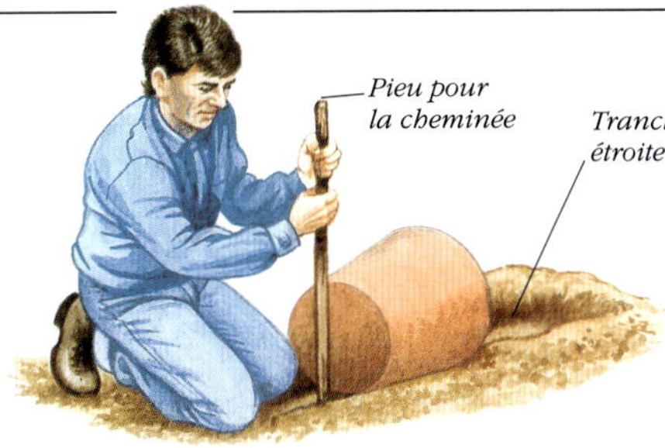

1 Creusez une tranchée étroite, de 20 cm de profondeur. Couchez-y un pot en terre cuite à couvercle de 23 cm de hauteur environ. Enfoncez un pieu dans le sol, à la base du pot.

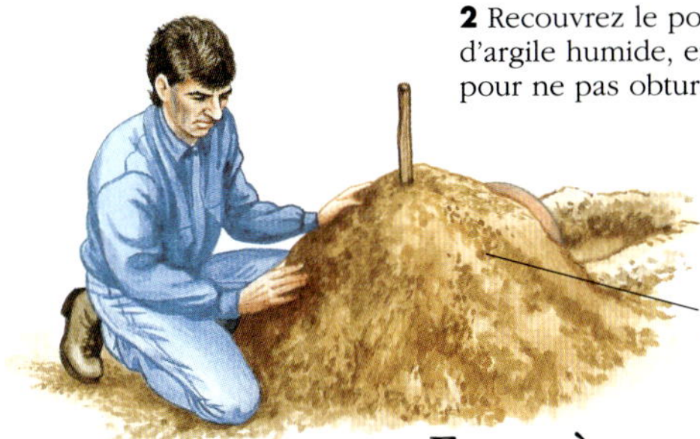

2 Recouvrez le pot de terre ou d'argile humide, en agitant le pieu pour ne pas obturer le conduit de cheminée. Tassez pour obtenir un dôme stable et uniforme.

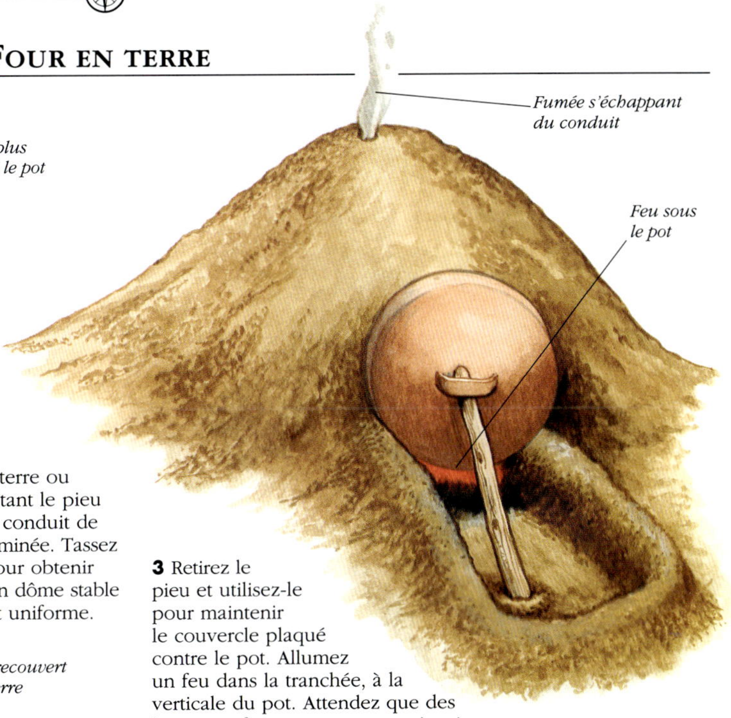

3 Retirez le pieu et utilisez-le pour maintenir le couvercle plaqué contre le pot. Allumez un feu dans la tranchée, à la verticale du pot. Attendez que des braises se forment pour mettre à cuire.

Fosse à vapeur

1 Faites un feu sous des branchages tapissés de pierres et placés sur une tranchée (*voir* ci-dessus).

2 Les branchages consumés et les pierres tombées dans la fosse, plantez un pieu au centre du foyer. Étalez les braises. Enveloppez les aliments d'herbe et déposez-les dans la fosse sur une épaisse couche d'herbe.

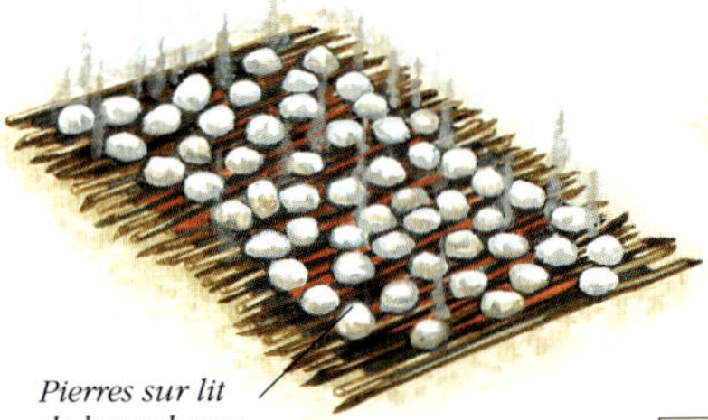

4 Ôtez le pieu et versez de l'eau dans la fosse pour faire de la vapeur.

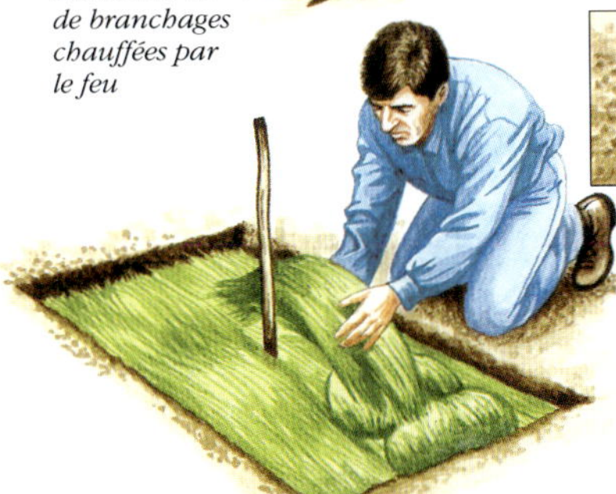

3 Placez la viande au centre de la fosse, où se concentre le plus de chaleur. Tapissez les aliments d'une couche d'herbe et recouvrez la fosse de terre.

5 Scellez la fosse de terre tassée et lissée. Laissez cuire les aliments à la vapeur, environ 2 heures.

Fourneau indien

Constitué d'une cheminée érigée au-dessus d'un feu, le fourneau indien permet de brûler le bois humide. La cuisson s'effectue au sommet de la cheminée. Construisez un feu en tipi (*voir* page 60), sans l'allumer. Élevez un conduit en pierre autour du tipi, en utilisant de l'argile comme mortier et pour sceller les interstices. La forme en cône du conduit favorise le tirage. Enflammez le bout d'un bâton et insérez-le dans le conduit depuis le sommet. Allumez le feu avec du bois sec. Séchez le bois humide au sommet de la cheminée quand le feu a pris.

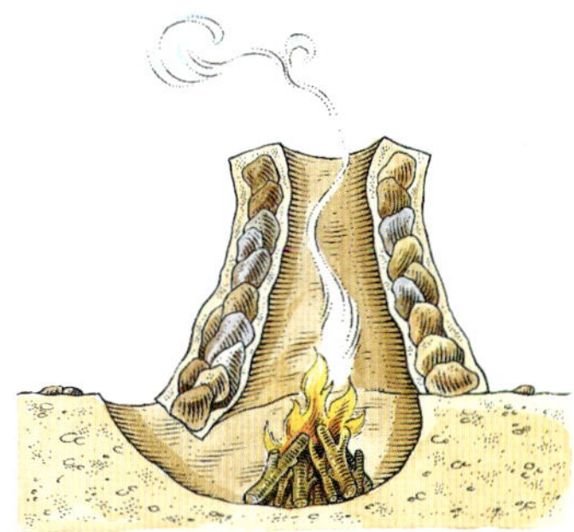

Foyer performant
Adapté à tous les combustibles, et dégageant un maximum de chaleur.

Techniques de cuisson

Le mode de cuisson le plus simple consiste à rôtir les aliments à la broche, au-dessus des flammes ou des braises. En situation de survie, seule la cuisson permet de neutraliser les bactéries, les parasites ou les polluants. De plus, les aliments dits sauvages paraîtront meilleurs et plus digestes cuits que crus ; sans oublier qu'un repas chaud est plus réconfortant !

Cuisson au-dessus d'un feu de camp
Faites cuire dans un récipient suspendu à un trépied au-dessus d'un feu ou attendez que des braises se forment pour cuire de différentes façons (voir page suivante). Si vous avez beaucoup d'eau, gardez-la en ébullition pour les boissons chaudes.

Cuisson à feu vif

Sur support transversal
Enfoncez deux piquets fourchus dans le sol, de chaque côté du feu, et posez un long bâton entre les deux. Veillez à ce que les flammes ne lèchent pas trop le récipient et s'y engouffrent. Utilisez un bâton pour écarter le récipient du feu quand vous sous servez.

Support à balancier
Dispositif ingénieux pour contrôler la cuisson en retirant au besoin le récipient du feu. Enfoncez un piquet fourchu dans le sol et posez un long bâton en équilibre au creux de la fourche. L'extrémité où sera suspendu le récipient doit être à la verticale du feu. Attachez l'autre extrémité au piquet. Utilisez une baguette pour écarter le récipient du feu.

Sur trépied
Pour ce support de cuisson stable et sûr, formez un trépied (voir page 75) et fixez un rameau fourchu, noué au centre et au sommet du trépied. Suspendez le récipient à l'une des fourches. Ajustez la hauteur du récipient selon la température de cuisson souhaitée. Attendez la formation de braises avant d'installer le trépied.

Cuisson au bambou

Robuste et creux, le bambou fait un ustensile idéal. Remplissez d'eau l'extrémité d'une canne de bambou, sans dépasser l'anneau du premier segment. Avec un bâton pointu, percez deux trous de part et d'autre du deuxième segment. Inclinez la canne au-dessus d'un feu, en la maintenant au creux d'une fourche avec un piquet. Faites chauffer jusqu'à ébullition de l'eau pour cuire à la vapeur les aliments placés au sommet.

Récipient naturel
Utilisez une canne de bambou en guise de récipient de cuisson.

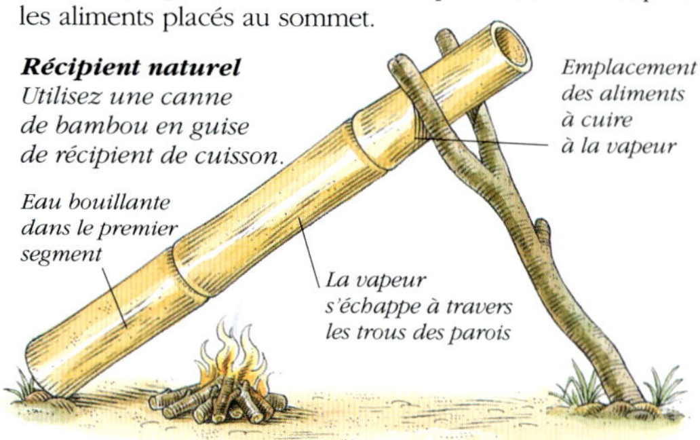

Cuisson sur pierres brûlantes

1 Formez un lit de larges pierres plates. Évitez l'ardoise et autres pierres formées de strates qui peuvent éclater sous l'effet de la chaleur.

2 Déposez de l'amadou sous les pierres et recouvrez de branchages secs. Allumez l'amadou et laissez le feu se consumer le temps de préparer votre repas (*voir* page 110).

3 Utilisez un fagot de brindilles vertes pour balayer les cendres et les braises sur les pierres. Veillez à ne pas toucher les pierres brûlantes.

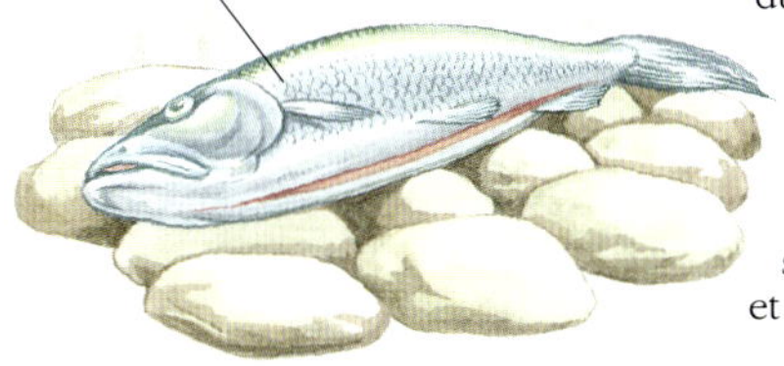

4 Déposez l'aliment à cuire sur les pierres. Installez les aliments exigeant une cuisson longue à feu doux loin du centre où se concentre le maximum de chaleur. Placez des pommes de terres non pelées sous les roches et laissez-les rôtir.

Cuisson dans la glaise

1 Déposer l'aliment, du poisson par exemple, sur un amas de feuilles et d'herbes.

2 Enveloppez l'aliment de feuilles et nouez le tout avec de l'herbe tressée pour former une papillote close.

3 Tapissez uniformément la papillote d'une couche de glaise fraîche en veillant à bien sceller le tout.

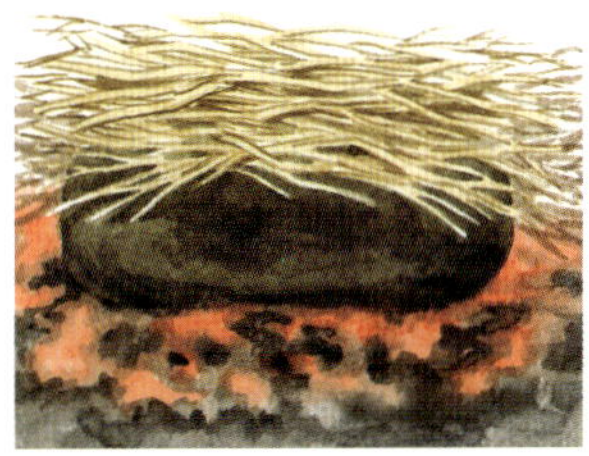

4 Déposez l'enveloppe de glaise sur un lit de braises et recouvrez de branchages secs. Un poisson cuit ainsi en 1 heure environ.

Conseils de préparation

- Herbes aromatiques et épices relèvent la saveur des préparations, notamment des aliments « sauvages ». Pensez aussi à l'ail frais, aux oignons et aux cubes de bouillon déshydraté.
- Portez de l'eau à ébullition et ajoutez-y différents ingrédients, conserves de poisson, biscuits et fruits secs, pour préparer un plat complet additionné de poudre de curry et d'herbes aromatiques pour donner plus de saveur à votre plat.
- Si vous préparez un piat à l'eau bouillante, consommez le bouillon riche en éléments nutritifs, sauf si l'ébullition est destinée à neutraliser des substances toxiques.

Pain de mie

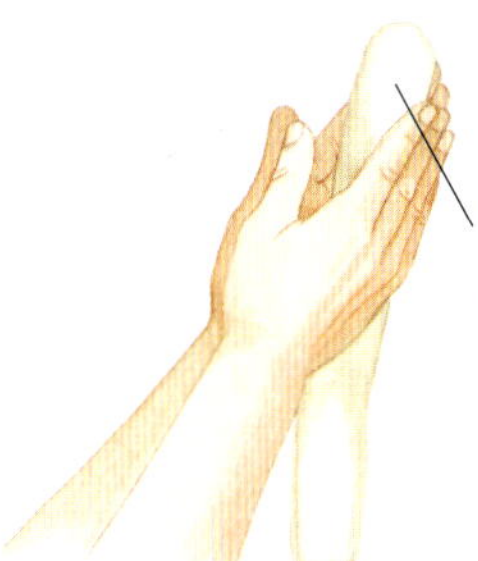

1 Pour cette recette simple et savoureuse, préparez une pâte souple à l'aide de farine et d'eau et roulez la pâte en un long boudin.

2 Enroulez le boudin de pâte autour d'une baguette en formant une longue spirale et maintenez la broche au-dessus du feu. Le pain cuit se détache facilement.

Conserver la nourriture

Les aliments commencent à s'abîmer peu après leur collecte. En l'absence de réfrigérateur et en dehors des régions polaires, viande et poisson frais deviennent impropres à la consommation une journée après avoir été chassés ou pêchés. Plantes et légumes perdent plus rapidement leur valeur nutritionnelle. Si la situation de survie est vouée à durer, amassez le plus de nourriture possible pour subvenir à vos besoins et pouvoir équilibrer votre régime alimentaire même si les ressources s'appauvrissent. Passez une journée à chercher de la nourriture brûle beaucoup de calories. Constituez vite des réserves, en séchant et stockant la nourriture. Réservez aux urgences vos provisions de route, comme les boîtes de conserves.

Sécher la nourriture

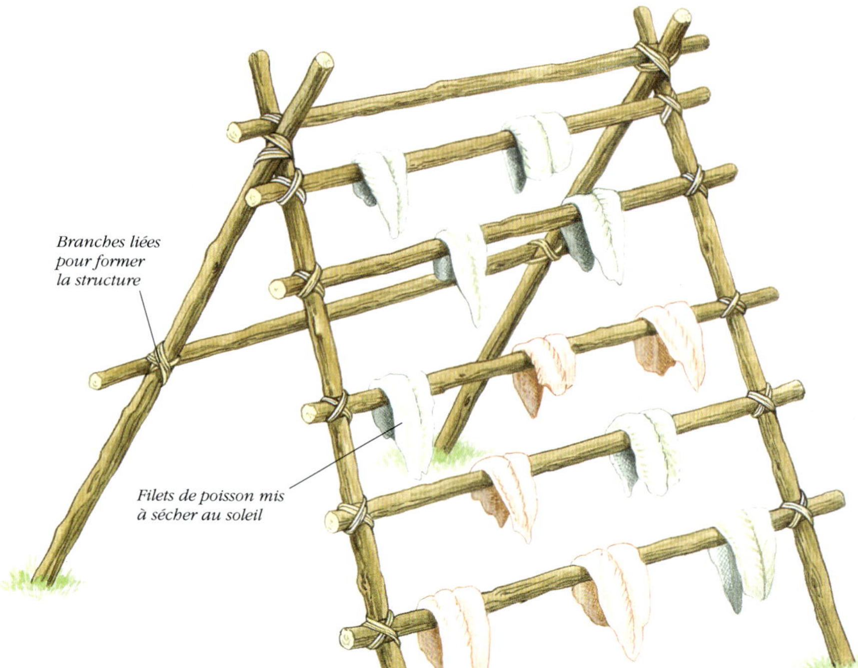

Séchoir
*Séchez le poisson au soleil en suspendant les filets à un séchoir conçu à cet effet, à partir de branches assemblées (*voir *page 37). Cette structure doit être prête avant que le poisson soit capturé. Levez immédiatement les filets de vos prises et mettez-les à sécher sans attendre (*voir *page 110). Le séchage du poisson exige un ensoleillement important pour éviter que la chair se décompose. Suspendez les filets au séchoir en laissant assez d'espace entre chacun pour ne pas gêner la circulation de l'air. Le poisson est prêt lorsque la chair déshydratée commence à s'effriter. Stockez les filets séchés. Ils seront ultérieurement consommés entiers ou réduits en poudre entre deux pierres – la farine obtenue servira à épaissir un bouillon, une sauce ou réaliser du pemmican (*voir *page suivante).*

Autres méthodes

Séchage naturel
Par temps sec et chaud, séchez champignons et plantes sur un rocher. Suspendez les herbes par les tiges, têtes en bas.

Séchage au feu
Coupez les fruits en tranches et enfilez-les sur une broche, au-dessus d'un feu fumant. Les flammes ne doivent pas toucher les fruits.

Conservateurs naturels

Conservez la nourriture à l'aide d'ingrédients naturels. Frottez le poisson de sel, plongez les légumes dans un jus de citron, ou mettez-les à bouillir dans une eau additionnée d'épices. Le poisson salé supporte des températures de plus de 11 °C.

Sel — Épices — Citron vert — Citron jaune

Construire un trépied à fumer

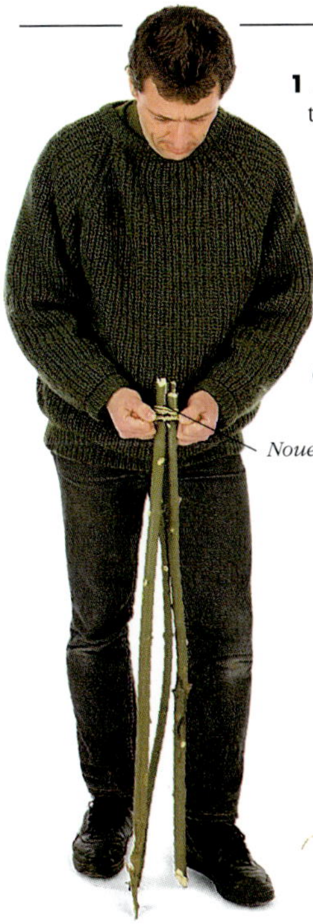

1 Si le soleil est trop faible pour sécher le poisson, fumez-le sur un trépied à fumer. Liez trois rameaux droits à une extrémité, avec une petite ficelle (*voir* page 37).

2 Écartez les rameaux d'environ 60 cm et nouez des baguettes transversales entre les pieds pour former une grille qui servira de plate-forme de fumage.

3 Assurez-vous que la plate-forme de fumage se trouve au moins à 30 cm du sol, afin de pouvoir allumer un feu sous la structure.

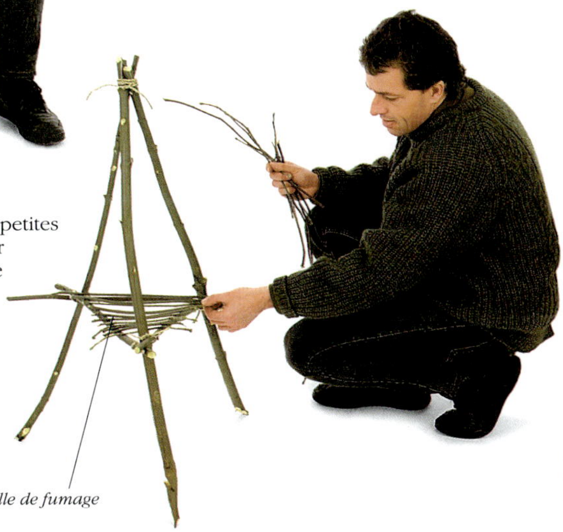

4 Alignez des petites baguettes pour former la grille de fumage sur laquelle seront les aliments.

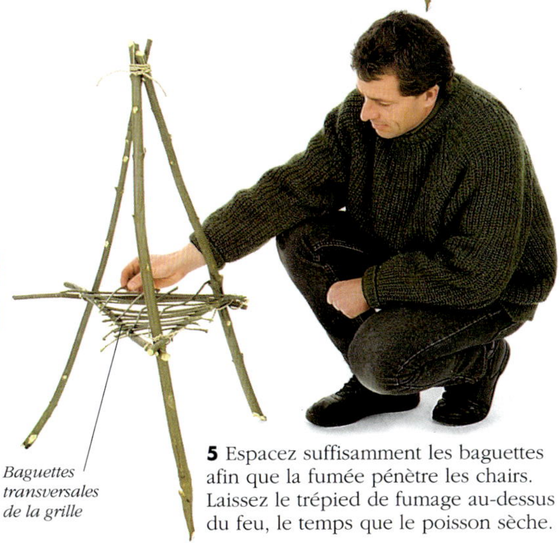

5 Espacez suffisamment les baguettes afin que la fumée pénètre les chairs. Laissez le trépied de fumage au-dessus du feu, le temps que le poisson sèche.

Préparer du pemmican

1 Conservez la chair de poisson cuite en préparant du pemmican. Malaxez la graisse coagulée du poisson cuit du bout des doigts.

2 Découpez ou râpez la chair en petits morceaux avant de les incorporer à la graisse. Assaisonnez si besoin.

3 Incorporez quelques baies et divisez la préparation en petites portions, de la taille d'une balle de golf.

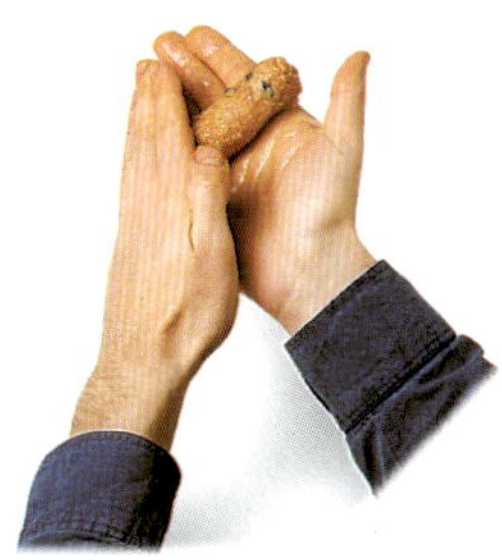

4 Roulez chaque portion en forme de saucisse à laisser sécher et durcir au soleil. Le pemmican reste nutritif et comestible des années durant.

CHAPITRE 6

SE DÉPLACER

POUR LA PLUPART des gens, rien ne vaut le mouvement pour jouir pleinement de la nature. On campe ainsi pour la nuit, et l'on repart dès le lendemain… À pied, en voiture ou en bateau, se déplacer fait partie intégrante du plaisir des vacances. Encore faut-il partir avec le bon équipement et une carte ou un plan digne de ce nom, sans oublier que la priorité reste la sécurité. En condition de survie, déconnecté des repères de votre quotidien, vous aurez à transporter nourriture et matériel sur des terrains inconnus, peut-être même vers une destination improbable. Se déplacer dans de telles circonstances représente un danger potentiel. Où se trouve le prochain point d'eau ? À quelle distance êtes-vous de la civilisation ? Et les sauveteurs ? N'ont-ils pas plus de chance de retrouver votre trace si vous restez au même endroit ? Pour votre survie, à moins d'avoir une bonne raison de bouger, mieux vaut effectivement établir un camp et n'en plus bouger. Si vous devez vous déplacer, si une crue ou un incendie menace votre camp par exemple (*voir* page 122), assurez-vous de disposer de l'équipement adapté et étudiez attentivement votre route.

RANDONNÉE TOUT-TERRAIN

Une excursion en pleine nature n'est pas comparable à une balade en ville. Des considérations spécifiques entrent en jeu, de la nature du terrain au mode de transport. Marcher dans la nature exige des chaussures adaptées. À cheval, prévoyez un équipement spécialisé et de la nourriture supplémentaire.

LA DÉCISION DE PARTIR

MALGRÉ DES EXPÉDITIONS très bien préparées, tout déplacement vous expose, vous et les membres de votre équipe, à des risques imprévisibles, accrus en situation de survie. À vous d'être préparé et de savoir réagir. Si vous attendez du secours, mieux vaut ne pas bouger. Certains événements peuvent néanmoins vous obliger à quitter le camp, pillage de vos réserves de nourriture par des animaux ou catastrophes naturelles, inondation ou feu de forêt par exemple. Avant de lever le camp, étudiez attentivement le terrain sur lequel vous évoluerez.

Inondation
Une inondation détruit la végétation et dépose une épaisse couche de boue au sol. Difficile alors de trouver des plantes pour se nourrir ou du bois sec pour construire un abri ou allumer un feu.

ÉTUDIER LE TERRAIN

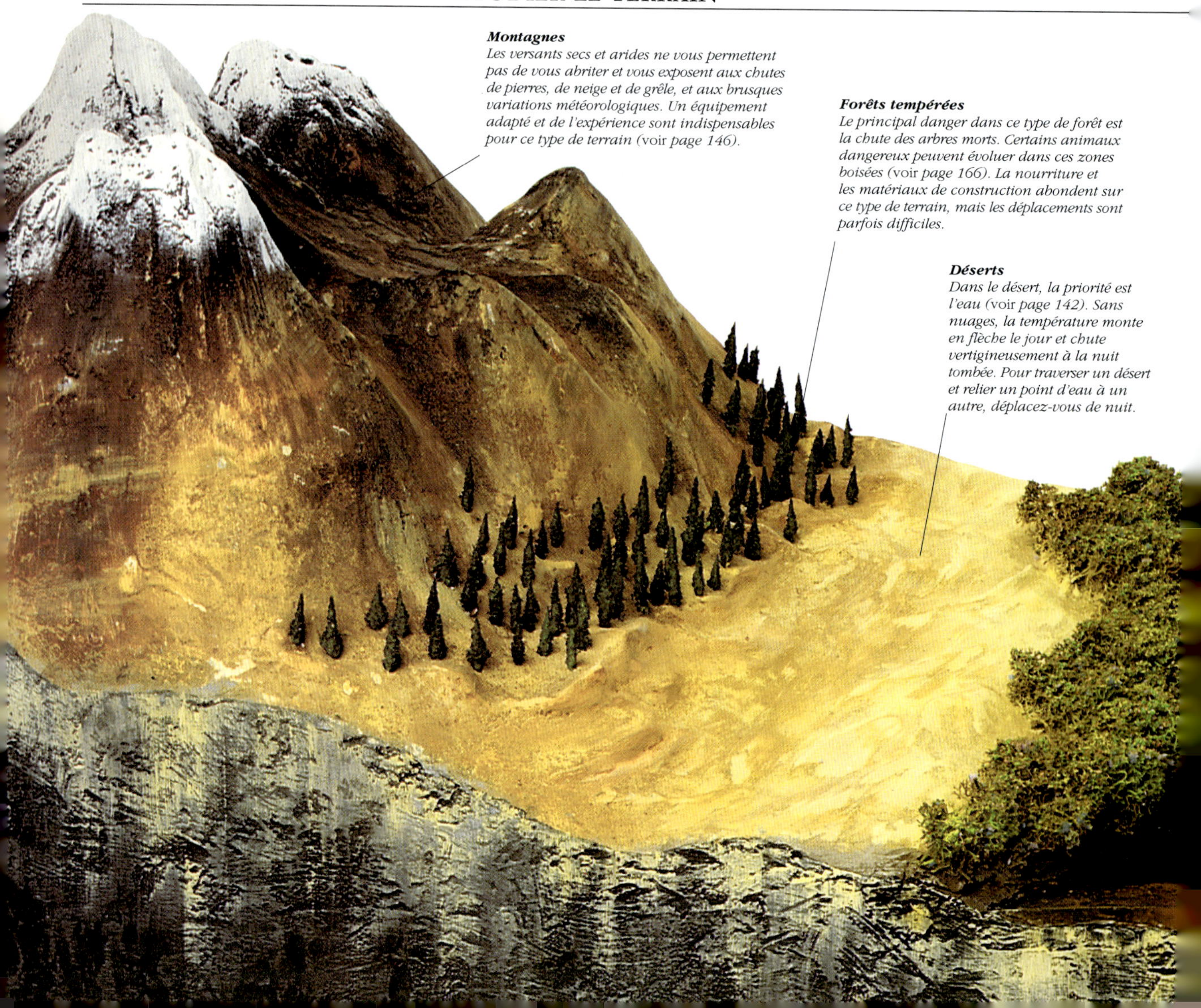

Montagnes
Les versants secs et arides ne vous permettent pas de vous abriter et vous exposent aux chutes de pierres, de neige et de grêle, et aux brusques variations météorologiques. Un équipement adapté et de l'expérience sont indispensables pour ce type de terrain (voir page 146).

Forêts tempérées
Le principal danger dans ce type de forêt est la chute des arbres morts. Certains animaux dangereux peuvent évoluer dans ces zones boisées (voir page 166)*. La nourriture et les matériaux de construction abondent sur ce type de terrain, mais les déplacements sont parfois difficiles.*

Déserts
Dans le désert, la priorité est l'eau (voir page 142)*. Sans nuages, la température monte en flèche le jour et chute vertigineusement à la nuit tombée. Pour traverser un désert et relier un point d'eau à un autre, déplacez-vous de nuit.*

Diriger une équipe

Un groupe de survivants doit se trouver un meneur, apte à évaluer le potentiel de chacun des membres de l'équipe avant d'établir un itinéraire. Le responsable du groupe jugera des atouts et des faiblesses de chacun afin de déterminer la force du groupe. Ce rôle peut se révéler difficile à assumer, notamment sous la pression des individualités confrontées à une situation de survie ou supportant mal de recevoir des ordres.

Travail d'équipe
Les chances de survie du groupe dépendent de sa cohésion, de l'entraide et de la compréhension dont feront preuve chaque membre.

Préparatifs
Avant de vous mettre en marche, étudiez votre itinéraire et les difficultés du terrain à traverser. Ne vous fiez pas aveuglément aux cartes (voir page 126), notamment pour trouver de l'eau. Effectuez plusieurs petites expéditions de reconnaissance, sans emporter trop de matériel, plutôt que de vous engager sans préparation.

Jumelles, mode d'emploi

L'étude du terrain est facilitée par l'utilisation de jumelles. Pour une vue optimale, ajustez l'écartement et la netteté. Inspectez la zone à partir de différents points d'observation, en tentant d'évaluer au mieux la topographie des lieux.

Balayage
Balayez le terrain lentement du regard, en scrutant chaque détail.

Cours d'eau
Les cours d'eau représentent un danger potentiel. Avant de traverser une rivière, construisez un pont avec des troncs d'arbres ou franchissez le cours d'eau à gué au niveau des hauts-fonds (voir page 150). Sous certaines latitudes, attention aux animaux dangereux (voir page 75).

Jungle
La chaleur et l'humidité favorisent la prolifération d'insectes et de bactéries, et sont éprouvantes pour l'organisme. La moindre blessure s'infecte vite, la nourriture ne se conserve pas et les vêtements sont toujours imprégnés d'eau et de sueur. La progression dans une jungle secondaire est très difficile (voir page 145).

Savane
L'eau est un élément à prendre en compte lors d'une progression dans une savane herbeuse tropicale. Dénicher un abri est parfois difficile (voir page 53). La présence de grands troupeaux d'herbivores qui affectionnent ce type d'environnement attire des prédateurs dangereux pour l'homme.

Littoral et mer
Ne sous-estimez jamais les dangers de la mer. Dans les zones de marées, attendez de pouvoir progresser sur le sable à marée basse, plutôt que d'escalader dunes ou falaises côtières. Étudiez les heures et les courants de marée. La plage et les eaux peu profondes peuvent abriter des animaux dangereux (voir page 109).

Savoir s'orienter

L'orientation est à la base de la navigation et la boussole est un instrument incontournable du randonneur. Par ordre d'importance, viennent ensuite une montre ou un réveil qui vous indiqueront à la fois la direction à suivre et le temps écoulé, afin d'estimer la distance parcourue (*voir* page suivante). La boussole se décline en différents modèles, tous présentant une aiguille s'alignant sur le champ magnétique terrestre. En l'absence de boussole, orientez-vous en observant la course du soleil, des étoiles, mais aussi certains animaux et les plantes.

Boussoles

L'aiguille d'une boussole s'aligne selon le champ magnétique terrestre en indiquant le pôle Nord magnétique et le pôle Sud magnétique. Imaginez la terre traversée par une barre aimantée verticale ; les pôles se situent au sommet et à la base de cet aimant, où se trouve le flux magnétique. Il existe différents modèles de boussoles. Les randonneurs utilisent une simple miniboussole (*voir* page 28) en cas d'urgence et une boussole rapporteur graduée (type Silva) comme instrument de navigation (*voir* ci-dessous). Plus robustes et plus fiables, les boussoles prismatiques équipées d'un dispositif à base de prismes autorisent une lecture et des relevés plus précis. Certains modèles disposent de miroirs en plus ou à la place de prismes. Une boussole de type Silva suffit à s'orienter précisément, sans risque.

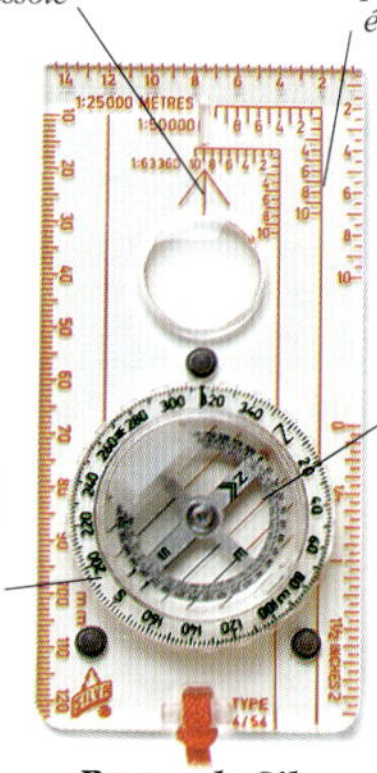

Boussole Silva
*Modèle gradué avec rapporteur, pour reporter une position sur une carte sans déplacer la boussole (*voir *page 130). Vous éviterez ainsi d'avoir à transporter un rapporteur ou à vous lancer dans du calcul mental pour planifier votre itinéraire.*

Fabriquer une boussole

Au bout d'un fil, suspendez un morceau de métal ferreux magnétisé. Ce dernier pivotera avant de s'immobiliser, en s'alignant selon un axe nord-sud. Exploitez ce phénomène lié à l'attraction du champ magnétique terrestre pour faire votre boussole, en magnétisant un bout de métal.

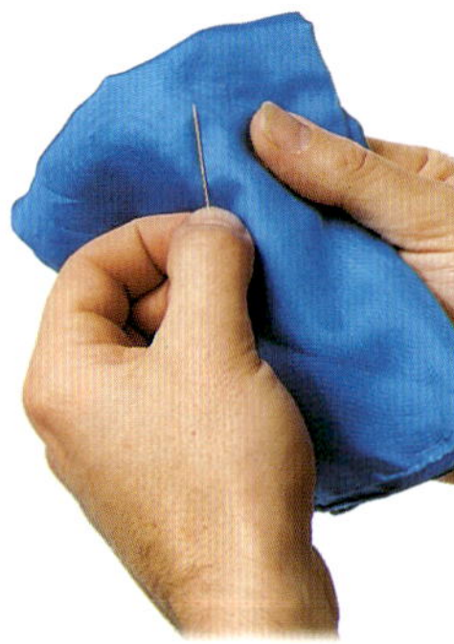

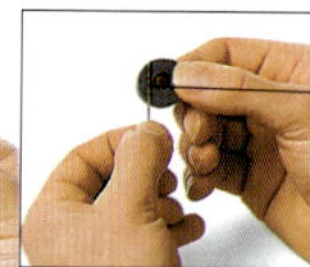

Magnétisez plus rapidement une aiguille à coudre à l'aide d'un aimant

1 Magnétisez une aiguille en la frottant plusieurs fois dans le même sens sur un morceau de soie (*voir* page 142), pour générer de l'électricité statique.

L'aiguille doit flotter librement en surface

2 Placez un brin d'herbe en surface d'un bol d'eau et placez l'aiguille sur le brin. Elle s'orientera d'elle-même selon un alignement nord-sud.

3 Une fois l'aiguille stabilisée, vérifiez la direction du nord par d'autres méthodes (*voir* page suivante) et tracez un repère sur l'aiguille afin de l'utiliser comme une boussole.

Utiliser une lame de rasoir

Pour fabriquer une boussole en urgence, utilisez une lame de rasoir au lieu d'une aiguille à coudre. Frottez la lame sur une pierre pour l'émousser avant de la magnétiser comme indiqué ci-dessus.

Boussole en lame de rasoir
Magnétisez une lame de rasoir émoussée. Suspendez-la à une ficelle et attendez qu'elle s'immobilise selon un axe nord-sud.

S'orienter avec le soleil

Le soleil, qui se lève à l'est et se couche à l'ouest, sera utilisé comme indicateur de direction. Si vous apercevez le soleil et que vous disposez d'une montre pour évaluer précisément l'heure, orientez-vous selon ce repère. Autres solutions, plus approximatives, le recours à un cadran solaire improvisé ou à une montre.

Hémisphère Nord
Pointez l'aiguille des heures en direction du soleil. La bissectrice de l'angle formé entre l'aiguille et le chiffre 12 indique le sud.

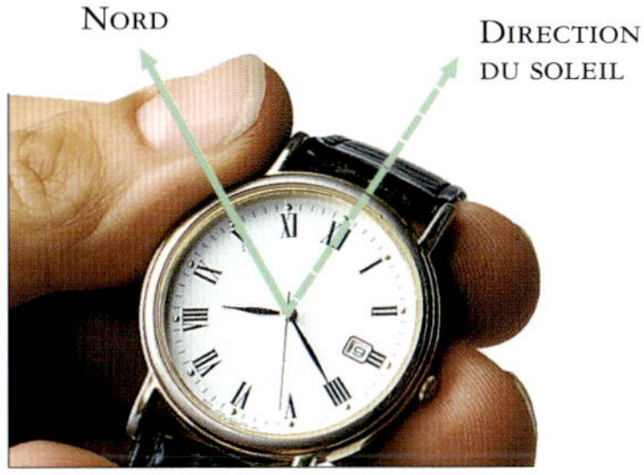

Hémisphère Sud
Pointez le chiffre 12 en direction du soleil. La bissectrice de l'angle formé entre le 12 et l'aiguille des heures indique le nord.

Cadran solaire

Plantez un piquet à la verticale. Le matin, repérez au sol le bout de son ombre (ouest dans l'hémisphère nord). Nouez une corde au piquet, de la longueur de l'ombre, tracez un arc de cercle à distance du piquet. L'après-midi, repérez où l'ombre coupe l'arc (est).

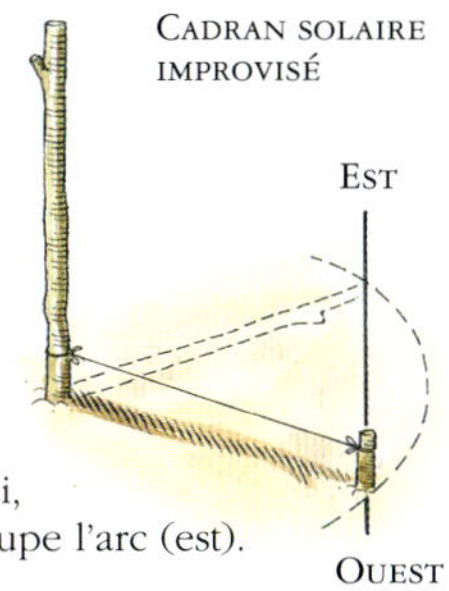

S'orienter avec les étoiles

Les étoiles se déplacent peu les unes par rapport aux autres. Leur mouvement apparent est lié à la rotation de la terre. Une seule étoile semble statique : l'étoile polaire. Dans le ciel septentrional, utilisez ce repère pour trouver le nord. Dans le ciel austral, basez-vous sur la Croix du Sud pour trouver le sud.

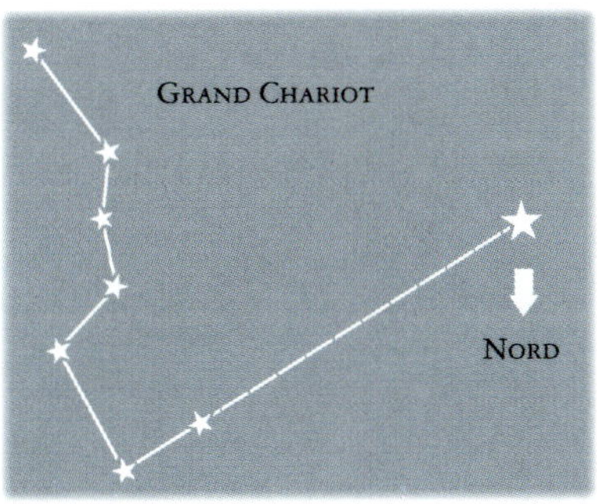

Hémisphère nord
Regardez en direction du Grand Chariot. Tracez une ligne imaginaire entre les deux étoiles à l'avant du chariot. Poursuivez la ligne en reportant 4 fois la distance séparant les deux étoiles pour trouver l'étoile polaire, très brillante, qui se lève au nord, au niveau de l'horizon.

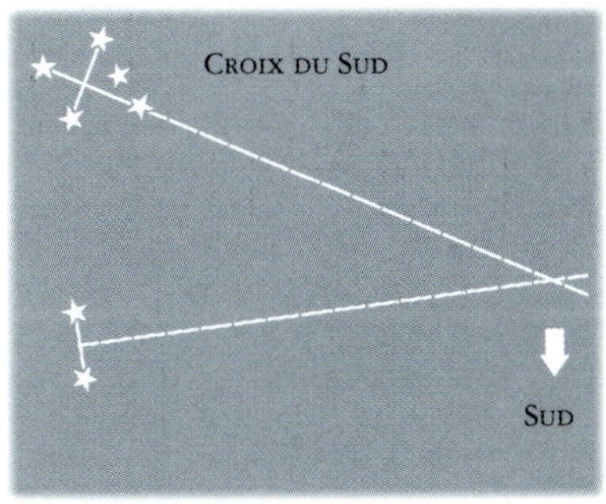

Hémisphère sud
Repérez le sud avec la Croix du Sud. Tracez une ligne imaginaire dans le prolongement de la croix en reportant 4,5 fois la longueur de l'axe principal. Le sud est au niveau de ce point, au-dessus de l'horizon. Deux étoiles brillantes sous la Croix du Sud vous aideront à la situer.

S'orienter avec des indices naturels

La nature est plus influencée que l'homme par le champ magnétique terrestre. Les plantes poussent en direction du soleil, face au sud dans l'hémisphère nord et au nord dans l'hémisphère sud. Le tournesol suit le mouvement du soleil. En Afrique australe, les plantes de l'hémisphère nord s'orientent vers le nord. Les cernes d'un arbre sont souvent plus espacés du côté faisant face au soleil.

Termitières
Certaines termitières sont érigées selon un axe nord-sud pour recevoir le maximum de chaleur le matin et le soir, en restant à l'ombre l'après-midi.

Tisserands
Les oiseaux peuvent vous aider à vous orienter. Certaines espèces de tisserands bâtissent leurs nids uniquement côté ouest des arbres. Des repères inestimables dans certaines régions du monde où abondent ces oiseaux, comme en Afrique du Sud.

Cartes, mode d'emploi

Les cartes se présentent sous différentes formes, chacune conçue pour un usage précis. Le choix d'une carte adaptée est crucial pour explorer une région inconnue. Optez pour une carte à grande échelle couvrant le terrain sur lequel vous évoluerez. Idéales pour les randonneurs, les cartes au 1/50 000e affichent une échelle où chaque mesure représente une distance 50 000 fois plus grande sur le sol. Les cartes sont souvent divisées par un quadrillage kilométrique de 2 cm pour 1 km et chaque ligne est repérée par deux coordonnées, de 0 à 99. Certaines cartes sont parfois inexactes, mais c'est à vous de corriger les erreurs au fur et à mesure de votre progression et d'apprendre à composer avec.

Comparer le terrain et la carte

L'échelle est indiquée par un graphique placé au pied de la carte, souvent présenté sous la forme d'un rapport de réduction permettant de mesurer directement une distance sur la carte. Les randonneurs optent généralement pour des cartes ayant une échelle de 1/50 000e. La plupart des informations données restent invisibles sur le terrain, surtout dans les zones de cuvettes masquées par des crêtes (*voir* ci-dessous). Muni de la carte, aidez-vous d'une boussole pour faire des relevés et identifier certains détails visibles à l'horizon, en travaillant dans le sens de votre progression.

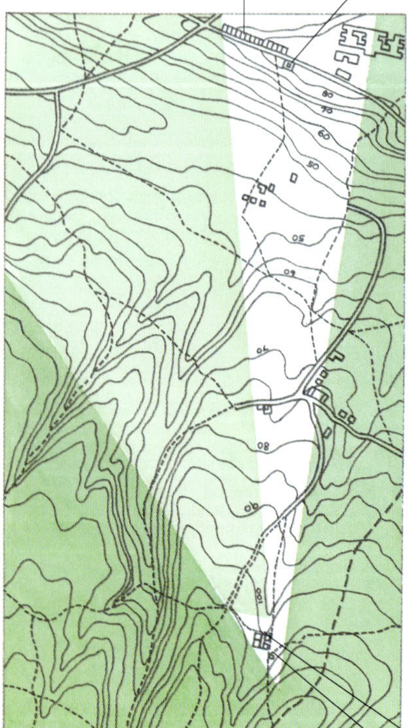

Intervisibilité
Sur le terrain vous n'apercevrez que certains détails du paysage environnant. La zone de terrain visible entre votre position et le point à atteindre est dite intervisible. Une comparaison entre la photographie ci-dessus et la carte ci-contre, couvrant la même zone, met en évidence les limites de notre perception et la difficulté à estimer la distance nous séparant d'un objet visible à l'horizon.

Zone hors photographie — *Objets distants masqués* — *Objets distants visibles*

1 kilomètre — *1 mile*

Interpréter une carte

Le paysage est sculpté par les cours d'eau, qui façonnent crêtes, collines et vallées. Les infrastructures humaines, les routes par exemple, transforment parfois rapidement le paysage. Pour comprendre la topographie d'un terrain avec une carte, repérez des éléments intangibles, comme les cours d'eau, les vallées et les crêtes qui les séparent.

Vallée
Une vallée traversée par un cours d'eau apparaît sur une carte sous la forme de courbes de niveau épousant très précisément ses contours, surtout ceux des zones invisibles depuis le sol. L'altitude est mentionnée au niveau de chaque courbe.

Col
Un col forme une dépression sur la crête qui relie deux pics. Sur le terrain pourtant, deux pics perçus de côté peuvent être pris pour un seul et même pic. Sur une carte, un col est représenté par deux cercles cernés de courbes de niveau incurvées.

Colline
Une carte montre le plan horizontal d'une colline, invisible au sol. À vous d'imaginer ce qu'il est impossible de voir. L'altitude est suggérée par des changements de valeurs indiqués par de la couleur.

Crête
Les crêtes qui séparent les cours d'eau apparaissent sur une carte sous une forme évoquant celle d'un doigt. Il est plus facile de progresser au sommet d'une crête que dans une vallée, surtout dans un paysage de jungle dense.

Courbes de niveau

Les courbes de niveaux sont les lignes qui, sur une carte topographique, joignent les points situés à une même altitude. La mention de l'altitude sur certaines courbes apparaît sur les versants des reliefs, orientée vers le sommet.

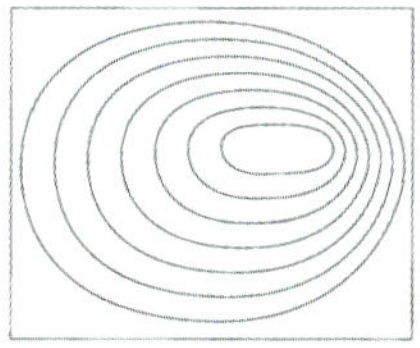

Escarpement
La différence de hauteur entre deux courbes de niveau est très importante. Un escarpement peut être signalé par la largeur d'un intervalle entre deux courbes.

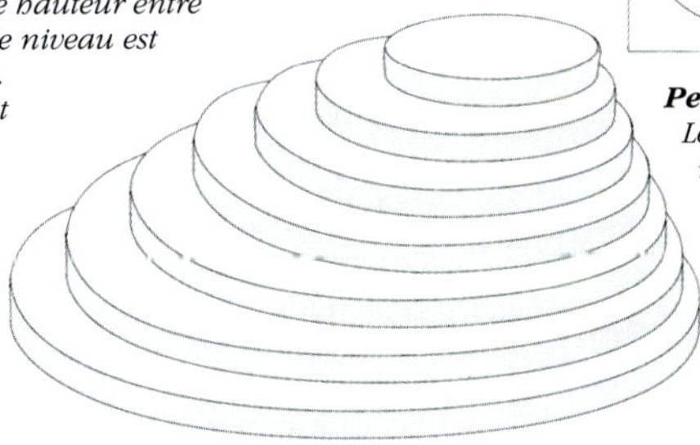

Pente raide
Les courbes de niveau délimitent un relief en pente douce. Des courbes très rapprochées indiquent une pente raide.

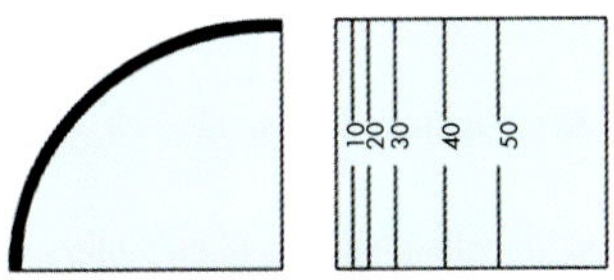

Relief convexe
On ne peut pas apercevoir le sommet d'un relief convexe en se trouvant à sa base. Sur une carte, la distance séparant les courbes de niveau au pied de la pente augmente en se rapprochant du sommet.

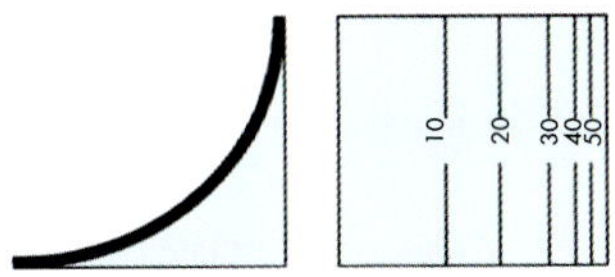

Relief concave
Le sommet d'un relief concave est visible de sa base présentant un faible degré de pente. Sur une carte, les courbes de niveau se rapprochent tout en se rapprochant du sommet.

Quadrillage et coordonnées

Le quadrillage qui divise une carte facilite le repérage précis d'un point. Les lignes verticales correspondent à la longitude, les lignes horizontales à la latitude. Les coordonnées d'une position sont toujours indiquées en commençant par la longitude. Pour déterminer les coordonnées d'un point, repérez la ligne verticale en pied de carte la plus proche de cette position (ici 04) et cherchez sa latitude. Divisez le côté du carré de la carte par dix pour repérer le point (ici à 5). Répétez l'opération pour pointer la latitude, en cherchant la ligne horizontale la plus proche (ici 410). Si besoin, complétez ces coordonnées de lettres de référence.

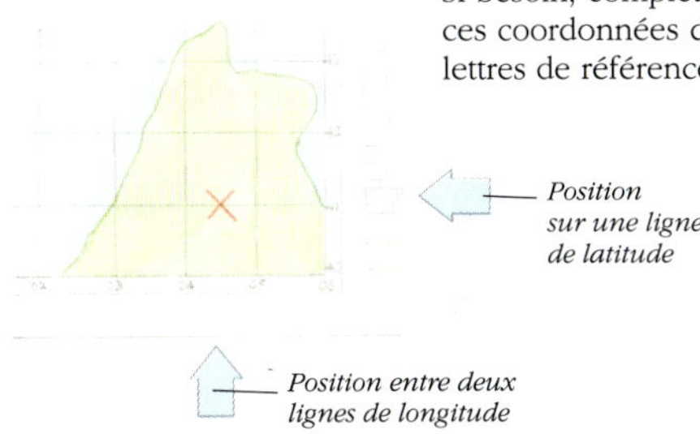

Précision des coordonnées
Ce quadrillage propose des coordonnées à six chiffres (045410). Si le quadrillage de votre carte a aussi des lettres, notez-les dans vos coordonnées, avant d'indiquer les chiffres de longitude et de latitude de votre position.

Mesurer des distances sur une carte

Apprenez à mesurer les distances à parcourir et à relever votre position durant la marche. Un itinéraire suit rarement une ligne droite, adoptez alors une méthode d'estimation souple. Une carte indique assez précisément les distances sur terrain plat. L'influence des dénivellations sur le calcul des distances fait appel à la règle de Naismith (*voir* ci-contre).

1 Démarrez au coin d'une feuille de papier. Alignez le bord sur l'itinéraire à suivre. Au crayon, tracez le premier virage. Faites pivoter la feuille pour la réaligner sur l'itinéraire. Tracez le deuxième virage, en notant au fur et à mesure les détails remarquables.

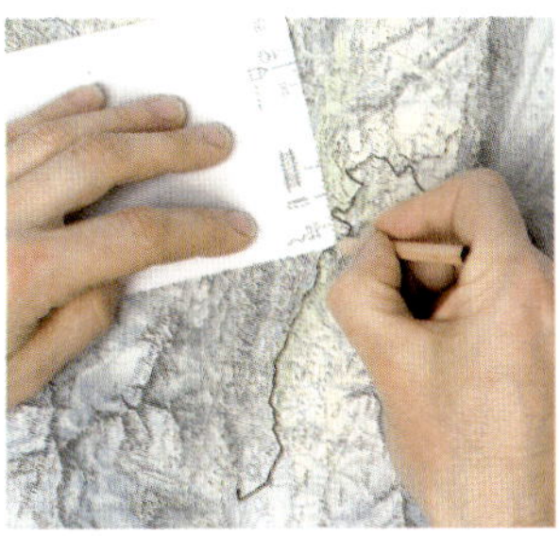

2 Une fois le coin opposé atteint, faites pivoter la feuille et poursuivez le tracé en travaillant sur l'autre côté. Notez tous les détails rencontrés à l'aide de symboles. Le tracé fini, utilisez l'échelle graphique en pied de carte pour inscrire chaque kilomètre sur la feuille.

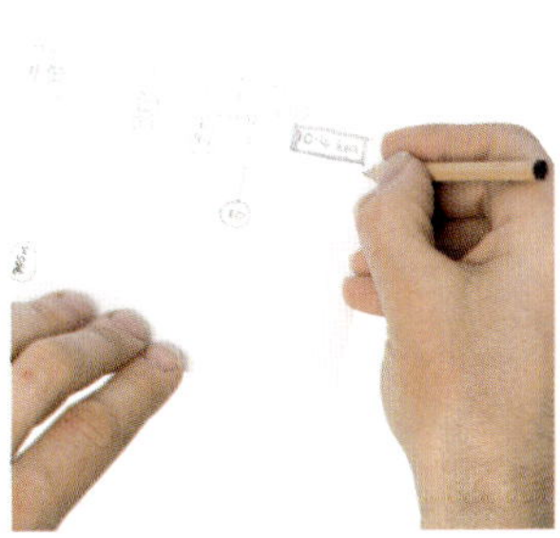

3 Comptabilisez le nombre total de kilomètres de l'itinéraire. Mentionnez les dénivelés importants pour mieux estimer le temps de marche nécessaire. Notez ces indications ainsi que les changements de direction afin d'obtenir une carte précise.

Estimer la durée d'un parcours

La règle de Naismith permet d'estimer la durée d'un parcours en tenant compte de la distance et de la topographie du terrain. L'ascension d'une colline est une perte de temps, annulée par sa descente. Naismith estimait qu'il fallait 1 heure pour parcourir 5 km. Au temps total s'ajoutaient 30 minutes pour chaque 300 mètres d'escalade. La descente d'une pente douce permettait de soustraire à la durée estimée 10 minutes pour chaque 300 mètres parcouru, mais une pente raide obligeait à ajouter 10 minutes pour chaque 300 mètres d'escalade.

APPRENDRE À SE REPÉRER

IMPOSSIBLE DE SE retrouver totalement perdu. Même les survivants d'un crash aérien parviennent à déterminer la région ou le pays où ils se trouvent. Se repérer, c'est procéder par élimination, jusqu'à pouvoir localiser un point sur une carte. Être capable de transmettre ses coordonnées (*voir* page 127) par radio facilite les opérations de sauvetage. Savoir que votre position correspond à un point sur une carte signifie que vous n'êtes pas totalement perdu. Étudiez la topographie du terrain, repérez quelques éléments clés et confrontez vos observations avec votre carte. Vous ne tarderez pas à identifier votre position. Différentes raisons peuvent vous contraindre à élaborer votre propre carte. Mentionnez-y la position du camp, des points d'eau et de nourriture pour pouvoir les retrouver facilement.

LOCALISER VOTRE POSITION

Pour vous localiser à l'aide d'une carte et d'une boussole, cherchez sur le terrain des repères répertoriés sur la carte et facilement identifiables. Une visée arrière donne une direction du repère à votre point d'observation. Effectuez une visée arrière à partir d'un ou plusieurs repères pour déterminer précisément votre position.

1 Arpentez le terrain et visez deux repères figurant sur votre carte. Ces derniers (ici deux maisons) devront former un angle minimum de 20° par rapport à votre point d'observation. Dans une jungle, une lande, un désert ou à la neige, ces repères peuvent se limiter à deux pointes que vous repérerez sur la carte avec les courbes de niveau.

2 Effectuez une visée sur la première maison. Ajoutez ou retirez la valeur de la déclinaison magnétique (*voir* page suivante) en cas d'écart important ou ignorez cette correction. Repérez l'élément visé sur la carte. Retrouvez la visée arrière en ajoutant ou retirant 180° à la visée initiale ou faites une lecture directe sur la boussole, à 180° de votre première lecture.

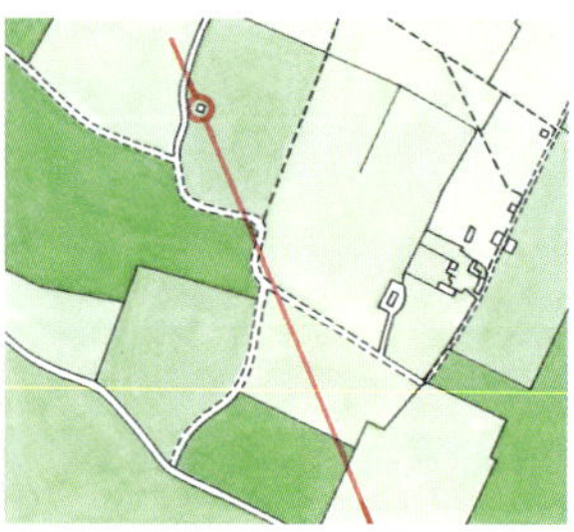

3 Sur la carte, posez la boussole au sommet de la première maison. en veillant à ce que l'aiguille pointe vers le nord. Tracez une droite correspondant à l'axe de la visée arrière effectuée à l'étape 2.

4 Effectuez une visée sur la seconde maison qui doit avoir un écart angulaire de 20° par rapport à la première et être facilement identifiable sur la carte.

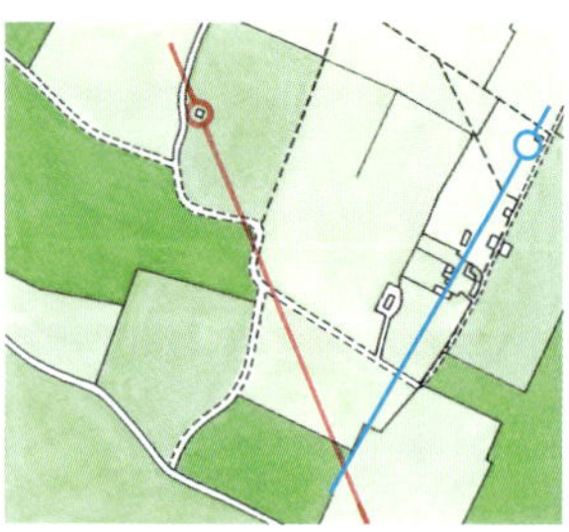

5 Tracez l'axe de la visée arrière en suivant les étapes 2 et 3. Votre position est à l'intersection des deux axes. Une troisième visée arrière permettra de matérialiser le triangle dans lequel vous vous trouvez.

UTILISER UN GPS

Le GPS *(Global Positioning System)* fait appel à des satellites en orbite basse autour de la terre pour localiser votre position au sol. Les modèles portables sont souvent dotés d'un altimètre et d'une boussole électronique. Ce dispositif d'une grande précision exige de l'entraînement pour être bien maîtrisé. Néanmoins, ne vous fiez pas entièrement au GPS, parfois source d'erreur, et vérifiez toujours votre position à l'aide d'une carte et d'une boussole.

Créer votre propre carte

1 Quadrillez une feuille, chaque carré représentant 1 km². Tracez une croix au centre pour noter votre position.

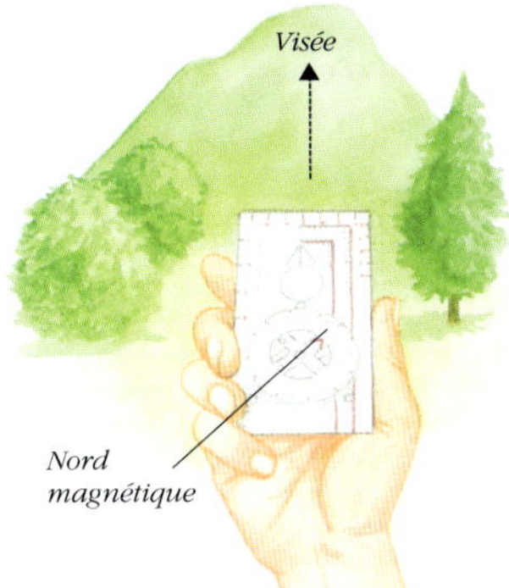

2 Déplacez-vous pour trouver un point d'observation pertinent. Visez un repère et estimez sa distance (*voir* ci-dessous).

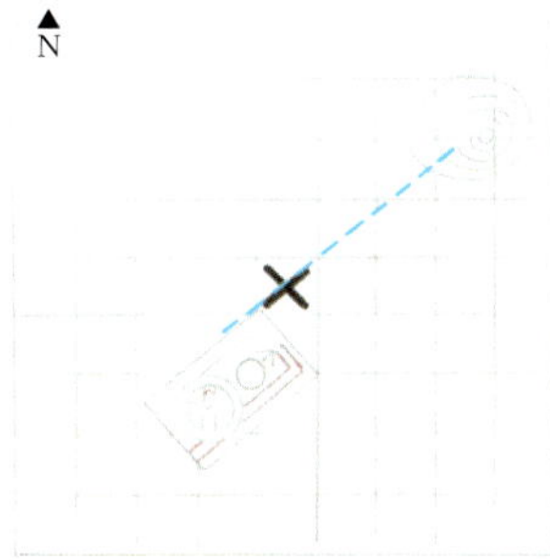

3 Notez la visée sur le papier, en orientant la carte selon un axe nord-sud. Notez la colline visée à la distance estimée.

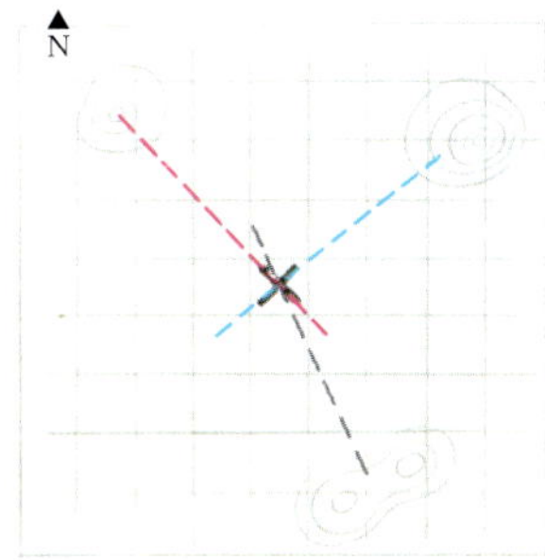

4 Visez deux autres repères et notez-les sur la carte. Le point d'intersection des axes de visées correspond à votre position.

Mesurer une distance

Pour placer un repère sur votre carte, commencez par déterminer la distance à laquelle il se situe par rapport à vous. Faites appel à une visée arrière. Déplacez-vous de « x » vers une autre position qui sera reportée précisément sur la carte. L'axe de visée de cette position au repère choisi croise l'axe initial de visée. Au point d'intersection, faites figurer le repère. Calculez alors précisément la distance qui vous en sépare.

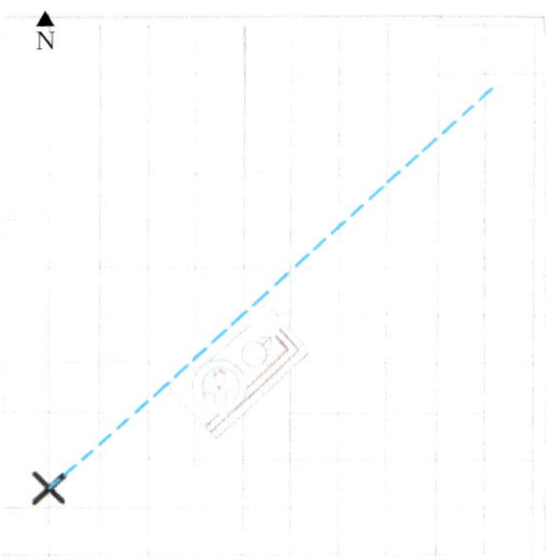

1 Mesurez la distance vous séparant d'un repère sur une carte imprimée ou sur une carte de votre propre création. Veillez alors à que votre quadrillage soit précis. Effectuez une visée sur le repère, une colline par exemple. Reportez l'axe de visée sur votre quadrillage, de la croix signalant votre position en direction du repère.

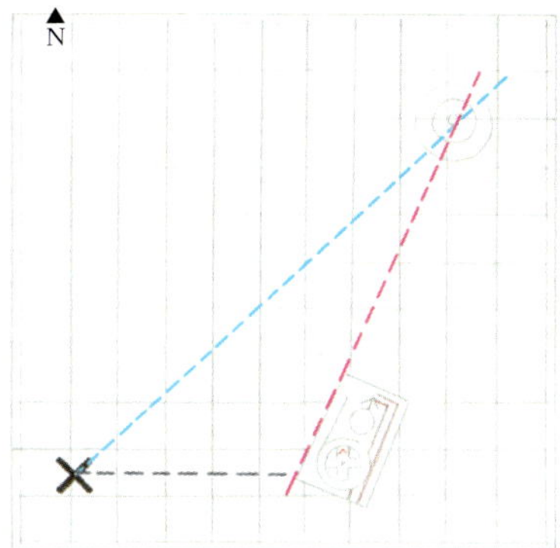

2 Déplacez-vous à 90° par rapport au nord sur une distance donnée (*voir* page 131) pour que l'axe de votre prochaine visée sur le repère forme un angle de 30° minimum par rapport à l'axe initial de visée. Reportez votre position et l'axe de visée. Placez le repère à l'intersection des deux axes. Évaluez sa distance à l'aide des carrés de la grille.

Déclinaison magnétique

Il est difficile de se diriger étant donné que la position du nord peut varier légèrement. Sous la plupart des latitudes, cette déclinaison magnétique présente un écart si faible que les randonneurs peuvent ignorer l'information. Dans les régions les plus septentrionales, cet écart s'accroît de façon significative, si bien que l'usage d'une boussole devient inutile – d'où l'intérêt de connaître la déclinaison magnétique de la zone où vous évoluez. Additionnez ou retranchez cette valeur à vos mesures de visées, selon l'endroit où vous êtes. La déclinaison magnétique de la région couverte est mentionnée en pied de carte par trois flèches.

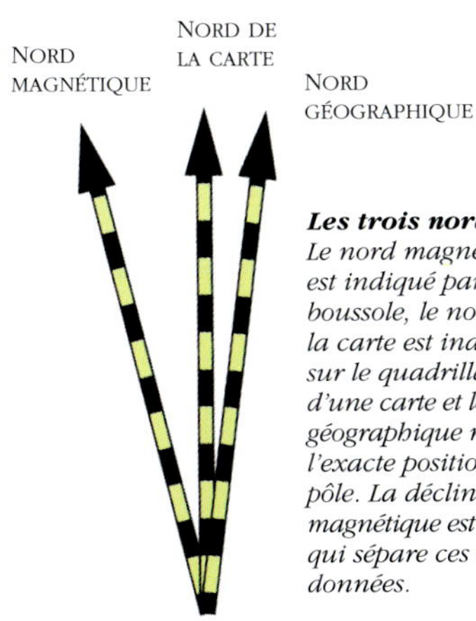

Les trois nords
Le nord magnétique est indiqué par la boussole, le nord de la carte est indiqué sur le quadrillage d'une carte et le nord géographique montre l'exacte position du pôle. La déclinaison magnétique est l'écart qui sépare ces trois données.

Astuces de localisation

- Faites confiance à votre boussole. La plupart des gens se perdent en se laissant guider par des certitudes erronées plutôt que par les indications de leur boussole.
- Mesurez vos visées et les distances.
- Apprenez à évaluer la topographie du terrain, la configuration des vallées, des collines et des lignes de crêtes.
- Vérifiez votre carte (*voir* page 131) à l'aide de votre boussole, localisez quelques repères à l'œil nu et décidez de l'orientation à prendre avant de procéder à une visée.

Notions de navigation

La navigation terrestre se fait avec une carte et une boussole. Elle facilite les déplacements sur tous les terrains et garantit la sécurité. Le travail est aussi précis que pour la navigation en haute mer, où les seules variantes tiennent aux courants et aux vents. La vitesse de déplacement est influencée par le terrain, le type de roches et de sol, les conditions météorologiques, la végétation et le climat. Des réajustements sont toujours nécessaires en cours de route.

Migration
Plusieurs espèces d'oiseaux ont de grandes aptitudes de navigation qui les aident à retrouver leur site de nidification d'une année sur l'autre, d'un point à l'autre du globe.

Orienter la carte

Avant de partir, orientez votre carte avec une boussole afin de localiser votre position et votre destination. Déterminez aussi la distance qui vous en sépare grâce à l'échelle située sur la plaquette de votre boussole ou en pied de carte. En avançant, suivez l'axe de la visée et comparez vos données.

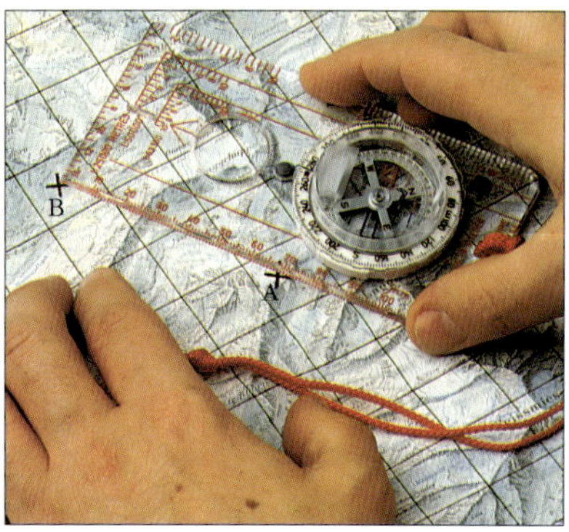

1 Pour établir une visée d'un point A à un point B, posez la boussole sur la carte, entre A et B, en orientant la flèche de direction vers l'endroit où vous voulez vous rendre. Lisez la mesure de distance séparant A et B sur l'échelle de la boussole et reportez cette mesure à l'échelle de la carte.

2 Sans déplacer la boussole, tournez son cadran central afin d'aligner l'axe nord-sud sur le quadrillage de la carte. La flèche rouge (nord) du cadran doit pointer vers le nord de la carte (*voir* page 129). Vous aurez la mesure de la visée (angle formé entre A et B et le nord magnétique) sur la boussole.

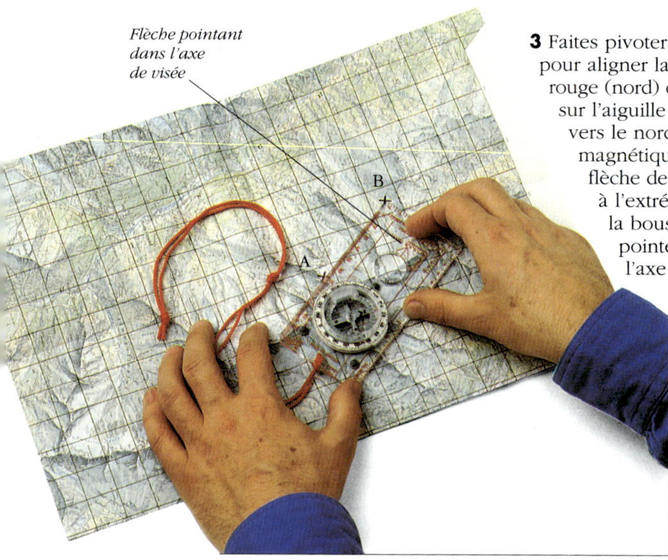

3 Faites pivoter la carte pour aligner la flèche rouge (nord) du cadran sur l'aiguille pointant vers le nord magnétique. La flèche de direction, à l'extrémité de la boussole, pointe dans l'axe de visée.

4 La boussole à la main, suivez la direction indiquée par la flèche. Conservez l'alignement entre la flèche indiquant le nord et l'aiguille aimantée. Maintenez la boussole à niveau durant la progression le long de l'axe de visée.

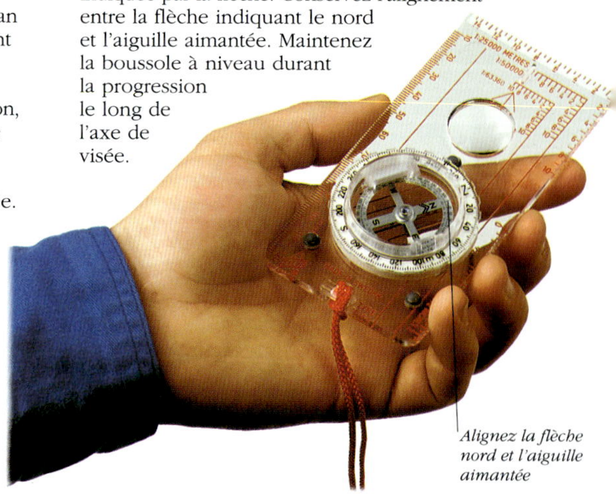

Techniques de navigation

Il est souvent impossible ou difficile de suivre la ligne droite d'une visée. Les astuces ci-dessous montrent comment utiliser une visée à boussole pour négocier une difficulté, en prenant toujours la route la plus simple et sans perdre de temps à chercher sa position ou s'égarer. Conservez toujours l'axe de visée de la boussole (*voir* page précédente), même si cette information ne vous sert que de référence.

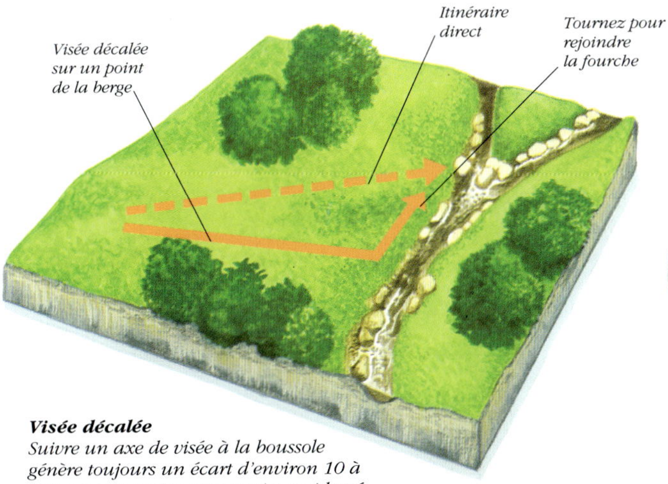

Visée décalée
Suivre un axe de visée à la boussole génère toujours un écart d'environ 10 à 20°, un peu moins sur terrain accidenté. Dans l'exemple ci-dessus, si vous voulez rallier directement la fourche du cours d'eau, vous vous retrouverez en amont ou en aval, sans savoir si vous devez remonter ou descendre pour la rejoindre. En visant un point décalé, vous n'hésiterez pas une fois la berge atteinte quant à la direction à prendre pour rejoindre votre destination.

Visée sur repère guide
La navigation se révèle difficile lorsque votre point de destination est caché par un obstacle, comme une colline, qui rend impossible une visée directe. Ne cherchez à vous orienter précisément avec une carte et une boussole, cherchez plutôt sur la carte un repère dans l'axe de votre position qui vous conduira à destination. Ces repères utilisés comme guides sont souvent des cours d'eau, des lignes de crête ou des sentiers. Effectuez une visée sur le repère guide, ici un cours d'eau, et marchez dans sa direction. Remontez la berge jusqu'à apercevoir la colline et tournez à gauche, vers votre destination. Si ce guide ne vous conduit pas directement à votre objectif, visez un autre repère qui s'en approche le plus possible afin de parcourir la distance restante.

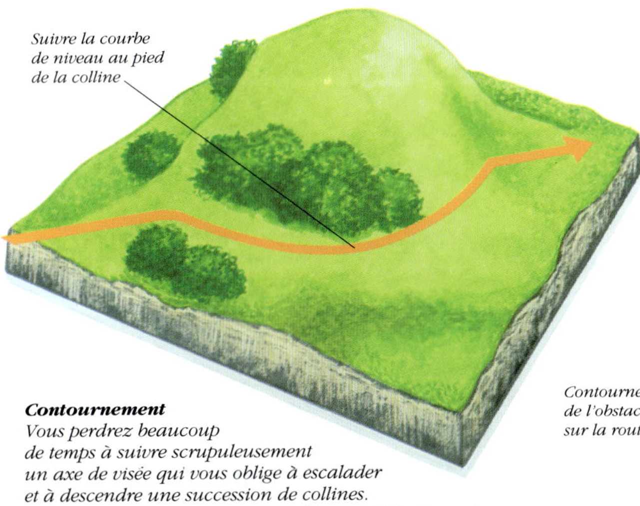

Contournement
Vous perdrez beaucoup de temps à suivre scrupuleusement un axe de visée qui vous oblige à escalader et à descendre une succession de collines. La technique du contournement fait appel à la boussole, il s'agira de se diriger vers la destination tout en suivant le tracé d'une courbe de niveau figurant sur la carte. Cette technique permet de progresser sans effort, toujours à même altitude, en évitant collines et lignes pour atteindre l'objectif. Une méthode très efficace en pleine jungle, où le cheminement le long de l'axe de visée se révèle généralement impossible.

Détournement
Comme le contournement, le détournement vous écarte de l'axe de visée direct effectué à la boussole. Il s'agit dans ce cas d'éviter un obstacle important, comme les fondrières, parfois mal repérées sur la carte. Faites un détour sans perdre de vue l'axe de visée donné par la boussole, et mesurez la distance de l'écart vous en séparant. L'obstacle franchi, parcourez en sens inverse la distance correspondant à l'écart effectué pour vous réaligner sur l'axe de visée et retrouver votre route initiale.

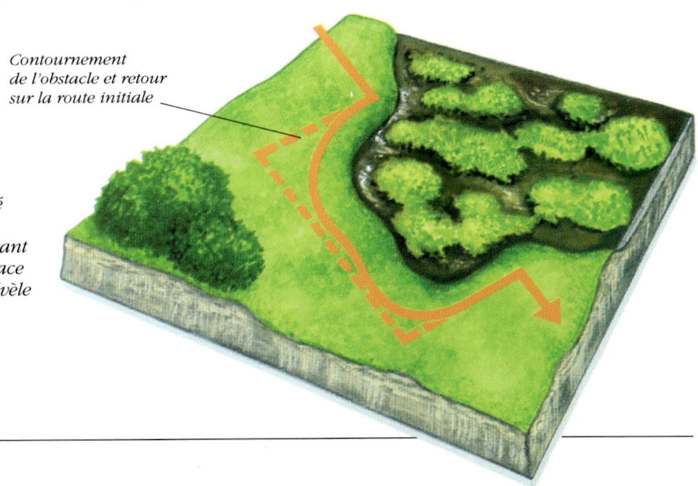

PRÉVOIR LA MÉTÉO

LA MÉTÉO EST la manifestation du climat au jour le jour. Les variations locales sont liées à des différences de pressions et de températures. Suivant les terrains survolés, les masses d'air génèrent vent ou pluie. Les régions côtières sont souvent balayées par une brise de mer en journée et une brise de terre la nuit. Certaines zones, dont le cœur des continents, ont une météo assez stable, comparées à certaines où le temps est plus perturbé. Les zones équatoriales n'ont pas de saisons, mais un régime où alternent soleil et pluies.

Météo internationale
La météorologie peut concerner une zone particulière ou appréhender la planète. Certains phénomènes, comme les cyclones, se déplacent sur des milliers de kilomètres.

DÉCHIFFRER LES NUAGES

Les nuages forment de vastes masses de vapeur d'eau condensée. Leur présence, leur type et leur taille indiquent la température et la pression des masses d'air, nous permettant ainsi d'anticiper la météo à venir. Plus les nuages sont hauts, plus le temps aura de chance de rester stable et beau. Les nuages de tempête sont souvent noirs et bas, groupés en masses compactes, à l'inverse des nuages blancs d'altitude des beaux jours.

Enclume d'un cumulonimbus
Les hautes formations verticales de cumulus, aux sommets sombres et aplatis en forme d'enclume, sont synonymes d'orages et de fortes précipitations.

Cirrocumulus
Certaines formations de cumulus ne se développent pas, mais s'élèvent et se fractionnent en petits éléments, dont la forme évoque celle des écailles de poisson.

Cirrostratus
De hauts nuages sombres filamenteux, formés de cristaux de glace, annonciateurs de pluie ou de neige dans les 15 heures quand ils s'accompagnent de vents violents.

Altocumulus
Amas ou rouleaux de nuages, visibles à moyenne altitude, signes de pluie ou de neige dans les 15 heures à venir.

Stratocumulus
Nappes basses, denses et irrégulières de nuages blancs ou gris, donnant surtout de faibles averses ou des flocons de neige.

Cirrus
Nuages d'altitude, filamenteux, laissant présager beau temps, mais aussi blizzards ou chutes de neige en hiver lorsqu'ils sont accompagnés d'un vent soutenu.

Cumulonimbus
Lorsqu'un cumulus s'assombrit et se développe à la verticale, l'air froid condense l'humidité en gouttelettes d'eau responsables de précipitations.

Altostratus
Les cirrus donnent parfois naissance à des cirrostratus qui se transforment en épais altostratus gris et bas d'où s'échappent les premières gouttes d'une averse.

Cumulus
Nuages blancs bourgeonnants, étalés à la base, formés dans un ciel bleu, signes de beau temps lorsqu'ils conservent leur forme et leur taille.

Stratus
Lambeaux de nuages gris et bas, signes de longues périodes d'averse. Les vents froids peuvent amplifier les précipitations.

L'INFLUENCE DU RELIEF

Face à une chaîne montagneuse ou à des collines, les vents chargés d'humidité venant de la mer s'élèvent et donnent naissance à des nuages qui libèrent la vapeur d'eau condensée sous forme d'averse. Les nuages chargés de pluie sont refoulés par les versants des montagnes et reviennent vers les zones côtières soumises à de fortes précipitations. Sur les versants opposés, les vents libérés de leur humidité redescendent et soufflent sur les terres. Ce phénomène, rencontré notamment sur la côte orientale australienne, explique la sécheresse des régions intérieures.

Naissance de la pluie
Les vents humides s'élèvent au niveau des collines et libèrent leur humidité sous forme de pluie.

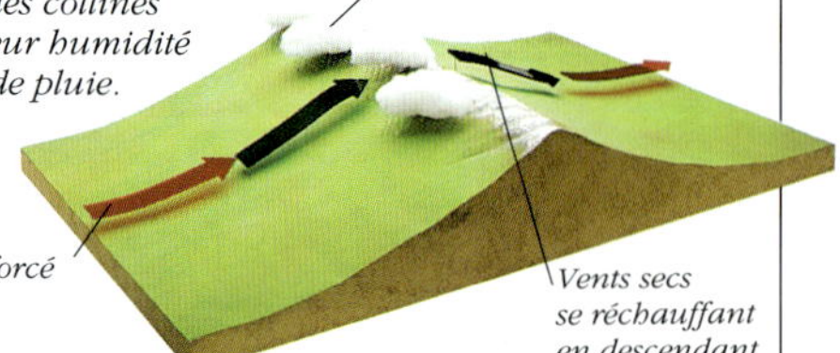

Masses d'air et fronts

Les gigantesques masses d'air chaud, froid, humide ou sec sont soumises à des pressions différentes et déterminent le temps à un endroit donné. Le front formé à leur rencontre marque un changement de temps. En météorologie, des demi-cercles rouges signalent un front chaud et des triangles bleus des masses d'air froid.

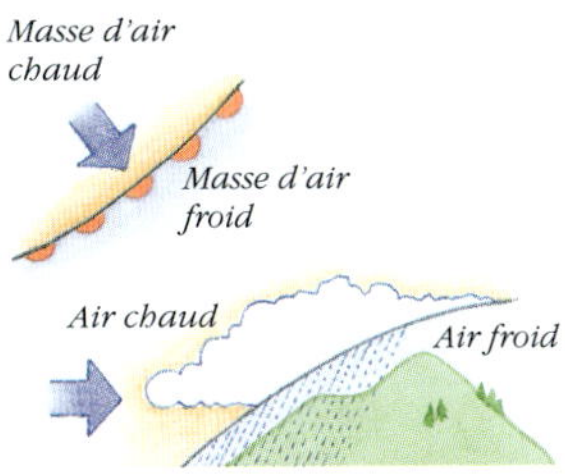

Front chaud
L'air froid est plus dense que l'air chaud. Une masse d'air chaud rencontrant une masse d'air froid s'élève. L'air chaud transporte plus d'humidité. En s'élevant et se refroidissant, la vapeur d'eau se condense, apportant fortes précipitations suivies d'averses.

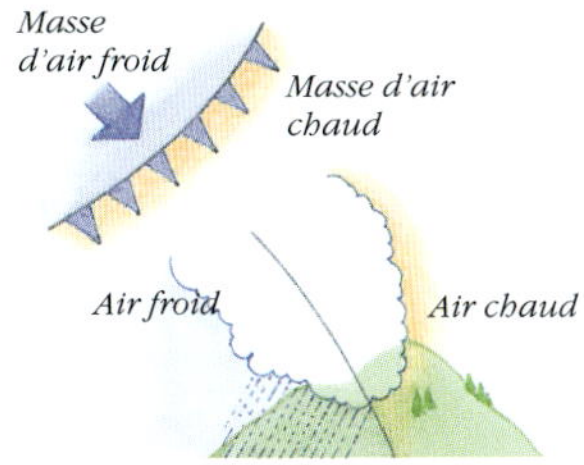

Front froid
Lorsqu'une masse d'air froid avance en direction d'une masse d'air chaud, l'air froid plus dense repousse l'air chaud qui se refroidit et se condense en donnant naissance à des nuages, apportant de fortes précipitations suivies d'averses intermittentes.

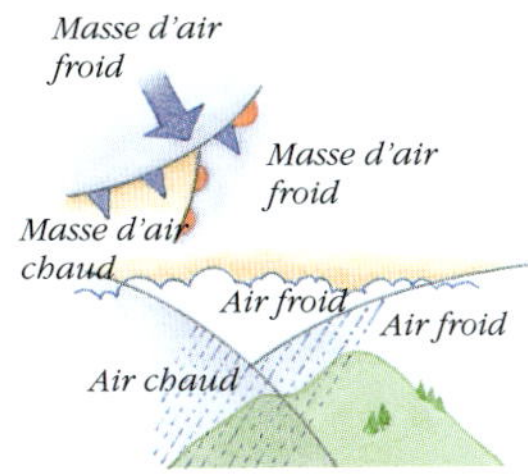

Front occlus
Lorsque trois fronts se rencontrent, un front froid peut rattraper un front chaud cerné par une masse d'air froid et dense. Il soulève l'air chaud et humide qui se refroidit et se condense, faisant des nuages qui apportent des précipitations le long du front occlus.

Cartes météo

Les météorologistes pointent les changements de pression atmosphérique au quotidien. Les prévisionnistes comparent les déplacements des masses d'air aux tendances locales.

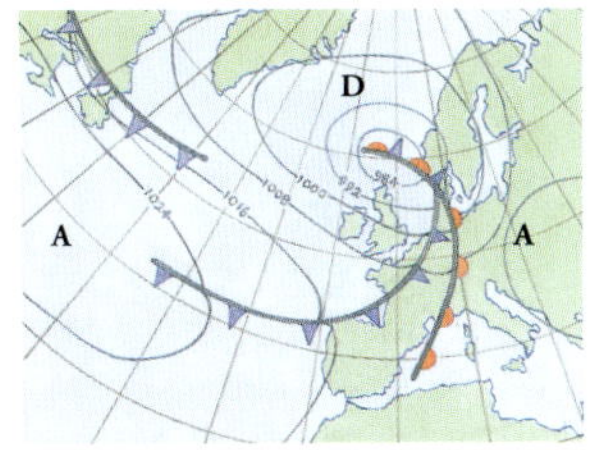

Lire une carte météo
Une ligne isobare relie les points d'égale pression atmosphérique et établit les déplacement des masses d'air. Anticyclones et dépression, soit zones de haute et basse pression y sont indiqués.

Prévisions météo et indices naturels

« Ciel rouge au couchant, demain beau temps, ciel rouge au levant, pluie ou vent. » Les dictons météo, souvent basés sur l'observation, sont maintes fois vérifiables. D'autres indices peuvent vous alerter, comme le comportement des animaux, sensibles aux variations atmosphériques, ou les phénomènes naturels, comme un arc-en-ciel.

Arc-en-ciel
Quand le soleil brille à travers les gouttes de vapeur d'eau dans l'air, ces dernières agissent tel un prisme en décomposant la lumière en ses différentes couleurs. Un arc-en-ciel est souvent annonciateur de beau temps, surtout l'après-midi.

Migrations animales
Les animaux sont sensibles aux variations atmosphériques qui précèdent un changement de temps. À l'approche d'une tempête de neige, les troupeaux qui vivent habituellement en altitude descendent s'abriter dans les vallées.

Ciel embrasé
Un ciel embrasé à l'aube par la réflexion du soleil à travers les nuages signifie que l'air est saturé d'humidité. Ce phénomène s'observe en général à l'approche d'une tempête, comme le souligne un vieux dicton (voir ci-dessus).

Indices naturels

Un changement de temps se remarque parfois à une modification du vent ou des nuages. Un vent sec et régulier changeant de direction ou soufflant tout à coup en rafales précède souvent la pluie. Brume ou brouillard le matin annoncent un temps stable, mais un brouillard bas accompagné de vent peut précéder la pluie. La nuit, un ciel clair est signe de froid et de gelées nocturnes, car aucun nuage ne retient la chaleur. Avant la pluie, les douleurs rhumatismales sont plus accentuées, les plantes dilatent leurs pores et sont aussi plus odorantes, comme le bois, et le son semble voyager plus vite.

Pommes de pin
À l'approche d'un temps humide, les cônes se ferment en absorbant l'humidité, et s'ouvrent quand l'air s'assèche.

Temps humide   Temps sec

SE PRÉPARER À PARTIR

AU MOMENT DU départ, tout doit être prêt, le matériel lavé, réparé et empaqueté. Étudiez le terrain à traverser (*voir* page 122) et préparez votre itinéraire aussi précisément que possible. Constituez des réserves de nourriture et d'eau et empaquetez tout ce qui vous paraît indispensable pour la route et votre prochain campement, comme les équipements pour s'abriter. En situation de survie, veillez à ce que votre condition physique et celle de votre équipe vous permette d'affronter le voyage. La fabrication d'équipements spéciaux peut se révéler indispensable (*voir* page suivante).

SAC À DOS : MODE D'EMPLOI

Votre sac à dos doit contenir nourriture et vêtements indispensables au voyage, mais aussi l'équipement nécessaire au confort du campement. N'accrochez rien à l'extérieur, au risque de l'abîmer ou de l'égarer. Placez les accessoires à sortir en urgence dans les poches extérieures. Dans la poche principale, doublée d'un sac robuste et imperméable, commencez par entreposer les éléments les plus légers et les plus encombrants. Terminez par les plus lourds afin de maintenir le centre de gravité du sac à dos aussi haut que possible. Répartissez dans des sacs étanches individuels vêtements, nourriture, matériel de toilette, trousse d'urgence et autres équipements, avant de les glisser dans le sac à dos. Au camp, ne sortez que les choses indispensables, au cas où vous auriez à partir précipitamment.

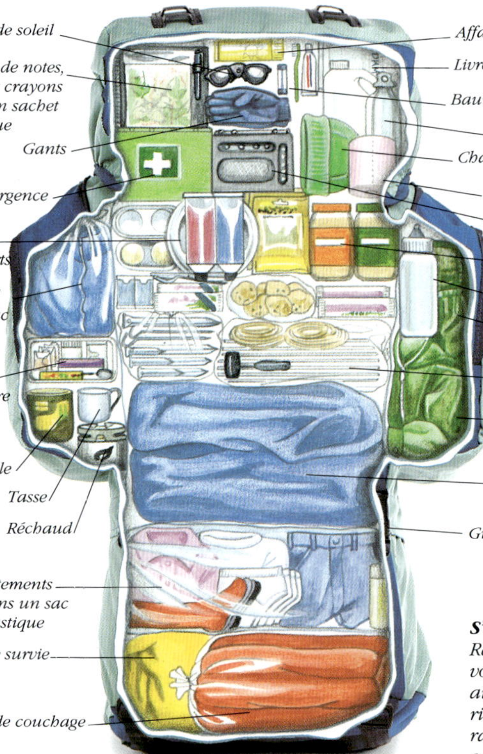

S'organiser au mieux
Rangez les éléments de votre équipement toujours au même endroit, pour ne rien égarer et que tout soit rapidement accessible en cas de besoin.

Porter un sac à dos
Le centre de gravité du sac à dos doit se situer haut pour éviter que son poids vous entraîne en arrière. Une ceinture matelassée au niveau des lombaires transfère une partie du poids des épaules au bassin, soulageant la pression exercée sur la colonne vertébrale et les épaules. Des bretelles réglables répartissent la charge au niveau de la poitrine. Des sangles ajustables permettent de régler la hauteur au niveau du dos.

SACS ET POCHETTES

Pour de courtes escapades, prévoyez un paquetage léger avec nourriture, vêtements et provisions en cas d'urgence, pour tenir une journée. Réunissez vos affaires de toilette dans une trousse, et papiers d'identité, portefeuille et chéquier dans un porte-document imperméable.

PETIT SAC À DOS

TROUSSE DE TOILETTE

PORTE-DOCUMENT

Fabriquer une simple armature

1 Taillez un rameau léger, à 30 cm sous le départ d'une fourche, formée de deux branches de 1 m de long. Éliminez les nœuds du bois.

2 Pratiquez une encoche au bout des trois branches du rameau. Fixez aux encoches une corde ou une ficelle doublée, en guise de bretelles.

3 Fixez les bouts de corde à l'encoche du rameau central. Les bretelles ne doivent être ni trop lâches ni trop serrées, mais adaptées à vos épaules.

4 Enveloppez vos affaires dans un tapis de sol ou un poncho étanche. Fixez le tout haut sur l'armature, côté opposé des bretelles.

5 Même si ce sac à dos supporte un poids conséquent, ne le chargez pas à l'excès. Reliez les deux bretelles d'épaules au niveau de la poitrine afin d'éviter que les fines cordes vous scient les épaules. Vous pouvez rembourrer les bretelles avec des végétaux, si nécessaire.

Fabriquer un travois

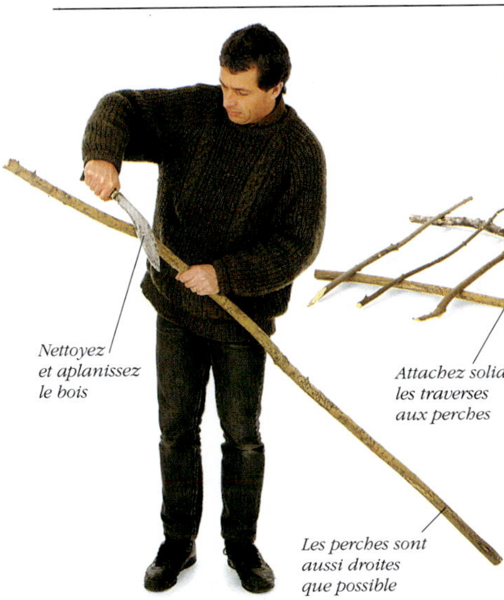

1 Découpez deux perches robustes d'environ 2 m de long. Au couteau, éliminez les aspérités du bois côté intérieur des perches afin de bien fixer les traverses de support aux montants.

2 Attachez plusieurs traverses aux deux perches, en les espaçant de 10 cm environ.

3 Ne fixez pas la dernière traverse trop près de l'extrémité des perches, dont le bout finit par s'user. Espacez de 5 cm seulement les deux dernières traverses.

4 Vérifiez que votre paquetage soit bien arrimé au travois. Tirez le travois ou attelez-le à un animal, comme un cheval ou un chien. La charge ne doit pas gêner votre progression et l'ensemble doit être stable.

La marche

La marche comme seul moyen de déplacement et de transport d'équipement n'est pas comparable à la marche en ville. La marche en groupe exige planification, organisation et anticipation. Le rythme du groupe se basera sur celui du plus lent de ses membres. En début de progression, faites une

halte au bout de 10 minutes pour ajuster vos chaussettes, vos chaussures, vos vêtements et votre équipement, mais aussi pour vérifier que vous suivez le bon cap et vous assurer que le groupe va bien. Par la suite, faites une pause de 10 minutes toutes les 50 minutes.

Planifier l'itinéraire

Comme toute équipe, un groupe de randonneurs doit avoir un meneur qui fixera les buts à atteindre. En tant que responsable, il doit faire preuve de souplesse et être prêt à rallonger, raccourcir ou simplifier un itinéraire si l'état d'un des membres du groupe l'exige. Les randonneurs les plus expérimentés connaissent parfois la fatigue et le découragement. Sachez ménager le moral de vos troupes en proposant des haltes si nécessaire.

1 Identifiez vos objectifs. La route tracée en rouge sur la carte correspondant à une marche sur deux jours. Avant de confirmer l'itinéraire, évaluez approximativement la distance à parcourir et les dénivellations du terrain pour estimer la durée totale du parcours (*voir* page 127) en tenant compte des haltes et des retards possibles liés au mauvais temps. Prévoyez l'eau nécessaire pour la nuit, en établissant le campement à la pointe nord du lac (X). Un itinéraire bis, tracé en bleu, croise le campement.

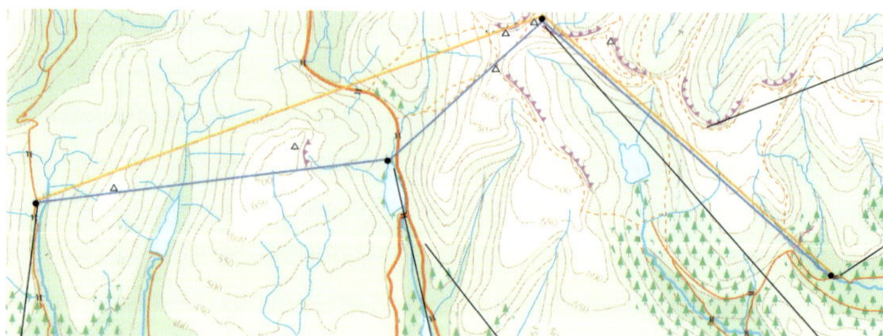

2 Ajustez le tracé de la route la plus directe, entre le point de départ, le campement, le sommet en fin de parcours et le point de chute, en fonction des difficultés du terrain. Le premier jour, le groupe gravit une colline avant de descendre au sud du lac et de traverser un barrage. Il suit la ligne de crête afin de rejoindre en une ascension progressive le prochain sommet constituant l'objectif du jour. Le groupe rejoint le campement (X) par un chemin sûr, filant au nord des falaises, en longeant à nouveau une ligne de crête.

3 Le deuxième jour le groupe bifurque vers le nord pour emprunter un sentier grimpant vers le sommet initial avant d'escalader le second sommet (B). Il suit une ligne de crête élevée, admirant le paysage, avant de redescendre vers la route. Prévoyez un itinéraire bis, en cas de mauvais temps au sommet de la crête et de manque de visibilité. Tracez un itinéraire plus sûr (en pointillés) longeant le pied de l'escarpement jusqu'à la lisière des arbres.

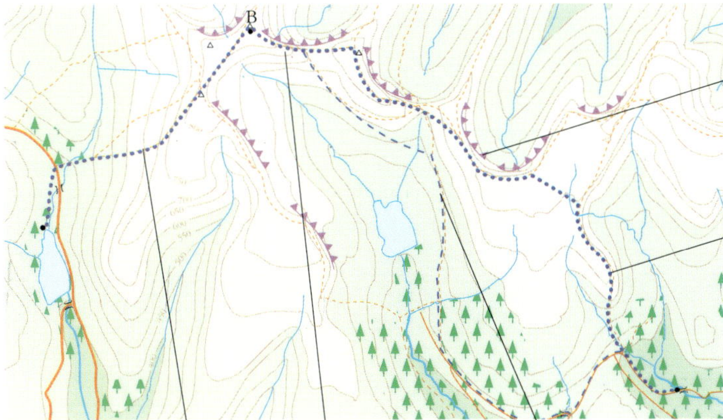

Les imprévus

La marche en pleine nature vous expose à différents imprévus, piqûres d'insectes ou morsures de serpents par exemple (*voir* page 180). Adaptez votre style et votre rythme de marche au terrain traversé pour éviter les blessures (*voir* page 145). Afin de prévenir les coups de chaleur, veillez à pouvoir retirez certains vêtements, sans pour autant prendre froid (*voir* page 23).

Marcher de nuit

De nuit, ralentissez et sondez le terrain du pied avant d'avancer. Marchez à la lueur de la lune et des étoiles, en empruntant les zones de clairières, loin des arbres. Tassez-vous légèrement et levez les yeux afin de mieux distinguer le chemin. Appréhendez les objets latéralement plutôt que de face. Arrêtez-vous régulièrement, immobilisez-vous et tendez l'oreille. Servez-vous de votre carte et de votre boussole. La vision nocturne exige un temps d'adaptation d'environ 30 minutes. Si vous devez consulter votre carte et utiliser votre torche, fermez un œil afin de retrouver plus rapidement cette aptitude. Certains randonneurs incapables de progresser de nuit sans éclairage préfèrent s'équiper d'une lampe frontale. En l'absence de cet équipement, arrêtez-vous et attendez l'aube pour repartir.

Préparer une besace

1 Sans sac à dos, transportez votre équipement dans une besace improvisée. Placez un caillou aux quatre coins d'un tapis de sol ou d'un poncho, repliez la toile et nouez fermement en enveloppant les cailloux.

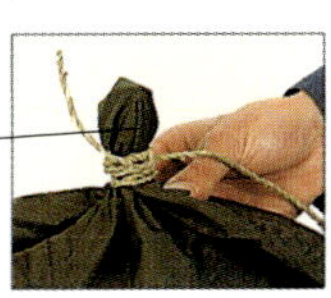

2 Roulez vos affaires en formant un boudin. Déposez-les au centre du poncho et enveloppez le boudin en serrant aux extrémités.

3 Nouez la besace avec une cordelette. Le contenu doit être bien enveloppé pour que rien ne puisse glisser. Attachez une corde aux deux extrémités de la besace en guise de bretelle.

4 Glissez la besace sur votre épaule. La bretelle doit être en travers de la poitrine. Placez de l'herbe sous la bretelle pour éviter le frottement sur l'épaule.

AFFRONTER LA NEIGE ET LA GLACE

LE DANGER D'UNE progression sur la neige ou la glace tient à la nature du terrain sur lequel vous évoluez mais aussi aux effets du froid sur l'organisme. Dans les régions polaires, le problème n'est pas tant d'avoir froid que d'avoir au contraire trop chaud et de transpirer sous l'effort. Forme physique et équipement spécialisé sont indispensables pour affronter ce milieu et survivre à long terme. Dans les régions tempérées, ce type de marche peut être dangereux sans un repérage rigoureux de l'itinéraire.

TENUE VESTIMENTAIRE POUR CLIMAT POLAIRE

Impossible d'affronter le froid extrême sans une tenue adaptée. La marche dans cet environnement exige des équipements particuliers, raquettes, crampons ou skis, et le passage de zones glacées dangereuses le recours à un piolet. Pour éviter de suffoquer, portez des vêtements faciles à ouvrir ou à retirer. Adoptez le principe de la superposition des couches (*voir* page 22) et enfilez un coupe-vent par-dessus vos vêtements. Températures négatives et vent glacial vous obligeront à protéger toutes les zones de la peau afin d'éviter les engelures (*voir* page 140). Les lunettes à verre polarisé vous protégeront de la réverbération et des risques de cécité temporaire.

Capuche
La capuche doit se rabattre vers l'avant pour bien couvrir le visage. Enfilez sous la capuche un passe-montagne pour maintenir votre tête au chaud.

Veste
Prenez un modèle imperméable, facile à aérer, assez ample pour enveloppez plusieurs couches de vêtements, présentant une fine sous-couche isolante et légère.

Lunettes de soleil
Pour protéger vos yeux de la réverbération du soleil et des effets nocifs des ultraviolets.

Piolet
Pour tailler des marches sur les parois de glace. À utiliser pour freiner sa chute lors d'une glissade.

Gants
Superposez trois paires de gants. Des sous-gants fins pour que la peau ne colle pas au métal gelé, des moufles intermédiaires en laine et des surmoufles épaisses, isolantes et imperméables. Fixez chaque paire entre elles et au corps avec de longs lacets, remontant le long des bras et passant par-dessus l'épaule, pour ne pas les perdre.

Pantalon
Choisissez un pantalon ou une salopette enduit d'une couche imperméable et disposant d'une sous-couche isolante. Un zip arrière permettra de faire ses besoins naturels sans avoir à retirer le pantalon et à trop exposer la peau au froid.

Marteau brise-glace
Pour enfoncer des pitons et assurer la progression sur une paroi de glace (voir *page 146*).

Garder la chaleur
Par grand froid, superposez plusieurs couches de vêtements qui garderont l'air chaud pour isoler le corps du froid (voir *page 23*).

Chaussures de montagne
Modèle à coque plastique isolante doté d'épais chaussons en guise de sous-chaussures, conçus pour se déplacer sous la tente ou dans le camp. À enfiler sur plusieurs couches de chaussettes, fines et plus épaisses.

ÉQUIPEMENT OBLIGATOIRE

Lunettes ou masque protègent les yeux des risques de cécité liés à la réverbération sur la neige. Les crampons évitent de glisser sur la glace et les raquettes facilitent la marche dans une neige épaisse. Le piolet aide à gravir les pentes glacées et les bâtons à conserver l'équilibre.

MASQUE

RAQUETTES

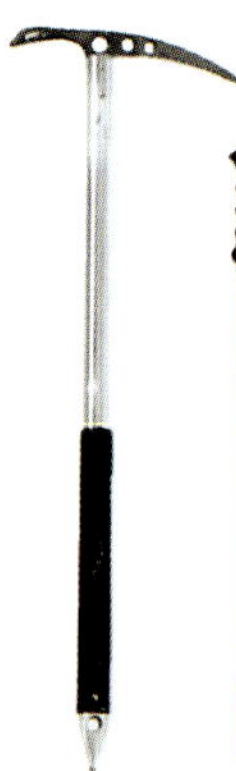

PIOLET

BÂTON DE SKI

CRAMPON

FABRIQUER DES RAQUETTES

1 Courbez un rameau vert avec le genou. Assouplissez-le sur toute sa longueur pour le rendre flexible.

2 Au couteau, taillez délicatement l'intérieur de la courbe pour faciliter le cintrage du bois.

3 Découpez chaque extrémité pour pouvoir les assembler à mi-bois.

4 Assemblez les deux extrémités pour former une boucle. Fixez le montage en nouant le tout.

5 Nouez deux bâtons courts par le centre avec une ficelle. Formez deux paires supplémentaires.

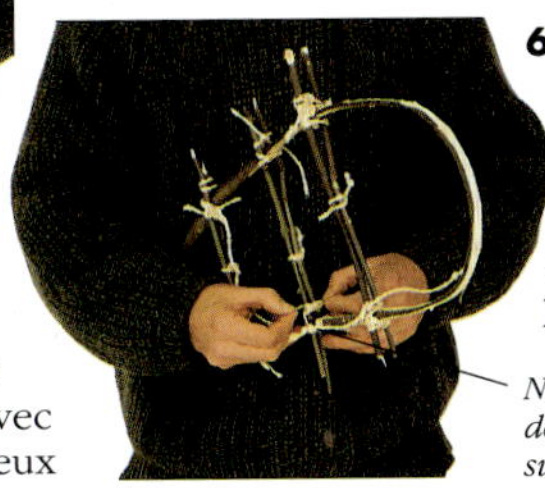

Nouez l'extrémité de chaque paire sur la boucle

6 Fixez les trois paires de bâtons sur la boucle pour constituer la semelle.

7 Tissez un filet en tressant une longueur de ficelle entre et autour des bâtons du support.

8 Attachez les raquettes à vos chaussures. Le poids du corps étant réparti sur une surface plus large, vous ne vous enfoncerez pas dans la neige.

TECHNIQUES DE PROGRESSION SUR LA NEIGE ET LA GLACE

Neige épaisse

Pour traverser en groupe de grands champs de neige, marchez en file indienne, à distance raisonnable les uns des autres. Vous éviterez ainsi que l'un des membres s'égare dans le blizzard et porterez plus vite secours à celui qui aura fait une chute. Une couche de glace sur une épaisseur de neige suffit généralement à supporter votre poids, mais restez vigilant ! Aidez-vous d'un piolet pour progresser.

Pente glacée

Progresser sur des pentes glacées ou des lacs gelés exige la plus grande vigilance. Encordez-vous et utilisez votre piolet pour sonder le terrain et éviter les crevasses masquées par la neige, et pour freiner votre chute en cas de dévissage. Si la glace se fissure, arrangez-vous pour répartir le poids de votre corps sur la plus grande surface possible et accrochez-vous au piolet pour hisser votre corps. Ne marchez jamais sur la glace d'un puits gelé. L'eau en s'évaporant a pu créer une poche d'air importante sous la glace, haute parfois de plusieurs mètres. Si vous glissez le long d'une pente glacée, tentez de planter l'extrémité pointue du piolet dans la glace afin de freiner votre chute.

SKI DE FOND

Le fart de ces skis longs et fins assure la glisse et la retenue du ski nécessaires pour gravir des pentes sans risque de glisser en arrière. La propulsion est assurée par la projection d'une jambe vers l'arrière alors que l'autre glisse vers l'avant. À utiliser sur une couche de poudreuse épaisse, quand la marche devient impossible.

Glisser en silence

Chaussez des skis de fond pour vous aventurer dans des zones sauvages où l'épaisseur de neige rend toute progression à pied impossible.

SE DÉPLACER SUR LA NEIGE

L'UTILISATION DE PATINS spéciaux et de skis facilite les déplacements sur la glace et la neige épaisse. Mais la traversée d'un champ couvert de glace ou de neige, aussi fine soit elle, peut être épuisante. Seuls les randonneurs expérimentés, dotés d'un équipement adapté, pourront se lancer dans une telle expédition, où les étendues polaires, où les températures extrêmes rendent la pensée confuse, où le moindre vent accroît les risques d'engelure et où la nuit ne semble jamais finir, où les volontés les plus fortes finissent par se décourager.

Motoneige
Sportive et pratique, elle a depuis longtemps remplacé les chiens de traîneaux dans les régions arctiques.

TRACTION HUMAINE

Sur la glace ou la neige gelée, la pulka (traîneau tracté par l'homme) facilite les déplacements, notamment à skis. Dans la poudreuse, la pratique du ski demande beaucoup d'efforts et le port de raquettes est conseillé, même si la progression reste difficile. Veillez à ne pas transpirer sous l'effort, au risque de mouiller vos vêtements. Portez des vêtements faciles à aérer pour libérer la chaleur accumulée.

Tracter une pulka
La pulka évite le transport de lourdes charges à dos d'homme et glisse parfaitement sur la glace ou la neige gelée. Sa traction exige cependant une certaine force pour dévaler les pentes et l'engin reste parfois difficile à freiner ou à faire virer. Vérifiez que vous puissiez rapidement vous débarrasser du harnais, mais tachez de toujours garder la pulka sous contrôle, en tentant de vous arrêtez en fin de course, même si la chose n'est pas toujours aisée.

Équipement fixé à la pulka, protégé par une couverture imperméable

ATTENTION

Guettez les signes d'engelure touchant en premier les doigts, le nez, les pieds, les oreilles et le visage, là où le sang circule moins. La peau qui commence à geler picote puis s'engourdit avant l'apparition de taches d'aspect cireux. La peau se tuméfie, devient rouge puis violacée avant que les tissus se nécrosent et parfois se détachent.

TRACTION CANINE

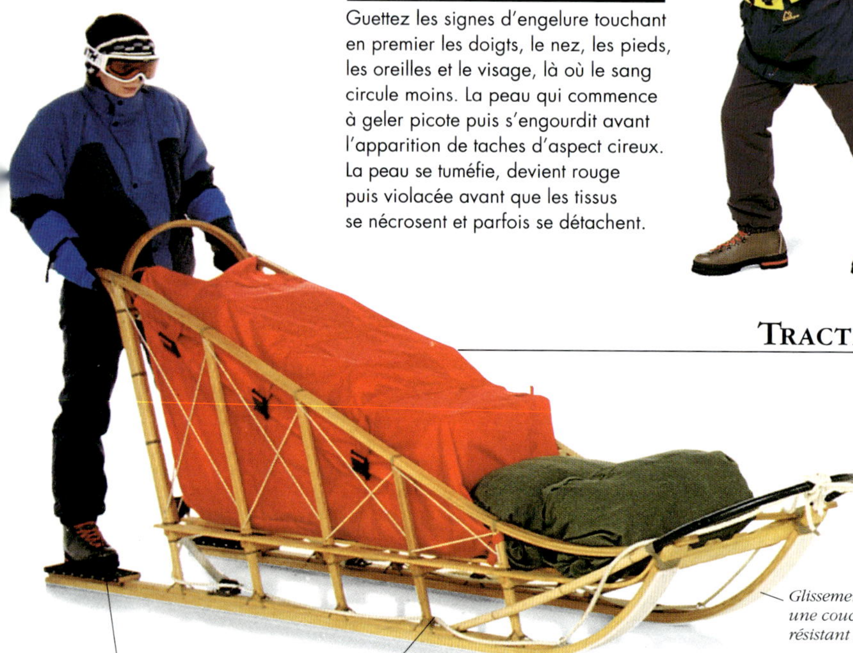

Glissement facilité par une couche de plastique résistant sur les patins

Le conducteur dirige le traîneau en basculant de tout son poids d'un côté ou de l'autre

Le traîneau est attaché pour plus de force et de souplesse

Mode de transport traditionnel
Mode de transport favori des habitants des régions polaires, les traîneaux à chiens sont encore plébiscités par les explorateurs pour véhiculer provisions et matériel sur la neige ou la glace. Résistants, capables d'affronter le blizzard et rapides sur tous les types de terrains, en dehors de la glace trop dure qui blesse leurs coussinets, les chiens de traîneaux sont bien plus faciles et agréables à entretenir que les motoneiges.

Un travail d'équipe
L'homme et les chiens travaillent à l'unisson. La meute est dirigée par un meneur, qui obéit au conducteur.

VENT ET REFROIDISSEMENT															
Vitesse en km/h	**Température (°C)**														
Calme	-4	–7	–9	–12	–15	–18	–20	–23	–26	–29	–31	–34	–37	–40	–43
	Vent et températures de l'air (° C)														
5	-7	–9	–12	–15	–18	–20	–23	–26	–29	–32	–34	–37	–40	–43	–45
10	-12	–15	–18	–23	–26	–29	–32	–37	–40	–43	–45	–51	–54	–57	–59
15	-18	–20	–23	–29	–32	–34	–40	–43	–45	–51	–54	–57	–62	–65	–68
20	–18	–23	–26	–32	–34	–37	–43	–45	–51	–54	–59	–62	–65	–70	–73
25	–20	–26	–29	–34	–37	–43	–45	–51	–54	–59	–62	–68	–70	–76	–79
30	–23	–29	–32	–34	–40	–45	–48	–54	–57	–62	–65	–70	–73	–79	–82
35	–23	–29	–34	–37	–40	–45	–51	–54	–59	–62	–68	–73	–76	–82	–84
40	–26	–29	–34	–37	–43	–48	–51	–57	–59	–65	–70	–73	–79	–82	–87

Fraîcheur confortable avec protection normale

Froid inconfortable, port de vêtements thermiques exigé

La peau commence à geler en cas d'exposition prolongée

Sortie dangereuse, la peau exposée gèle en moins de 1 minute

Danger extrême, la peau exposée gèle en moins de 30 secondes

Vent glacial
Dans les régions nordiques, le vent peut être mortel, la température ressentie étant plusieurs fois inférieure à la température réelle de l'air. Cette sensation s'amplifie au fur et à mesure que la vitesse du vent augmente.

FABRIQUER UN TRAÎNEAU

1 Fabriquez un traîneau ou une pulka avec des branches fourchues. Attachez l'extrémité des branches à l'axe central pour mieux les courber.

2 Attachez les pièces de renfort le long des patins pour réaliser un support de plate-forme.

Traîneau chargé
Roulez le matériel dans un poncho et arrimez-le bien au traîneau.

3 Attachez des traverses entre les pièces de renfort pour former la plate-forme principale du traîneau.

4 Attachez autant d'étrésillons que possible aux pièces de renfort pour sécuriser la plate-forme.

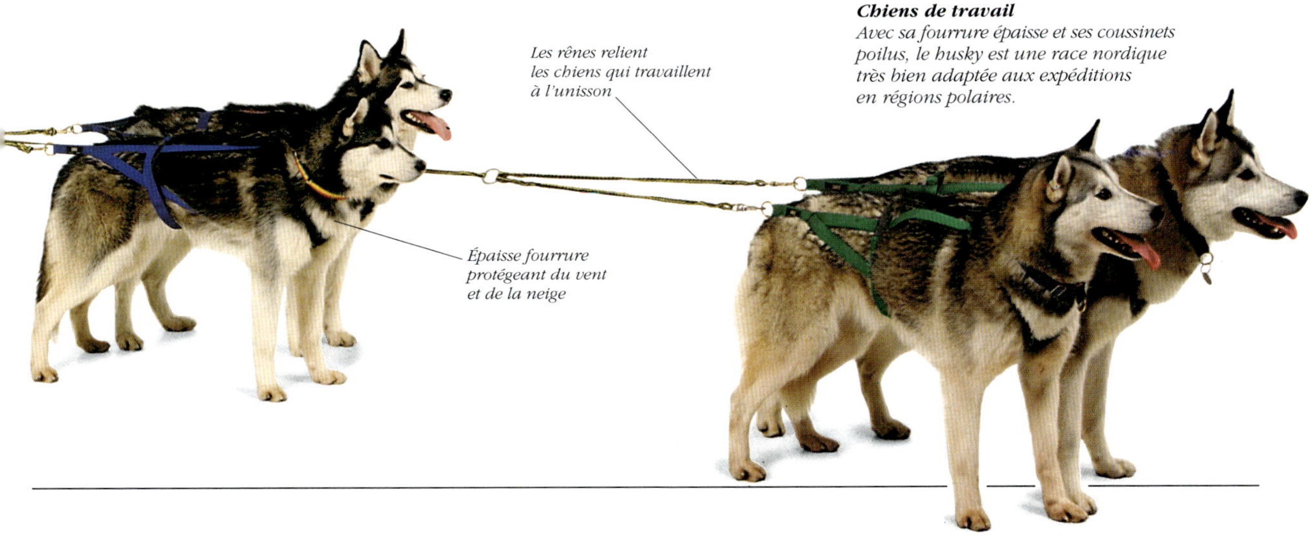

Chiens de travail
Avec sa fourrure épaisse et ses coussinets poilus, le husky est une race nordique très bien adaptée aux expéditions en régions polaires.

Traverser un désert

Les déserts sont souvent inhabités car l'eau et la végétation n'y sont pas assez abondantes pour assurer la survie de communautés sédentaires. Dans ces régions règne un climat extrême, souvent caniculaire la journée, en l'absence de nuages pour neutraliser la chaleur, mais glacial la nuit. La météo évolue très vite, avec l'apparition de violentes tempêtes de sable ou de pluies diluviennes. Dans cet environnement inhospitalier, seules les créatures les mieux armées parviennent à survivre.

Tenue vestimentaire pour le désert

Dans le désert, la priorité en matière d'habillement consiste à maintenir une chaleur corporelle constante. Les vêtements doivent protéger du rayonnement solaire le jour, et retenir la chaleur corporelle la nuit, quand le froid est installé. Couvrez toutes les parties du corps, pour les protéger du soleil et des effets désagréables des vents de sable. Le désert est une région théoriquement privée d'humidité, ce qui rend la chaleur plus difficile à supporter que partout ailleurs. Portez des vêtements amples et microporeux, afin de faciliter la ventilation entre les différentes couches, indispensables pour vous isoler de la fraîcheur nocturne.

Équipement improvisé

Le désert est un milieu dangereux où l'équipement est d'une grande importance. Les vêtements devront vous protéger des effets nocifs du soleil sur la peau et de la chaleur. Sans lunettes de soleil, improvisez une protection avec une pellicule photo. Protégez nuque et pieds d'un bout de tissu ou d'une serviette-éponge.

Lunettes de soleil
Protégez vos yeux ! Improvisez une paire de lunettes en perforant ou en cisaillant les côtés d'un ruban de pellicule photo puis y insérez une ficelle.

Types de déserts

Une région est désertique lorsque son taux de précipitations annuelles n'excède pas 250 mm. On distingue différents types de déserts, selon leur localisation et leur climat (*voir* page 16). Ainsi se rencontrent vastes étendues de pierres, immenses champs de dunes mouvantes, reliefs rocheux et broussailleux ou terres désolées, abritant une flore spécialisée et une faune adaptée.

Desert de pierre
Vastes étendues plates et rocailleuses occupant souvent le fond d'anciennes mers intérieures, ces déserts inhospitaliers, balayés par les vents, sont dépourvus d'abri naturel.

Désert de cactus
Dans certains déserts, notamment en Amérique du Nord et du Sud, en Australie et en Asie, prospèrent des plantes spécifiques, comme le cactus, qui retient l'eau dans ses tissus.

Erg
Les vastes champs de hautes dunes de sable sont des erg. On rencontre ce type de désert en Australie, en Afrique du Nord et en Asie.

Zone tempérée semi-aride
L'herbe ne pousse pas sur ces terres trop arides, couvertes de buissons ligneux. Ces terres occupent une partie de l'Amérique du Nord et du Sud, d'Asie centrale et d'Australie.

Se protéger d'une tempête de sable

Direction du vent

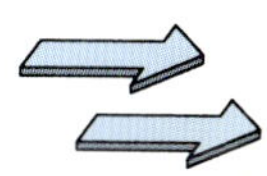

1 Une tempête de sable peut altérer l'aspect d'un désert. Repérez la direction à suivre à l'aide de piquets ou de pierres.

2 Abritez-vous avec tout ce qui peut vous envelopper, en tournant le dos au vent. Recouvrez bien votre corps, en vous protégeant la nuque et le visage du sable. Laissez passer la tempête avant de repartir.

Marcher dans le désert

Pour survivre dans le désert, restez tant que possible sur place. Si vous devez partir à la recherche d'eau ou si vous n'avez aucun espoir d'être secouru à l'endroit où vous vous trouvez, marchez uniquement la nuit, lorsque les températures commencent à chuter, et de préférence à la lueur de la lune. En l'absence de repère, il est toujours plus difficile de localiser sa position et encore plus de trouver une oasis.

Abri improvisé
Pour trouver un coin d'ombre, accrochez une couverture ou un sac de couchage à une corde tendue entre deux piquets ou monticules de pierres. Creusez le sable afin de ménager un peu de place pour vous abriter sous la tente.

SURVIVRE DANS LE DÉSERT AVEC UNE QUANTITÉ D'EAU LIMITÉE				
Au repos à l'ombre				
°C	SANS EAU	2 LITRES	10 LITRES	°C
50	2-5 jours	2-5 jours	3-5 jours	50
30	7 jours	5-8 jours	14 jours	30
20	12 jours	14 jours	23-25 jours	20
Marche de nuit				
50	1 jour	2 jours	3-5 jours	50
30	4 jours	5 jours	5-7 jours	30
20	9 jours	10-15 jours	5-15 jours	20

Survivre sans eau
L'organisme a besoin de 4 à 5 litres d'eau au minimum par jour pour affronter sans risque l'effort d'une marche quotidienne. Dans le désert, la priorité consiste à conserver le plus d'eau possible dans l'organisme, en marchant de nuit pour minimiser les efforts et éviter le plus possible de transpirer. Sous une température de 50 °C, l'organisme ne résiste pas plus de 5 jours sans apport d'eau et ce, en restant au repos à l'ombre. Ce délai est réduit de moitié si vous marchez, même de nuit. Réfléchissez bien avant d'agir, à moins de disposer d'eau à volonté.

Traverser une jungle

Accablante, suffocante et pleine d'insectes, la jungle reste néanmoins un vrai jardin d'Éden. La nourriture y abonde du fait de l'absence de saisons entraînant une pénurie et du taux de précipitations. Pour beaucoup, ce milieu humide, sombre et bruyant est souvent source de crainte et d'inconfort. L'humidité et la difficulté à se frayer un chemin exposent constamment l'organisme à l'épuisement. Pour résister à cela, il faudra emporter d'importantes réserves d'eau.

Tenue vestimentaire pour la jungle

Pour traverser la jungle, recouvrez-vous entièrement le corps de vêtements légers et robustes, à séchage rapide. Vous serez probablement trempé toute la journée et devrez laver vos vêtements tous les jours à l'eau claire afin d'éviter l'apparition de moisissures. Bannissez les vêtements imperméables qui font transpirer. Prévoyez un pull-over léger pour les nuits fraîches. Conservez une tenue sèche et propre pour dormir. Laissez emballé tout ce dont vous n'avez pas besoin. Suspendez à un lacet noué autour du cou vos objets les plus précieux afin de ne pas les abîmer ou les égarer au contact de la végétation.

Trousse de secours

Ne laissez pas les coupures s'infecter. La végétation coupante ou épineuse vous blessera inévitablement les mains. Utilisez une poudre antibiotique, très efficace pour prévenir l'infection. En avançant dans une jungle épaisse, attention en utilisant la machette, car ses coupures profondes sont handicapantes et difficiles à soigner. Emportez des pansements imperméables pour protéger piqûres et petites coupures.

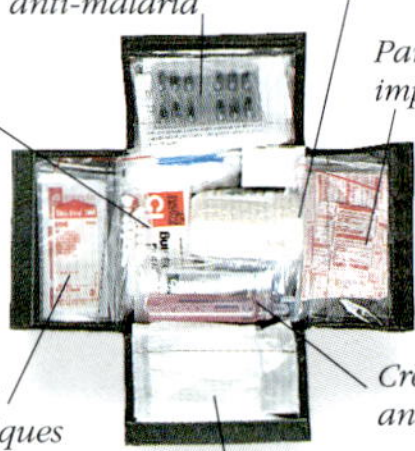

Trousse médicale pour pays tropical
En plus des éléments indispensables aux premiers secours, la trousse contient des médicaments pour soigner les affections tropicales.

Chapeau
Optez pour un modèle en coton à larges rebords, afin de vous protéger les yeux de la végétation.

Objets importants
Attachez les objets les plus précieux de votre kit de survie à un lacet noué autour du cou pour ne pas les perdre (voir page 28). Lorsque vous marchez, glissez-les à l'intérieur de votre chemise.

Voile moustiquaire
protège le visage et le cou à la tombée de la nuit lorsque les moustiques sont très actifs. Peu pratique pour marcher car les mailles trop serrées brouillent la vision.

Chemise
Choisissez un modèle en coton à manches longues. Le col pourra être relevé et boutonné pour protéger le cou.

Bouteille d'eau
Dans la jungle, l'eau est une nécessité. Transportez la bouteille dans un étui fixé à la ceinture. Purifiez l'eau collectée avant de la boire (voir page 74).

Kit de survie
Un équipement incontournable à transporter fixé à la ceinture ou dans une poche.

Bracelets répulsifs
Des bracelets à porter aux poignets ou aux chevilles, imprégnés de répulsifs pour mieux éloigner moustiques et autres insectes.

Couteau
Protégez votre couteau (kukri) ou la machette dans un étui fixé à la ceinture. Sortez-le de son étui uniquement en cas de besoin et vérifiez souvent qu'il est bien à sa place.

Pantalon
Optez pour un modèle ample, en toile résistante et légère, resserré au niveau des chevilles avec des lacets ou une bande élastique.

Équipement de jungle
Pour vous frayer un chemin dans la jungle, redescendez les manches de votre chemise. Vaporisez-vous le dos des mains, le cou et le visage de répulsif à insectes. Évitez le front car, avec la transpiration, la sueur mêlée au produit coulerait dans vos yeux.

Bottes de jungle
Chaussure à semelle rigide et crantée, munie d'une coque de protection au niveau des orteils (voir page 25). La toile de la tige permet un séchage rapide et un dispositif d'œillet chasse l'eau de la chaussure au fur et à mesure de la marche.

La jungle et ses caractéristiques

Canopée
Dans les jungles primaires, les arbres mesurent jusqu'à 61 m de haut et forment une épaisse canopée limitant la pénétration de la lumière. Elle épouse les dénivellations du terrain mais, vue du ciel, la canopée forme un couvert végétal uniforme. La plupart des animaux de la jungle y vivent.

Forêt ombrophile
Sous la dense canopée, la végétation reste rare au niveau du sol. Des lianes géantes descendent des cimes alors que la flore et la faune occupent différents étages de cet environnement ombragé et humide.

Végétation luxuriante
La jungle secondaire se développe sur des terres où l'homme a pratiqué la culture sur brûlis. Dans ces zones de clairières laissées à l'abandon après les récoltes, le soleil favorise la repousse d'une végétation luxuriante. Dans cette jungle impraticable, toute progression est éreintante et exige de se frayer un chemin à coup de machette.

Progresser dans la jungle

Si la jungle primaire est facile à traverser, la jungle secondaire forme un rempart végétal difficile à franchir. Tailler la végétation est épuisant et ralentit beaucoup la progression. Dans cette nature hostile, le corps est soumis à de multiples agressions, des piqûres d'insectes aux coupures d'épineux souvent dangereux. Mieux vaut parfois rebrousser chemin avant de se retrouver dans l'impasse.

Liseron épineux
Certaines espèces de liserons s'accrochent aux vêtements et les déchirent. Si vous vous retrouvez piégé, attendez qu'un de vos compagnons vienne vous en délivrer.

Rythme en forêt pluvieuse

Plus on se rapproche de l'équateur, plus la durée du jour et de la nuit s'équilibre. De même, la pluie semble s'abattre tous les jours aux mêmes heures, juste après la tombée du jour. Sous ces latitudes, la nuit tombe brusquement et l'obscurité règne brutalement. Mieux vaut donc se lever à l'aube, travailler jusqu'à midi et faire une pause durant les heures les plus chaudes de la journée. Si vous vous déplacez, mettez-vous en quête d'un campement bien avant 15 heures.

Retrait des sangsues
Ne tirez pas sur une sangsue qui colle à la peau, sa bouche pourrait rester accrochée et causer une infection. Approchez le bout incandescent d'un bâton ou du répulsif à insectes pour qu'elle lâche prise.

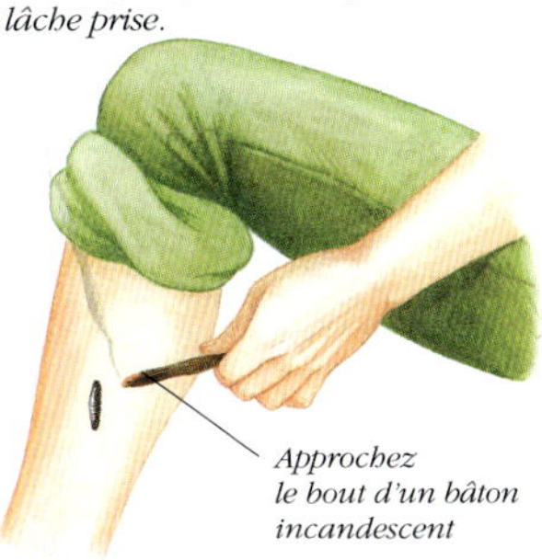

Approchez le bout d'un bâton incandescent

La jungle et ses dangers

Dans la jungle, le danger est partout, des animaux sauvages aux maladies, comme la malaria. Talquez-vous souvent les pieds (*voir* page 24) pour éviter que des mycoses liées au taux d'humidité se développent. Secouez chaussures et vêtements avant de les enfiler pour en chasser d'éventuels serpents ou araignées venimeuses. Ne partez pas sans être vacciné contre la malaria et emportez avec vous le matériel médical adapté à ce milieu. Utilisez des répulsifs à insectes et dormez toujours sous une moustiquaire pour éviter les piqûres.

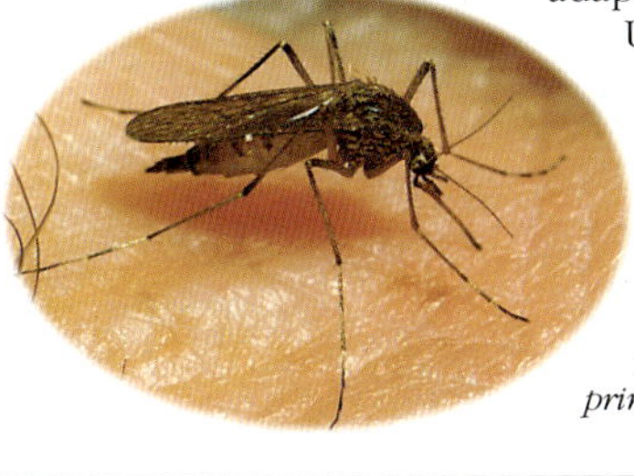

Ennemi mortel
La femelle du moustique du genre Anopheles *est le principal vecteur de la malaria.*

ESCALADER EN TOUTE SÉCURITÉ

EN SITUATION DE survie, l'escalade est envisageable lorsque aucune autre solution ne permet de franchir un obstacle. Avertissez toujours une tierce personne, afin que l'on puisse vous porter secours si vous chutez ou vous retrouvez en difficulté. La règle première en escalade consiste à maintenir trois points de contact avec la roche, en gardant l'équilibre. À chaque mouvement, gardez trois parties du corps (orteils, doigts, pied ou main) au contact de la roche. Évaluez toujours l'état de la paroi et veillez à la stabilité des prises au niveau des mains et des pieds. Si possible, aidez-vous d'une corde.

PRISES DES MAINS ET DES PIEDS

Avant chaque prise, testez la paroi d'un coup de pied ou de poing sur la roche. Ne cherchez pas à atteindre un point trop éloigné ou à vous hisser sur la pointe des pieds pour gagner en hauteur. Faites travailler les jambes plutôt que les bras pour supporter votre poids et impulser votre progression. Ne vous hissez pas à la force des bras.

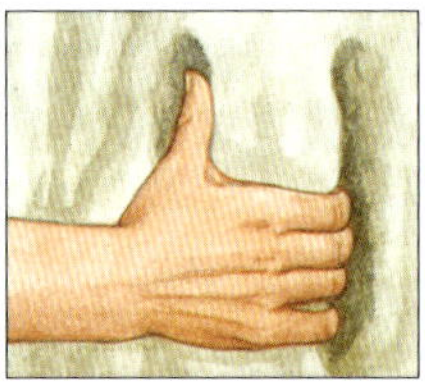

Prise latérale
Utilisez ces prises pour rétablir votre équilibre. La préhension sera meilleure si vous utilisez votre pouce pour pincer la prise.

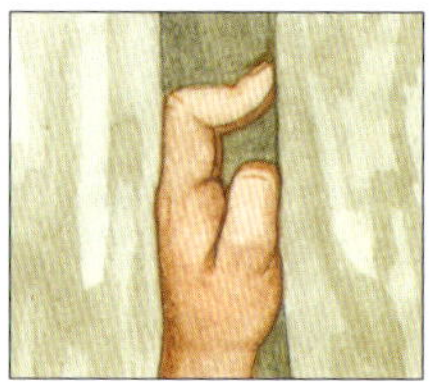

Blocage
Glissez la main ou le poing dans une petite fissure pour vous bloquer et mieux vous hisser en l'absence de prise.

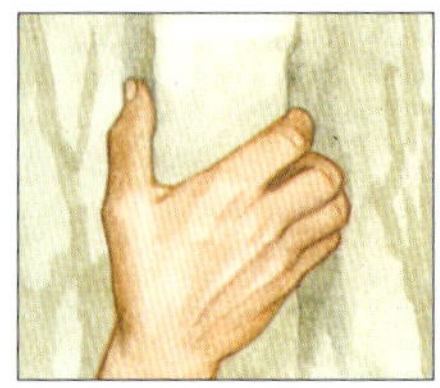

Pinçage
Lorsque vous ne trouvez pas de prise le long d'une protubérance, pincez la roche entre le pouce et les autres doigts.

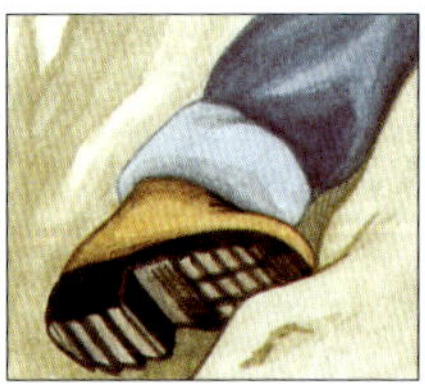

Saillie
Utilisez une saillie de la roche pour poser l'intérieur du pied. Plaquez la semelle, en plaçant la cheville à 90° par rapport à la paroi.

Trou
Les trous assurent une bonne prise des pieds. Répartissez le poids du corps sur les jambes et les bras pour garder l'équilibre.

Bossette
Posez la semelle entière sur cette saillie rocheuse ou juste l'avant de la semelle en maintenant les chevilles en position basse.

LES BASES DE L'ESCALADE

Les néophytes grimperont toujours avec le soutien d'une corde et d'un grimpeur expérimenté. En situation de survie, ce n'est pas toujours possible. Avant de vous engager, cherchez la voie la plus facile mais aussi la plus fiable et ne cessez jamais d'étudier la paroi durant la progression. En cas de doute, redescendez pour mieux repartir.

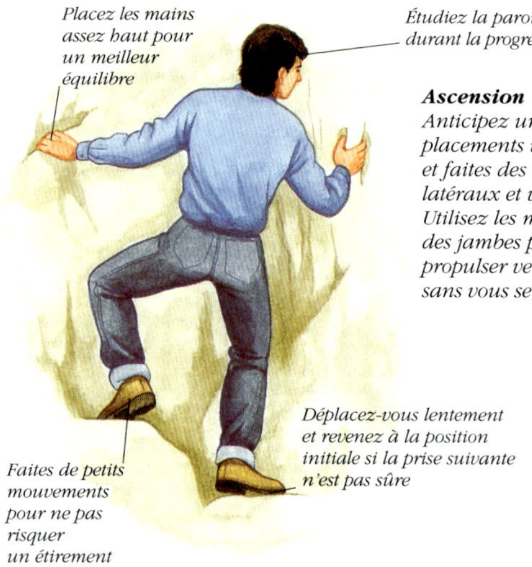

Ascension
Anticipez une série de placements vers le haut et faites des mouvements latéraux et verticaux. Utilisez les muscles des jambes pour vous propulser vers le haut, sans vous servir des bras.

Descente
Les prises sont souvent difficiles à deviner lors de la descente d'une paroi. Il est plus facile de descendre une paroi un peu inclinée vers l'avant (voir page 136). Tournez-vous de côté lorsque la pente devient plus abrupte. Cherchez des prises en assurant le placement des pieds.

MISE EN GARDE CES TECHNIQUES D'ESCALADE SOMMAIRES SONT RÉSERVÉES AUX SITUATIONS D'URGENCE, EN L'ABSENCE D'AUTRES SOLUTIONS.

Assurage

Cette technique d'escalade consiste à sécuriser d'une corde l'ascension de son coéquipier. Vous pouvez aussi vous assurer seul à un point d'ancrage avant de grimper. Pour assurer votre coéquipier en descente ou lui donner une longueur de corde en plus pour grimper, laissez filer la corde dans le sens opposé de la traction.

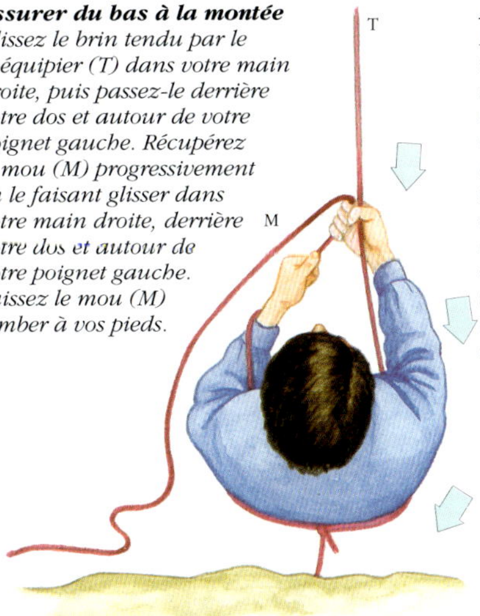

Assurer du bas à la montée
Glissez le brin tendu par le coéquipier (T) dans votre main droite, puis passez-le derrière votre dos et autour de votre poignet gauche. Récupérez le mou (M) progressivement en le faisant glisser dans votre main droite, derrière votre dos et autour de votre poignet gauche. Laissez le mou (M) tomber à vos pieds.

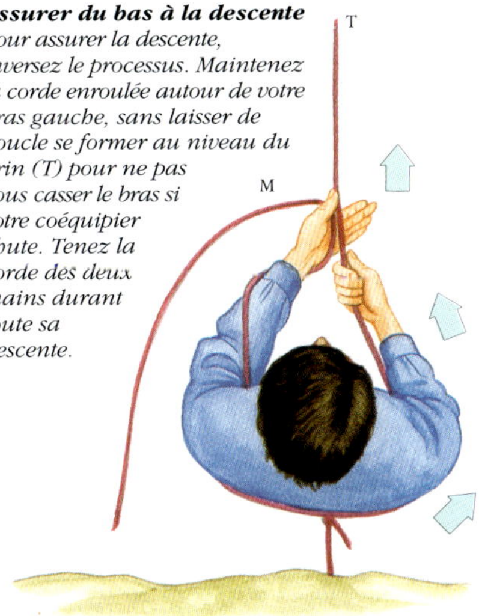

Assurer du bas à la descente
Pour assurer la descente, inversez le processus. Maintenez la corde enroulée autour de votre bras gauche, sans laisser de boucle se former au niveau du brin (T) pour ne pas vous casser le bras si votre coéquipier chute. Tenez la corde des deux mains durant toute sa descente.

Réagir en cas de chute

En cas de chute de votre coéquipier, bloquez la corde en ramenant votre bras gauche vers l'avant du corps et plaquez-le contre votre poitrine. Penchez-vous en arrière du point d'ancrage en entraînant la corde et tirez très fort.

Tenir
Préparez-vous à retenir votre coéquipier en cas de chute

Descente en rappel

Passez la corde autour d'un point d'ancrage et lancez-la dans le vide. Mettez-vous à califourchon sur les deux brins de corde. D'une main, ramenez la corde de l'arrière, passez-la par-dessus l'épaule opposée à la main, et laissez-la retomber derrière vous. De la main droite, tenez la corde derrière vous ; de la main gauche, agrippez la corde tendue. Restez droit et descendez lentement, en laissant filer la corde entre vos mains.

Rappel
Contrôlez la vitesse de la main droite.

Ascension par étapes

Pour escalader une paroi plus haute que la longueur de corde dont vous disposez, procédez par étapes en stationnant sur des saillies rocheuses pour assurer votre coéquipier avant de poursuivre l'ascension.

1 Le premier grimpeur entame l'escalade en cherchant la voie la plus facile et la plus fiable. Si la paroi est trop abrupte ou dangereuse, le grimpeur assure la voie en plantant des pitons équipés d'un mousqueton sur tout le parcours. Le second grimpeur pourra ainsi laisser filer la corde en étant bien arrimé à la paroi.

2 Après avoir atteint la première saillie, le grimpeur de tête s'arrime à la paroi et assure le second grimpeur qui le rejoint. Si le premier a utilisé des mousquetons, le second les retire au fur et à mesure de sa progression. Quand le second grimpeur est arrivé sur la saillie rocheuse, l'ascension peut se poursuivre.

Second grimpeur assuré par le premier

MISE EN GARDE CES TECHNIQUES D'ESCALADE SOMMAIRES SONT RÉSERVÉES AUX SITUATIONS D'URGENCE, EN L'ABSENCE D'AUTRES SOLUTIONS.

ESCALADER POUR SURVIVRE

L'ESCALADE LA PLUS simple peut vite tourner au drame. Les grimpeurs expérimentés ont tous été confrontés à une situation critique. Les techniques professionnelles illustrées ci-dessous ont pour objectif de vous aider à venir à bout d'une difficulté. Mais, dangereuses à mettre en œuvre, elles sont aussi complexes à exécuter. En situation de survie, les problèmes sont souvent surmontés en exploitant les ressources disponibles. L'initiation à ces techniques vous sera utile en cas de besoin, mais ne cherchez pas à les appliquez sans autre approfondissement et sans l'aide d'un grimpeur expérimenté à vos côtés.

ESCALADER UNE CHEMINÉE

Cette technique d'escalade se pratique à l'intérieur d'une cheminée, assez large pour autoriser le passage du corps tout entier. Scrutez le sommet afin de mieux évaluer la façon dont vous pourrez vous en extraire, sans rester bloqué.

1 Étudiez toutes les solutions avant de vous engager. Restez vers l'extérieur, côté sec de la paroi. Repliez-vous, et poussez des mains et des pieds contre la paroi opposée.

2 Plaquez un pied contre la paroi arrière et la main située du même côté sur la paroi avant. Hissez les fesses et le dos le long de la paroi, en poussant avec les jambes.

PAUSE

L'escalade d'une cheminée représente un effort intense. Faites des pauses fréquentes, dos plaqué au mur, jambes tendues et bras pendants.

REPOS

ESCALADER UN GRADIN

Vue d'en bas, une saillie au niveau de la paroi peut paraître insurmontable, quand aucune prise ne semble possible. Cette technique de franchissement est utilisée pour venir à bout de tels obstacles. Engagez-vous seulement en l'absence d'autres solutions, car cet exercice difficile exige une excellente condition physique.

1 Hissez-vous jusqu'au gradin, pour pouvoir poser les coudes sur le rebord de la saillie, le poids du corps supporté par les pieds.

2 Baissez une épaule en maintenant la tête et la poitrine proches de la paroi. Posez une cheville sur le rebord de la saillie.

3 Poussez avec les mains pour monter le genou sur le rebord. Hissez-vous le long de la paroi pour rejoindre le rebord.

MISE EN GARDE CES TECHNIQUES D'ESCALADE SOMMAIRES SONT RÉSERVÉES AUX SITUATIONS D'URGENCE, EN L'ABSENCE D'AUTRES SOLUTIONS.

Nœud de Prussik, mode d'emploi

Le nœud de Prussik est un nœud coulissant qui se bloque sous la charge, mais qui est facile à dénouer. Un nœud sûr pour s'arrimer à une corde, à utiliser pour grimper à l'aide d'une corde après une chute ou pour franchir un surplomb.

1 Formez une longue boucle à la main avec une cordelette (or) et passez-la sur la corde (rouge). Ramenez les deux bouts de la cordelette, à l'arrière et à l'intérieur de la boucle.

2 Enroulez sans serrer la cordelette autour de la corde, comme indiqué étape 1, en réalisant quatre tours.

3 Tirez sur la cordelette et ramenez les boucles au centre, en les serrant bien autour de la corde, pour former des spires uniformes. Ne croisez pas les boucles.

4 Répétez les étapes 2 et 3, pour faire quatre boucles bien serrées autour de la corde. Ajustez le nœud afin que les spires soient à niveau et bien serrées.

Mousqueton

Un accessoire en forme d'anneau utilisé pour joindre des cordes ou des équipements (*voir* page 152).
Les mousquetons automatiques sont plus rapides et plus faciles à connecter que les modèles à vis, pourtant plus sécurisants pour l'assurage et le rappel mais aussi dans toutes les situations périlleuses (*voir* page 147).

Mousqueton à vis
Indispensable pour l'assurage et le rappel par exemple, où la fiabilité des arrimages est la priorité.

Escalade avec corde de rappel, nœud autobloquant et baudrier

Deux cordes de petite longueur et un baudrier suffisent pour grimper le long d'une corde fixe et résoudre une situation problématique. En cas d'urgence et sans baudrier, improvisez avec une corde, en formant une boucle en guise d'assise et en sécurisant la corde autour de votre taille avec un nœud en double-huit (*voir* page 35).

1 Sécurisez la fixation de votre baudrier improvisé (vert) avec un nœud de Prussik (A). Attachez une autre petite longueur de corde (bleu) à la corde fixe, avec un nœud de Prussik (B). Faites une boucle en bout de la seconde corde et glissez-y le pied.

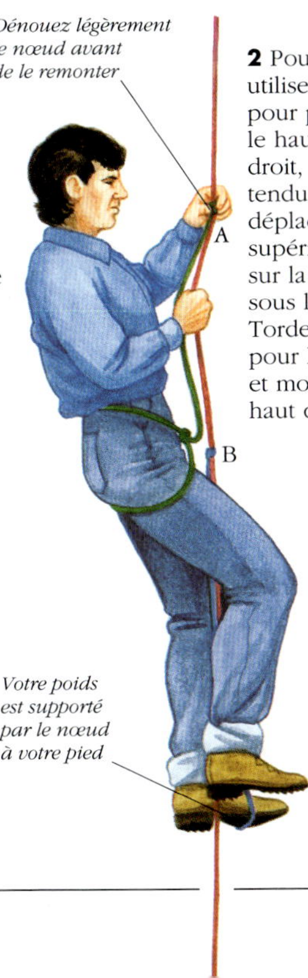

2 Pour grimper, utilisez les jambes pour pousser vers le haut, afin d'être droit, jambes tendues. Pour déplacer le nœud supérieur (A) tirez sur la corde fixe, sous le nœud. Tordez le nœud pour le relâcher et montez-le aussi haut que possible.

3 Déplacez-vous lentement jusqu'à prendre une position assise et laissez le nœud en double-huit du harnais supporter votre poids. En serrant la corde fixe sous le nœud inférieur (B), ce dernier remontera et vous pourrez vous redresser pour grimper.

TRAVERSER UN COURS D'EAU

LES COURS D'EAU sont toujours dangereux, du lit étroit des eaux de sources peu profondes mais au courant puissant, aux larges et paresseux méandres en aval. Une eau calme, peu profonde et apparemment sûre peut toujours cacher un danger. Les eaux les plus claires ne permettent pas de voir ce qui se passe sous la surface. Les eaux en amont sont plus faciles à traverser que les eaux profondes, même si la vitesse du courant incite à la prudence. Les eaux calmes sont souvent plus profondes et peuvent abriter végétaux envahissants ou bancs de boue, et dissimuler des obstacles dangereux. Ne traversez jamais un cours d'eau à pied ou à la nage si d'autres options s'offrent à vous.

OÙ TRAVERSER ?

En l'absence de pont, de jetée ou de ferry pour traverser un cours d'eau, et avant de vous jeter à l'eau, remontez et descendez la berge à la recherche d'un gué ou d'un banc de terre assez large, peu profond et ferme, autorisant une traversée sûre, sans trop vous mouiller. Vérifiez que la berge à atteindre ne soit pas trop abrupte.

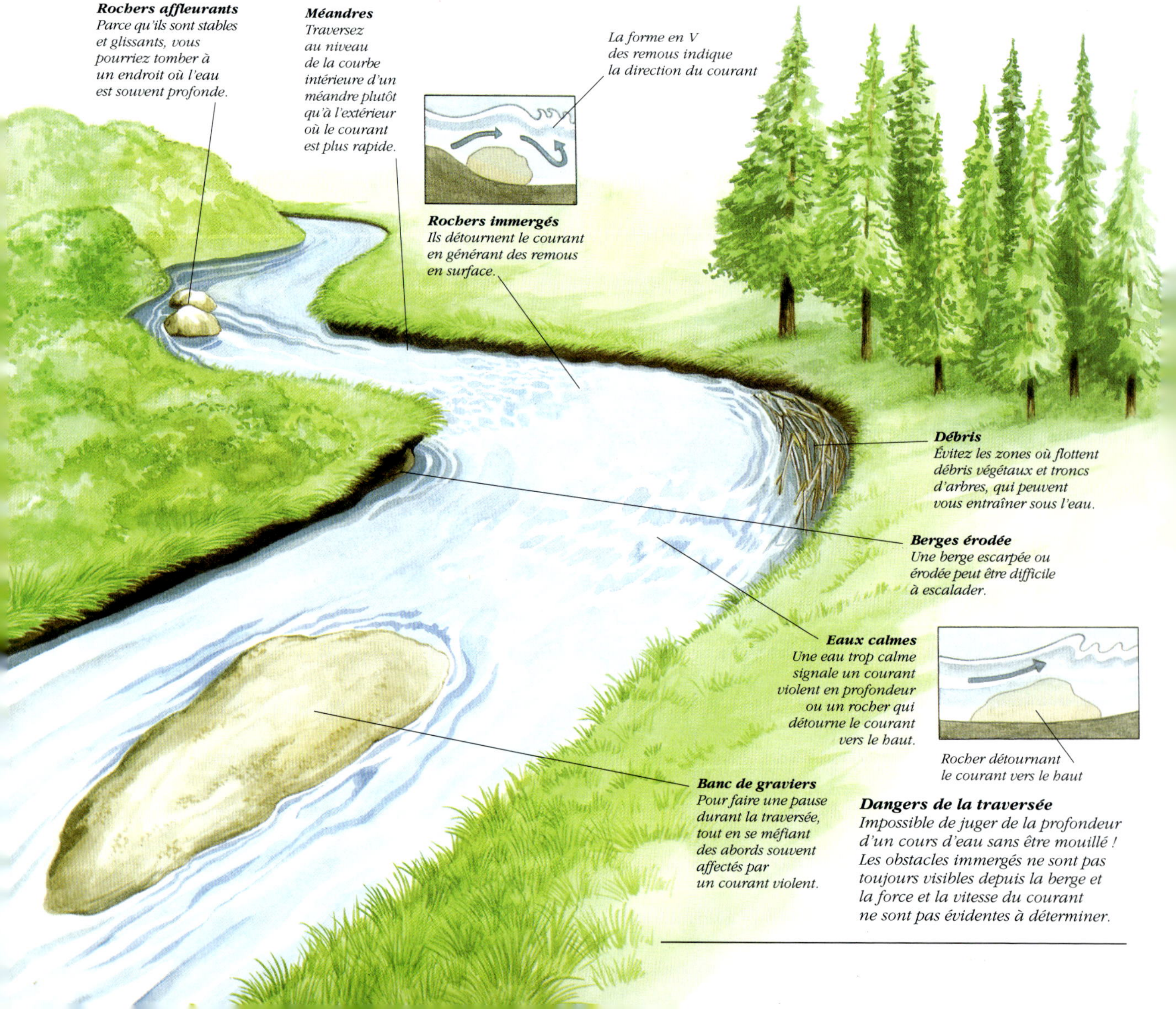

Dangers de la traversée
Impossible de juger de la profondeur d'un cours d'eau sans être mouillé ! Les obstacles immergés ne sont pas toujours visibles depuis la berge et la force et la vitesse du courant ne sont pas évidentes à déterminer.

Traverser à gué

Chaussez-vous pour vous protéger les pieds et ne pas glisser. Préparez-vous à affronter la boue, la végétation et des changements de profondeur brusques. Avant de vous engager, observez la surface de l'eau et le courant et guettez les signes indiquant la présence d'obstacles immergés (*voir* page précédente). Avancez lentement.

Traversée en solo
Utilisez un bâton pour sonder le lit de la rivière et réussir à garder l'équilibre. Plantez le bâton loin devant vous, à contre-courant, prenez appui sur le bâton tout en avançant le pied, déplacé en un mouvement latéral avant d'être reposé bien à plat et stable sur le lit de la rivière. Faites de courtes pauses afin de mieux évaluer la force du courant, dont la violence pourrait vous entraîner en arrière et vous faire chuter.

Traversée en groupe
À trois, formez un cercle rapproché en passant les bras par-dessus les épaules du voisin. Chacun s'incline un peu en avant au niveau du bassin. Le plus robuste, placé face au courant, amorce le mouvement ; les autres le soutiennent en cas de chute. Cette formation stable et efficace facilite la traversée des eaux peu profondes.

Traversée en ligne
Formez une ligne, la personne la plus robuste en tête. Les autres assurent la stabilité de la formation et parent aux chutes éventuelles. Le responsable décide de l'endroit où traverser et amorce le mouvement. Chacun s'accroche à celui qui le précède par le bras, la personne la plus faible au centre. Progressez lentement et prudemment, en maintenant l'équilibre du groupe et en avançant d'un même pas.

Traverser à la nage

La nage s'impose lorsque la traversée à gué est impossible. Fabriquez une bouée qui vous aidera à traverser. Avant de vous jeter à l'eau, cherchez un point de chute sur la berge opposée.

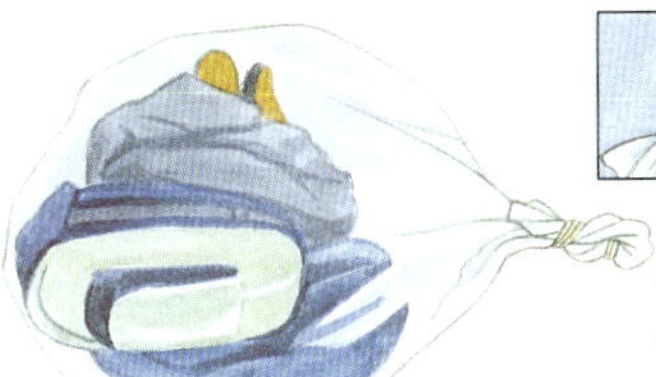

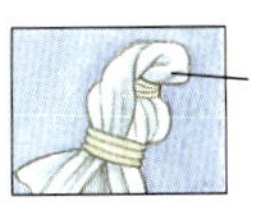

Enroulez fermement l'extrémité du sac, repliez le débord et ficelez bien le tout

1 Déshabillez-vous pour ne pas mouiller vos affaires. Emballez vos habits et votre équipement dans un sac imperméable.

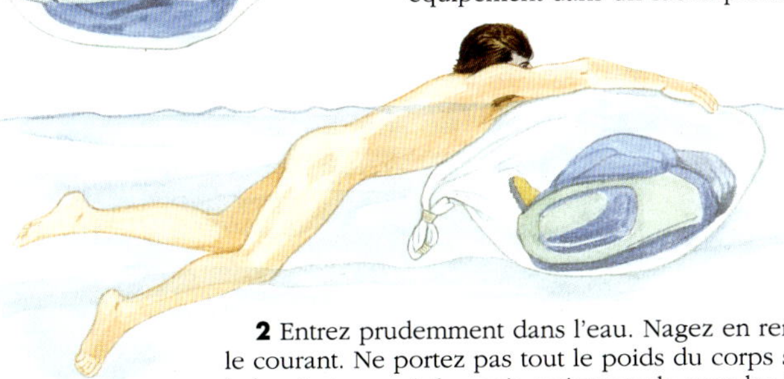

2 Entrez prudemment dans l'eau. Nagez en remontant le courant. Ne portez pas tout le poids du corps sur la bouée improvisée, mais maintenez-la avec les bras. Agitez les jambes pour vous propulser.

Hypothermie

À moins de traverser à gué, déshabillez-vous avant de vous mettre à l'eau. Une protection isolante peut être nécessaire, le froid entraînant la léthargie. Sitôt sorti de l'eau, séchez-vous et habillez-vous chaudement, avec des vêtements secs. Si possible, buvez une boisson chaude et sucrée. Travaillez en duo. Le responsable doit surveiller le groupe et guetter les moindres signes d'hypothermie afin de réagir sans attendre. Une personne souffrant d'hypothermie doit être réchauffée rapidement avant que la chute de température lui soit fatale (*voir* page 163). Installez le malade dans un sac de couchage. Donnez-lui des boissons chaudes, couvrez-le de vêtements chauds afin que sa température corporelle remonte rapidement. Les signes d'hypothermie se manifestent dans cet ordre :

- Tremblements, pâleur, engourdissement.
- Apathie, confusion, comportement irrationnel, amnésie, incohérence, irritabilité.
- Léthargie, crise soudaine d'agitation.
- Perte de connaissance avec une respiration lente et faible, rythme cardiaque irrégulier.
- Pouls lent et faible, parfois suivi d'un arrêt cardiaque (*voir* page 176).

L'EAU ET SES DANGERS

LA TRAVERSÉE D'UN cours d'eau est dangereuse. Les précipitations augmentent les risques, quel que soit le point de traversée. Pour juger de la profondeur et du courant, une personne partira en reconnaissance, attachée à une main-courante arrimée à la berge, sous la surveillance d'un membre du groupe. Si vous devez nager, utilisez une bouée fiable. Mettez un casque de couleur vive, du genre des modèles légers pour cycliste, surtout pour traverser rapides, zones rocheuses et courant violent.

TRAVERSER EN SÉCURITÉ À L'AIDE DE CORDES

Si vous traversez seul un cours d'eau dangereux, utilisez une corde fiable, attachée à un rocher ou un arbre, au moyen de nœuds rapides à défaire. Pour traverser à plusieurs, les cordes réduisent considérablement les risques. Vérifiez l'état des cordes et veillez à ce que la corde libre ne gêne pas la progression de celui qui est à l'eau.

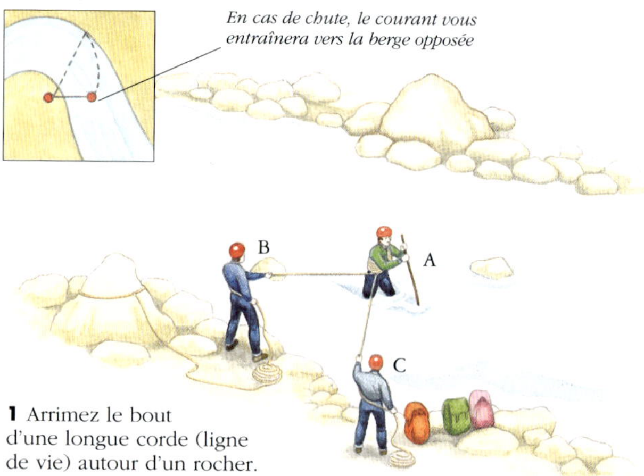

1 Arrimez le bout d'une longue corde (ligne de vie) autour d'un rocher. Une personne surveille le dispositif (B). La personne la plus robuste (A) traverse la rivière en prenant l'autre bout de corde. Elle tire une seconde corde (ligne de traversée) dont le bout est tenu par une autre personne (C). Accrochez un mousqueton à mi-longueur de la corde (*voir* page 147). La personne A casquée et bottée sonde la voie avec un bâton.

2 Lorsque A atteint la berge opposée, il arrime la ligne de vie à un rocher, y fixe le mousqueton et ceinture le bout de la ligne de traversée à sa taille afin d'aider B à traverser. Le mousqueton est ramené vers l'arrière et B le fixe à sa ceinture. Accroché à la ligne de vie, il traverse lentement en longeant la corde et en s'aidant d'un bâton. Pendant ce temps, C surveille la ligne de traversée, alors que A tire la corde à l'autre extrémité.

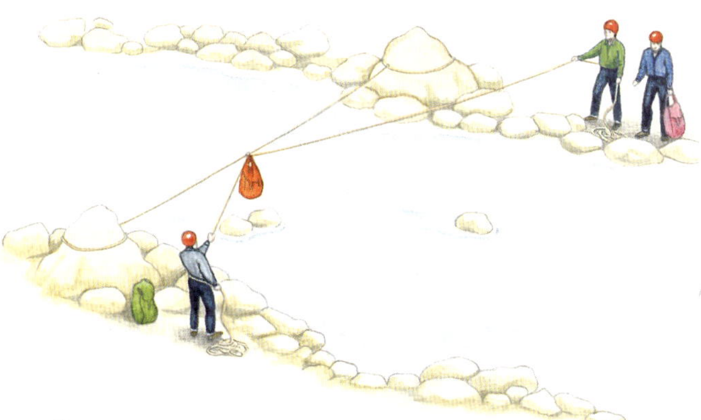

3 Lorsque B atteint la berge opposée, il détache le mousqueton de sa ceinture et le fixe à la ligne de vie. Le mousqueton est ramené vers l'autre berge. Les sacs à dos sont acheminés d'une berge à l'autre selon le même principe, solidement fixés au mousqueton par les bretelles. La ligne de vie doit rester bien tendue pour maintenir les sacs hors de l'eau.

4 La dernière personne (C) détache la ligne de vie du rocher, se l'enroule autour de la taille et traverse la rivière, aidée d'un bâton. Les autres membres de l'équipe tirent sur la ligne de traversée afin d'éviter de laisser trop de mou et se tiennent prêt à tirer C hors de l'eau en cas de chute.

Construire un pont

1 Couchez un long tronc en travers de la rivière, en vous aidant de cordes. Calez l'extrémité du tronc sur la première berge contre un rondin, maintenu par des chevilles.

2 Une fois le premier tronc en place, faites glisser un deuxième tronc sur le premier, jusqu'à atteindre la berge opposée. Faites rouler le tronc sur le premier et essayez de bien les aligner côte à côte.

3 Marchez le long des troncs pour rejoindre l'autre berge et fixez un rondin en bout, sous les troncs, afin d'éviter qu'ils s'enfoncent dans le sol. Plantez une cheville de chaque côté des troncs pour les caler.

4 Faites glisser un autre tronc sur les deux premiers. Glissez un rondin en bout sous les troncs. Chevillez le montage, comme indiqué étape 3. Il faut coucher trois troncs au minimum.

Traverser un sol inondé

En solo
Sable mouvant et fondrière sont des sols souvent inondés. Si vous traversez ce type de terrain, il vous faudra réussir à flotter, en répartissant votre poids sur une surface aussi large que possible. Commencez par chercher à traverser, en marchant sur des touffes d'herbe. Si vous vous enfoncez, débarrassez-vous de votre sac à dos et couchez-vous sur le dos. Écartez les bras et les jambes et cherchez à rejoindre la berge en progressant doucement (voir *page 162*). *Évitez de paniquer ou de vous débattre.*

En duo
Si vous êtes deux et que l'un de vous commence à s'enfoncer dans le sable ou dans la vase, demandez à votre équipier de s'allonger en bordure du sol mouvant et de vous tendre une longue branche afin qu'il puisse vous tirer. Évitez de paniquer ou de vous débattre, au risque de vous enfoncer encore plus rapidement. Cherchez à flotter en vous couchant sur le côté, pour mieux répartir le poids du corps et ralentir votre plongée.

Construire un radeau

Pour traverser un cours d'eau avec beaucoup de matériel et d'équipement, ou si vous souhaitez descendre une rivière mais que vous ne disposez d'aucune embarcation, construisez votre radeau. Traditionnellement, les matériaux nécessaires à cette opération se limitent à des troncs d'arbre, mais vous pouvez aussi utiliser des bambous ou de gros bidons. Le but est de réaliser le moins de coupe possible afin de ne pas entraver la flottabilité du radeau, qui doit rester stable. Ce type d'embarcation est déconseillé pour traverser des rapides. Ceux-ci pourraient briser le radeau et occasionner des blessures. Si vous utilisez des troncs d'arbres, sciez de préférence des arbres inclinés – le point de chute est plus facile à prévoir. Si possible, testez le radeau en eau peu profonde avant de traverser la rivière avec.

1 Formez la plate-forme du radeau en sciant 12 à 14 troncs robustes de longueur égale. Sciez 6 autres troncs, chacun plus long de 30 cm que la largeur prévue du radeau. Ces derniers maintiendront la cohésion de la structure. Avant de fixer les troncs de la plate-forme, couchez deux troncs longs en travers de deux troncs plus courts afin de réaliser la rampe de lancement (*voir* page 156).

2 Avec un grand couteau, creusez la moitié de l'épaisseur de chaque tronc support, en laissant 30 cm de bois intact à chaque extrémité. Veillez à bien couper les troncs de façon homogène, afin de ne pas affaiblir la structure.

3 Les zones creuses doivent être de même longueur et à niveau. Les longs troncs qui formeront la plate-forme reposeront à plat sur les troncs support ; la structure doit être à niveau.

4 Couchez deux troncs, zones creuses vers le bas, aux deux extrémités de la rampe de lancement pour former la base de la structure. Couchez les troncs les plus longs entre ces deux supports pour bâtir la plate-forme.

5 Calez les extrémités de chaque tronc long sur les zones creuses des troncs supports, travaillant de l'extérieur vers le centre du radeau. Alternez les troncs selon leur épaisseur afin de répartir équitablement le poids d'un côté à l'autre du radeau. Ajustez le calage des troncs les uns contre les autres.

6 Le dernier tronc doit être ajusté parfaitement pour caler tous les autres et assurer la cohésion de l'ensemble. Une fois à l'eau, des pauses seront peut être nécessaires pour maintenir les troncs en réalisant des ligatures supplémentaires. L'eau s'infiltrera probablement entre les troncs.

7 Couchez les deux derniers troncs zones creuses en travers de la plate-forme. Ces derniers feront office de traverses et renforceront la structure. N'oubliez pas que les troncs de la plate-forme permettant au radeau de flotter sont uniquement maintenus par ces traverses.

8 Les quatre troncs supports seront solidement attachés l'un à l'autre, celui du dessous avec celui du dessus, à l'aide de cordes serrées. Placez le nœud dessus pour pouvoir vérifier et resserrer facilement l'attache une fois le radeau à l'eau.

9 Attachez les supports de chaque côté à l'aide de nœuds de ris (*voir* page 35).

10 Vérifiez la solidité des ligatures et des nœuds. Si vous avez un peu de temps, réalisez quelques fixations supplémentaires à mi-longueur de chaque tronc.

11 Attachez deux bouts de bois en croix. Vérifiez que l'attache soit assez solide pour supporter le poids du gouvernail.

Croix de support du gouvernail

12 Insérez la croix de support du gouvernail à l'arrière du radeau, entre les troncs de la plate-forme, pour vérifier son positionnement. Ajustez la ligature si besoin, mais ne fixer pas encore.

13 Fabriquez une pagaie (*voir* page 157) en guise de gouvernail. Prévoyez une longueur de barre suffisante si vous voulez manœuvrer le gouvernail debout sur le radeau. Dans ce cas, attachez une longue branche au manche de la pagaie.

14 Vérifiez que le gouvernail s'insère bien sur son support et attachez fermement les pièces. Pour éviter que le montage ne se brise lors du lancement du radeau, fixez ce dispositif une fois l'embarcation à l'eau. Le radeau doit être assez grand pour vous transporter en toute sécurité avec votre équipement. Vérifiez la flottabilité et la stabilité du radeau avant de le lester.

RADEAUX ET MANŒUVRES

- Remplacez le bois par d'épaisses tiges de bambou pour fabriquer la plate-forme du radeau. Superposez deux épaisseurs de tiges, une simple couche ne suffirait pas à supporter votre poids. En guise de supports supérieur et inférieur, percez les côtés des tiges pour y insérer de fines branches ou une corde pour lier et maintenir toutes les tiges formant la plate-forme. Sécurisez le montage en ligaturant entre chaque tige.
- Le comportement du radeau se vérifie une fois l'embarcation à l'eau. Avec certains types de bois, le radeau chargé s'enfoncera légèrement dans l'eau, sans entraver la flottabilité.
- Un radeau vire lentement de bord. Anticipez toujours les manœuvres.
- Évitez les collisions avec les berges ou les rochers qui peuvent déformer la structure et rompre les ligatures.

RADEAUX ET EMBARCATIONS

LA VÉGÉTATION ET la topographie d'un terrain rendent parfois plus aisée la navigation sur une rivière, un lac ou en bordure de côte. Mais s'aventurer sur l'eau reste dangereux, surtout à bord d'une embarcation improvisée. Construit de toutes pièces ou prêt à l'emploi, un bateau doit être adapté au cours d'eau à descendre. Les conditions de navigation évoluent très vite et une expédition peut rapidement tourner au cauchemar. Ne vous aventurez pas sur l'eau si d'autres solutions s'offrent à vous, surtout sans expérience. Enfilez toujours un gilet de sauvetage ou de quoi flotter en cas de chute.

METTRE UN RADEAU À L'EAU

L'utilisation d'un radeau se limite aux cours d'eau sans trop de courant. Construisez le radeau près de l'eau car l'embarcation finie pourrait se révéler trop lourde à transporter. Avant de mettre le radeau à l'eau, attachez-le bien à un rocher, en laissant assez de mou à la corde.

Effet levier
Mettez le radeau à l'eau en le soulevant d'un côté avec deux pieux en guise de leviers.

Préparatifs
Une fois le radeau à l'eau et après vous être assuré de sa stabilité, fixez le gouvernail et la barre de direction, puis chargez l'équipement au centre du radeau.

TENDRE UNE VOILE SUR UN RADEAU

Pour naviguer sur un cours d'eau sans méandre, fixez un mât et une voile au radeau pour profiter du vent s'il souffle dans la bonne direction. En l'absence de quille, seul le gouvernail permet de diriger le radeau par vent modéré, mais ce dispositif suffit à maintenir un cap. Si l'étrave plonge dans l'eau, réduisez la voilure. Le radeau limite la navigation à la descente d'un cours d'eau avec le courant.

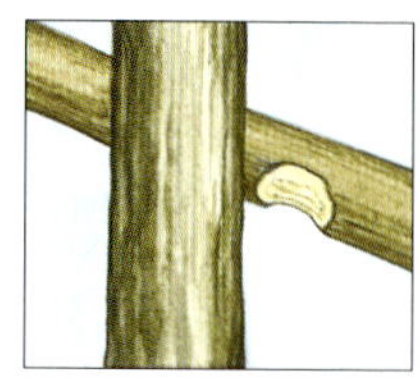

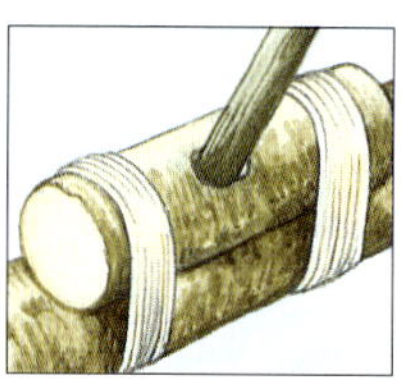

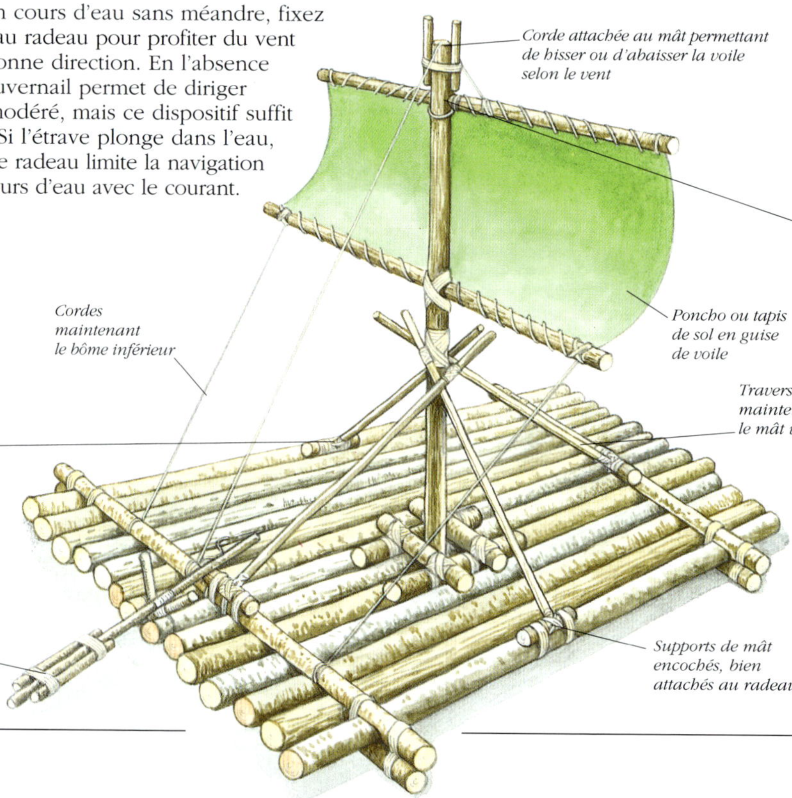

Gréer un radeau
Dressez le mât à la verticale, en le fixant à quatre rondins disposés en carré à sa base. Sécurisez avec quatre traverses attachées au mât et à la plate-forme. Utilisez un poncho en guise de voile.

Choisir une embarcation

Aussi petite soit-elle, une embarcation présente ses atouts et ses faiblesses. Ne poussez pas une embarcation au-delà de ses limites. Certains modèles, comme le coracle, sont conçus pour les eaux calmes, d'autres, comme les canots pneumatiques, peuvent affronter des conditions de navigation plus critiques.

Canot pneumatique
Ce type d'embarcation, adopté par les scientifiques et les explorateurs, autorise la navigation en mer dans des conditions difficiles car il peut être dirigé, même par forte houle. Glace et autres objets flottants peuvent toutefois endommager les chambres à air. Dans un canot pneumatique, tout le poids doit être porté à l'avant pour éviter qu'il se soulève et se retourne sous l'effet de la vitesse.

Coracle
Embarcation réservée aux eaux calmes et abritées, exigeant une dextérité au niveau de la construction et de la navigation. La coque est faite de rameaux flexibles liés pour former une demi-sphère recouverte d'une peau animale ou d'une bâche goudronnée.

Canot à moteur
Canot à fond plat équipé d'un moteur hors-bord pour naviguer sur les grands fleuves tranquilles et couvrir de longues distances. Le moteur hors-bord lève la proue de ce canot étroit, notamment lorsque l'hélice est mise à l'eau. Le lestage de l'étrave fera office de contrepoids. La longueur de l'arbre d'hélice réduit en partie le tirant d'eau.

Kayak
Les kayaks contemporains, conçus pour affronter les eaux tumultueuses, sont inspirés de l'embarcation traditionnelle des Inuits. Les coques en peaux animales ou en tissu ne sont pas aussi robustes que celles en fibre de verre, mais leur légèreté facilite le transport du kayak quand il faut éviter une zone de rapides impraticable. Pagayer exige de l'expérience, surtout lorsque le kayak est chargé ou que les eaux sont agitées. Sans quille, le kayak se retourne facilement.

Conseils de navigation

- Mettez toujours un gilet de sauvetage ou emportez des bouteilles d'eau vides dans vos poches.
- Arrimez bien équipement et matériel.
- Ne surchargez pas un radeau.
- Étudiez toujours la rivière à descendre.
- Avec un moteur de hors-bord, accélérez pour soulever l'étrave et « planer » au-dessus de l'eau, décélérez pour retrouver un plan horizontal.

Fabriquer une pagaie

1 Pelez au couteau une branche verte assez robuste. Taillez l'extrémité légèrement en biais.

2 Attachez deux bouts de bois courts à l'extrémité de la branche, de chaque côté de la coupe, pour former la pagaie.

3 Attachez un troisième bout de bois, en l'insérant au centre, pour le plaquer contre le biais de la coupe.

Pagaie
Les ligatures de la pagaie sont resserrées après usage car les cordes mouillées se relâchent.

VÉHICULES MOTORISÉS

POUR UNE EXPÉDITION en véhicule tout-terrain, répartissez le chargement, vérifiez la pression des pneus et adoptez une conduite adaptée au terrain. Les véhicules à quatre roues motrices ou au rapport poids/puissance élevé sont très pratiques, mais leur consommation en carburant reste élevée et l'usure des pneus importante. Ne partez jamais à moins de deux véhicules, dans l'idéal à trois ; si un véhicule tombe en panne, il pourra être tracté par les autres. Le transport du matériel peut se faire par un camion à quatre roues motrice et châssis surélevé, celui des hommes par des véhicules classiques à croc de remorquage. Quelques leçons de mécanique seront toujours utiles avant de partir.

CHOISIR UN VÉHICULE TOUT-TERRAIN

Les véhicules à quatre roues motrices les plus puissants sont conçus pour se déplacer sur presque tous les terrains, mais leur consommation élevée de carburant les rend peu adaptés aux longues expéditions. Les moteurs à essence sont plus légers, moins onéreux et plus puissants que les moteurs diesels. Les gros moteurs diesels offrent cependant plus de puissance à très bas régime, lorsqu'il s'agit de se déplacer prudemment sur terrain accidenté. Le diesel est aussi bien plus économique que l'essence et moins gourmand en carburant. Les longs châssis proposent des habitacles plus spacieux, mais ont tendance à s'embourber ou à s'enliser plus facilement.

Galerie
Optez pour un modèle à montants hauts et robustes, pouvant transporter le matériel qui ne peut rentrer dans l'habitacle du véhicule. Privilégiez les modèles où l'équipement peut être arrimé à la structure avec des cordes. Transportez uniquement du matériel lourd, comme des caisses.

Le véhicule idéal
La gamme des tout-terrain conçus pour les expéditions offre un grand choix de véhicules. Choisissez un modèle disposant au minimum des équipements présentés ci-dessous.

Échelle d'accès
Cette échelle facilite le chargement et le déchargement quotidien du matériel, ainsi que l'accès au toit pour observer ou filmer en toute sécurité, et permet de s'isoler du sol pour trouver un coin de fraîcheur où se reposer.

Moteur
Les moteurs à essence sont plus légers, plus puissants et souvent plus économiques que les moteurs diesels, mais ces derniers se révèlent plus performants à très bas régime et aussi plus résistants. De plus, le diesel est souvent bien plus économique que l'essence.

Pneus
Pour conduire hors-piste, choisissez des pneus à structure radiale. Attention à ne pas abîmer les flancs sur les rochers. Dégonflez légèrement chaque pneu avant de rouler sur le sable et regonflez-les de retour sur le goudron.

Châssis surélevé
Indispensable pour évoluer sur terrain accidenté, le châssis surélevé réduit les risques d'enlisement sur sol mou et de dégradation si vous heurtez un rocher.

Quatre roues motrices
Une option incontournable pour conduire sur des pistes accidentées ou sur le sable. Si vous ne disposez pas de ce type de véhicule, optez pour un modèle à roues motrices pour désembourber le véhicule plus facilement (voir page suivante).

Roue de secours
Vous pouvez emporter plusieurs roues de secours si elles rentrent dans le véhicule. Faciles d'accès, ces roues boulonnées au hayon, fixées au capot ou sur la galerie, peuvent toutefois s'endommager ou être volées.

CONDUIRE DANS DES CONDITIONS EXTRÊMES

Prudence et lenteur s'imposent lorsqu'il s'agit de conduire dans des conditions extrêmes. Arrêtez le véhicule et marchez si vous doutez de l'état de la route. Si nécessaire, roulez au pas. Utilisez toujours des pneus adaptés au terrain, par exemple pneus neige sur les pistes glacées. Réduisez la pression des pneus pour rouler sur sol mou, augmentez-la dès que vous retournez sur une piste goudronnée. Faites réviser le véhicule avant le départ.

Traverser à gué
Engagez-vous lentement, après avoir fixé les bavettes pare-boue et arrêté le système de ventilation forcée. Protégez les parties électriques du moteur d'un linge, sans obturer les aérations. Ne vous arrêtez pas.

Piste boueuse
Roulez lentement pour ne pas déraper, heurter des rochers ou vous embourber. Restez au centre de la piste, utilisez les quatre roues motrices. Sur route goudronnée, utilisez les deux roues motrices pour économiser le carburant et réduire l'usure des pneus.

Sol sablonneux
Roulez doucement, et soyez toujours vigilant. Le sable peut se présenter sous la forme d'une surface dure et plane ou d'une couche profonde et instable dissimulant des blocs rocheux susceptibles d'écraser le carter du moteur.

VÉRIFICATIONS

Chaque matin, avant le départ, faites le tour du véhicule :

- Vérifiez les niveaux de carburant, d'huile, d'eau, de liquide de frein, des circuits hydrauliques et de l'huile des essieux.
- Allumez le moteur et laissez-le chauffer.
- Vérifiez l'usure des pneus et des flancs, le serrage des écrous, la direction, les phares et tous les équipements extérieurs.
- Vérifiez les freins. Guettez les fuites d'huile ou d'eau au niveau du moteur et l'état des pièces en général.

DÉGAGER UN VÉHICULE ENLISÉ

1 Si votre véhicule est embourbé ou enlisé dans le sable ou la neige, et que vous ne parvenez pas à vous en sortir avec les quatre roues motrices, reculez puis alternez marche arrière et marche avant. Sinon, demandez au passager de pousser le véhicule et essayez d'avancer. N'insistez jamais, au risque de vous enliser plus encore.

2 Si rien ne bouge quand le passager pousse le véhicule, ou si personne ne peut vous aider, creusez le sol à l'avant des roues et façonnez la terre pour former une pente douce devant chaque trou. Essayez de dégager lentement le véhicule. Ne poussez pas le moteur, les roues patineraient et vous vous enfonceriez plus.

3 Si vous ne parvenez toujours pas à bouger le véhicule, couchez deux morceaux de bois ou des plaques de tôle ondulée face au roues. Une couverture étalée au sol permettra d'améliorer l'accrochage des pneus. Déplacez les morceaux de bois au fur et à mesure de votre progression, jusqu'à rejoindre un sol dur.

TREUILLAGE

Si le véhicule est équipé d'un treuil, fixez le câble à un arbre ou à un point d'arrimage solide. Passez le câble au-dessus d'un rondin afin de le surélever du sol. Actionnez le treuil et avancez lentement.

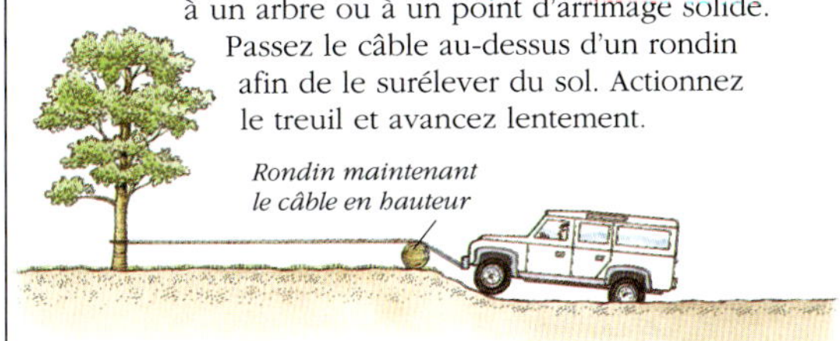

Autres moyens de transport

Dans un environnement urbain, les sorties à bicyclette, à cheval ou à moto sont des activités de loisirs. Dans la nature, ces moyens de transport vous aideront à vous déplacer avec votre équipement d'un endroit à un autre. Évitez de surcharger animaux ou véhicules et apprenez à exploiter au mieux les possibilités de chacun en prenant en compte les limites. Cela peut signifier que vous progresserez parfois plus lentement que si vous marchiez. Le choix du mode de transport, animal ou véhicule, dépendra du terrain à parcourir, de la durée de votre expédition et de la quantité de matériel emporté.

Animaux et transport

Chameaux
L'animal peut transporter près de 272 kg à un rythme assez soutenu, sur tous les terrains et dans toutes les conditions, dans la neige comme dans le sable. Parfois entêté, le chameau peut se révéler difficile à contrôler.

Éléphants
Ces pachydermes assez lents ne sont pas recommandés pour le transport de matériel. Exigeant, l'éléphant travaille seulement sur ordre de son maître et plusieurs mois sont nécessaires pour gagner sa confiance. Prévoyez le transport d'énormes quantités de nourriture pour satisfaire l'appétit ce géant.

Chiens
Une meute de sept chiens peut tracter jusqu'à 272 kg de matériel et parcourir 32 km par jour. Le husky est une race nordique habituée à vivre dans la neige. Prévoyez assez de viande fraîche pour nourrir la meute.

Chevaux
Les chevaux doivent se nourrir, s'abreuver et se reposer chaque jour, en plus de jours de repos réguliers. L'animal peut parcourir 80 km par jour, et transporter jusqu'à 90 kg à 6 km/h de moyenne. Pour le trekking, choisissez des races de montagne.

Entretien des animaux

Entretenez et soignez les animaux de transport, car si ces derniers ne sont pas des animaux de compagnie, leurs besoins n'en restent pas moins à prendre en compte. Prévoyez qu'ils s'abreuvent et se nourrissent toujours aux mêmes heures. Soignez les blessures sans attendre. Occupez-vous de l'animal avant de penser à vous. Brossez les animaux de meute avant de les harnacher pour vous assurer que rien ne puisse irriter leur peau sous la charge. Prévoyez un bain quotidien pour les éléphants dont la peau sensible se blesse facilement ; la boue les protégera des piqûres d'insectes. Nettoyez tous les jours les sabots des chevaux ou des mules avec un cure-pieds. Prévoyez une protection spéciale pour les longs déplacements sur route goudronnée. Lamas, bœufs, yaks, ânes et moutons sont parfois utilisés pour le transport de matériel.

Brossage
Brossez tous les jours les animaux et inspectez l'état de la peau – guettez blessures, irritations ou parasites. Vérifiez la façon dont marche l'animal et l'état des pattes. Traitez zones sensibles ou raideurs immédiatement.

Motos et transport

Les grosses cylindrées conçues pour le hors-piste peuvent affronter presque tous les terrains, à condition de les entretenir. Apprenez à charger une moto, en tenant compte de la charge et de sa répartition. Emportez pièces détachées et outils, et procédez à une inspection et un entretien quotidien de la mécanique.

Une réserve d'essence peut être emportée dans un réservoir assez souple pour caler votre poitrine

Placez la charge la plus lourde à l'aplomb de la roue arrière

Ne surchargez pas l'arrière de la moto car elle serait plus difficile à diriger

L'ajout de sacoches latérales ne doit pas freiner la vitesse en offrant trop de résistance au vent ou déséquilibrer la moto

Gardez vos jambes et votre équipement loin du pot d'échappement brûlant.

Répartition du poids
Répartissez bien la charge. Trop de poids en débord de la roue arrière rendra la moto impossible à diriger et pourra la faire basculer. Évitez une surcharge à l'avant au risque de casser les suspensions.

Conseils

Par temps chaud et à faible régime, une moto à refroidissement par air peut surchauffer et présenter des problèmes d'allumage ou de conduite. Dans ce cas, parquez la moto à l'ombre et laissez refroidir le moteur. Conduisez prudemment. Lavez la moto à l'eau chaude savonneuse et rincez abondamment chaque pièce. Vérifiez tous les raccords après chaque lavage et avant de prendre le départ (*voir* page 159).

Bicyclettes et transport

Un vélo tout-terrain peut compléter la marche. Sur terrain accidenté, préférez le port d'un sac à dos au chargement de sacoches, qui rendront le vélo trop lourd à transporter si nécessaire. Ce type de vélo est conçu pour les déplacements hors-piste. Si vous êtes équipé d'un sac à dos, roulez en utilisant un faible rapport de vitesse, notamment pour descendre une pente raide.

Vélo tout-terrain
Modèle adapté à presque tous les terrains et à toutes les conditions. Préparez-vous à devoir le pousser ou le porter pour franchir des pentes escarpées, des rivières ou des fondrières.

Équipement du cycliste
Seul le port du casque et des lunettes est exigé pour faire du vélo. Protégez le bas du pantalon avec des guêtres pour ne pas accrocher le tissu dans la chaîne.

Guidon et poignée doivent aider à supporter le haut du corps et le poids du sac à dos chargé

Mettez un coupe-vent et prévoyez un pull-over pour les pauses.

Roues faciles à manœuvrer notamment lorsque le vélo est lourdement chargé

Guêtres pour protéger le bas du pantalon des frottements de la chaîne et de la végétation

Portez des baskets, des chaussures de randonnée ou des chaussures adaptées dont la pointe rentre dans les cales des pédales

Système D

Vous ne pourrez transporter qu'un nombre limité de pièces détachées, donc veillez bien à l'entretien de votre vélo. Quand une petite réparation s'impose et que le cadre n'est pas endommagé, poursuivez votre route. Réparez un rivet de chaîne cassé, raccordez des câbles sectionnés ou fixez une poignée de frein à l'aide de fil de fer. Rebouchez temporairement une chambre à air percée avec une rustine. Si vous n'avez pas de pompe, garnissez l'intérieur du pneu d'herbe afin de pouvoir poursuivre votre route.

Annexe A

Abandon du bateau

En mer, renoncer à la sécurité d'un bateau est un acte lourd de conséquences. Même gravement endommagé, un bateau continue à vous apporter chaleur, abri, eau et nourriture. À l'intérieur se trouvent radio, fusées éclairantes et autres matériels de sauvetage. Ne quittez votre embarcation qu'au tout dernier moment, et seulement s'il est trop dangereux de rester à bord. Seul apte à juger de la situation, le capitaine donnera le signal du départ. Mais avant, prenez tous les accessoires qui peuvent vous être utiles, ainsi que toute la nourriture et l'eau que vous pourrez emporter.

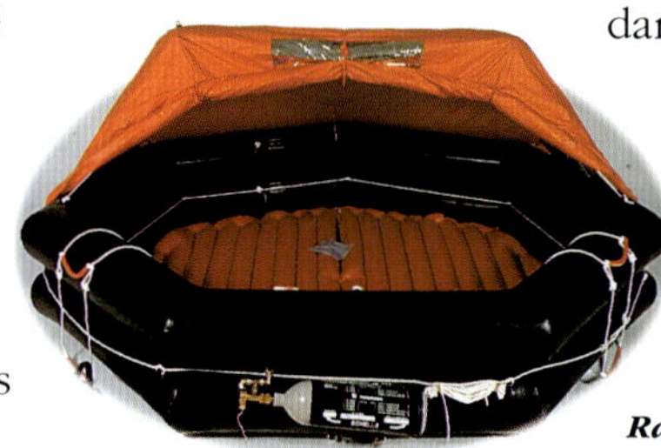

Radeau de survie
La plupart des bateaux de commerces possèdent radeaux de survie et canots de sauvetage. La gamme va du pneumatique de base au modèle équipé de tente, matériel de sécurité et provisions.

Évacuation

Évitez de sauter à l'eau, empruntez l'échelle pour embarquer dans le canot. Vos chances de survie seront moindre si vous êtes trempé (*voir* ci-contre). Mais si vous n'avez pas le choix, avant de sauter vérifiez la fixation des courroies de votre gilet de sauvetage, non gonflé au cas où vous heurtiez quelque chose dans votre chute. Inspectez les abords et sautez de la partie la plus basse du bateau.

1 Couvrez-vous la bouche et le nez avec la main pour ne pas ingurgiter d'eau de mer. De l'autre main, agrippez votre épaule pour maintenir votre bras en position, coude plaqué sur le gilet dégonflé.

2 Maintenez la tête et le dos bien droits, puis sautez. Juste avant de pénétrer dans l'eau, croisez et verrouillez jambes et chevilles.

3 Tirez sur le cordon du gilet pour le gonfler ou soufflez dans l'embout. Restez à distance du bateau en train de sombrer, nagez à reculons en vous aidant des jambes.

Des règles à retenir

- N'abandonnez le bateau que lorsque le naufrage est inévitable.
- Avant de sauter à l'eau, enfilez et attachez correctement votre gilet de sauvetage et pensez à vous revêtir d'un vêtement qui vous protégera du froid.
- Ne gonflez jamais un gilet de sauvetage avant d'entrer dans l'eau.
- Pour attirer l'attention, utilisez le sifflet de votre gilet ou fouettez l'eau avec votre bras.
- Nagez en dessous des nappes de carburant enflammé ou faites la brasse et essayez de dégager une brèche pour votre tête.
- Même si la terre est en vue, ne nagez jamais à contre-courant.

Flotter avec un gilet de sauvetage

HELP
HELP (Heat Escape Lessening Posture) *est la position dite de perte minimum de chaleur. Recroquevillez-vous, bras serrés sur les flancs de la poitrine, cuisses serrées et genoux relevés.*

En grappe
Si vous êtes nombreux, placez les enfants au centre et formez un cercle, serrés les uns contre les autres, en vous faisant face. Veillez à ce que personne ne s'assoupisse.

Pour éviter la noyade

Le corps humain a la capacité de flotter dans l'eau salée. Un constat qui vaut pour une personne qui ne sait pas nager. Pas de panique. Si vous ne pouvez pas flotter sur le dos et garder la tête hors de l'eau sans boire la tasse, la méthode ci-dessous vous permettra de rester tranquillement à flot tout en respirant à intervalles réguliers.

1 Détendu, vous flotterez naturellement juste en dessous de la surface de l'eau. Plongez la tête dans l'eau et pédalez pour revenir en surface et respirer.

2 Expirez dans l'eau puis bougez vos bras afin de ramer pour pouvoir sortir la tête hors de l'eau. Videz complètement vos poumons puis inspirez profondément.

3 Replongez la tête sous l'eau, bouche fermée, et tendez les bras en avant pour vous maintenir à flot, jambes flottant librement en arrière, jusqu'à la prochaine inspiration.

Auxiliaires

Récupérez les débris situés à proximité pour les utiliser comme flotteurs (bois flotté ou fragments du bateau).

Débris flottants
Ils peuvent servir à vous maintenir à flot.

Survivre en eau froide

Vous perdrez plus de chaleur corporelle en nageant qu'en restant immobile. Restez calme dans le gilet de sauvetage, en position HELP, ou maintenez-vous à flot à l'aide de débris. Gardez vos vêtements y compris vos chaussures ; votre corps va réchauffer l'eau dont ils sont imprégnés. Maintenez tête et épaules en surface pour conserver votre chaleur corporelle.

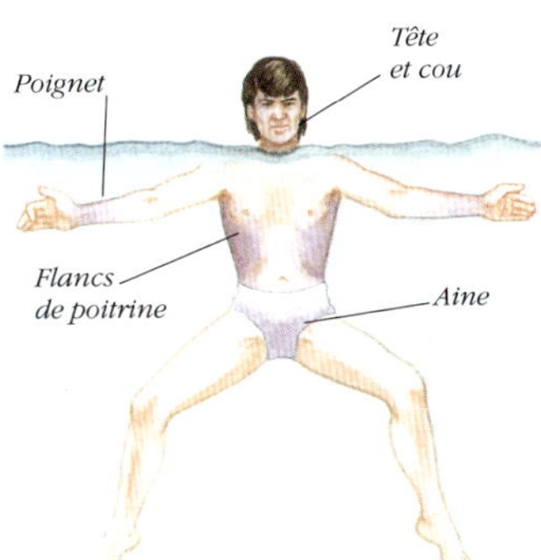

Zones de déperdition de chaleur
De grandes quantités de sang circulent juste sous la peau au niveau de ces zones. La position HELP permet de les protéger (voir *page précédente*).

Flotteur de fortune

Même si vous savez nager, un auxiliaire de flottaison permet de garder la tête hors de l'eau. Vous pourrez ainsi respirer et empêcher une perte de chaleur corporelle par la tête. Démonstration, avec un pantalon.

1 Nouez les jambes du pantalon par le bas et serrez le nœud avec les dents tout en pédalant pour rester à flot.

Piégez l'air dans le pantalon, levé au-dessus de la tête

2 Levez le pantalon au-dessus de la tête par la ceinture ou la braguette pour le gonfler d'air. Recommencez si nécessaire.

3 Placez la tête entre les jambes du pantalon, ceinture fermée maintenue sous l'eau. Regonflez dès que nécessaire.

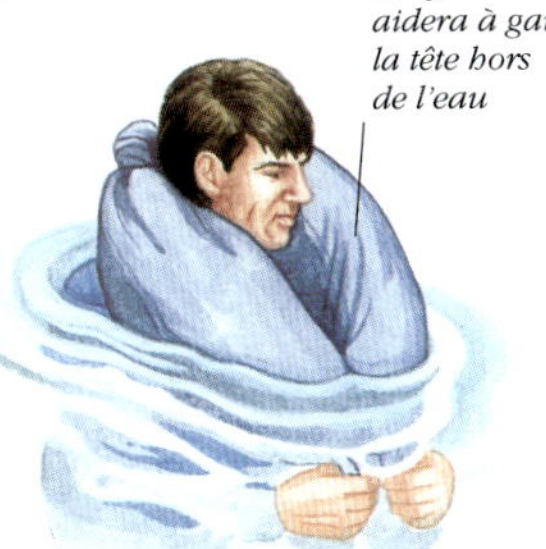

Ce système vous aidera à garder la tête hors de l'eau

ATTENTION

Même flottant en pleine mer et sans espoir de secours, gardez votre calme et ne paniquez pas. Votre énergie doit se concentrer sur votre seule survie. Luttez contre l'état de somnolence dû au froid. L'ennui est tout aussi dangereux, tâchez de vous occuper l'esprit.

Survivre en mer

Les radeaux de survie sont conçus pour un nombre limité de passagers, pensez-y si vous abandonnez votre bateau au large. Placez au centre enfants, invalides et blessés. En eaux chaudes, s'il y a risque de surcharge, certains naufragés devront rester à l'eau, attachés à une main courante, et s'accrocher au radeau. Ils devront être souvent remplacés par les survivants embarqués. Protégez provisions et équipements indispensables à votre survie dans des sacs ou conteneurs étanches, encordés au radeau. Inspectez les réserves de nourriture et commencez le rationnement.

Requins
Des centaines d'espèces de requins, certains fatals pour l'homme, hantent les océans. Prenez garde, les requins sont attirés par les ondes émises en cas de détresse et par l'odeur du sang.

Aménager un radeau

Certains radeaux disposent de tout l'équipement de survie nécessaire ; d'autres, plus sommaires, sont conçus comme un espace rangement du bateau et non comme une embarcation proprement dite. Dans ce cas, improvisez un abri contre pluie, vent et embruns, et trouvez le moyen de fabriquer une voile.

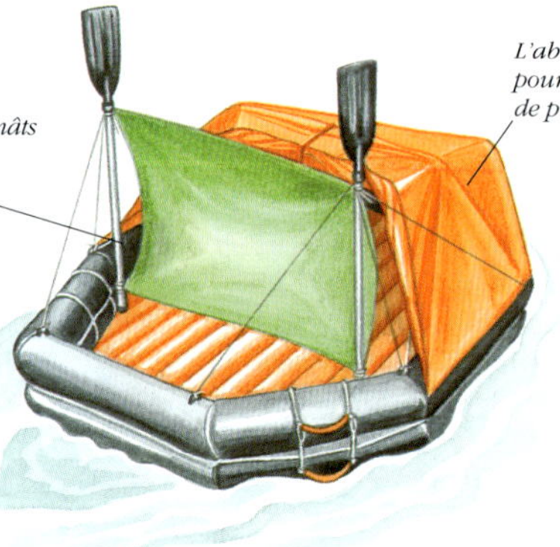

Improviser une voile
Un poncho ou une bâche tendue entre deux pagaies à la verticale permettront au vent de propulser le radeau. L'embarcation sera néanmoins difficile à barrer à moins de fabriquer un gouvernail de fortune. Attachez solidement les pagaies aux flancs du radeau.

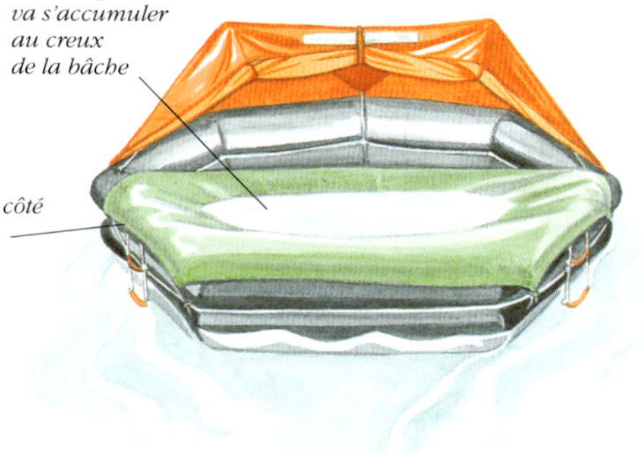

Récupérer l'eau de pluie
Difficile de s'approvisionner en eau douce en pleine mer. Tendez une bâche plastique en travers du radeau pour récupérer l'eau de pluie. Transvasez-la immédiatement dans des récipients pour empêcher qu'elle ne soit souillée par le sel des embruns.

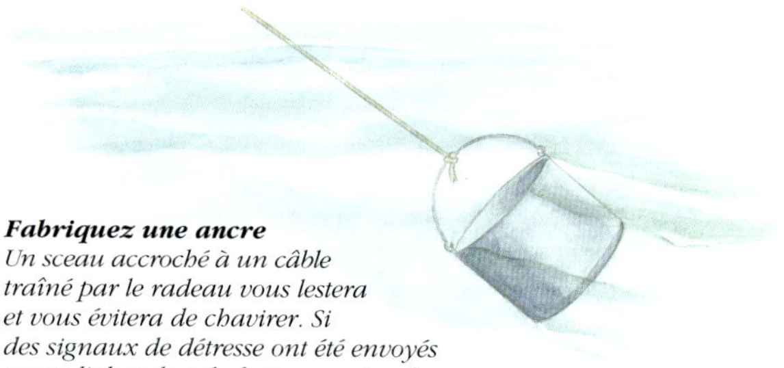

Fabriquez une ancre
Un sceau accroché à un câble traîné par le radeau vous lestera et vous évitera de chavirer. Si des signaux de détresse ont été envoyés avant l'abandon du bateau, restez dans les eaux à proximité du naufrage afin que les secours vous retrouvent plus facilement. Une ancre limitera les risques de dérive.

Danger, requins

Des requins peuvent approcher le radeau, poussés par la curiosité. S'ils devenaient dangereux pour l'intégrité de l'embarcation, effrayez-les en faisant du bruit et de grands gestes. Un grand coup de pagaie sur le museau les fera fuir. Un requin affamé se montrera plus agressif. Attiré par les odeurs de sang et d'excréments, il considérera les mouvements faibles et hésitants comme étant ceux d'une proie blessée, donc facile à attaquer. Les produits anti-requins ne doivent servir que si le requin se rapproche trop du radeau. Pour décourager les requins de se frotter sous le canot, laissez dériver un vêtement ou une couverture à l'arrière.

À BORD DU CANOT

Priorité absolue, se protéger des éléments et des vagues. Pêchez à l'aide des hameçons et lignes du kit de survie (*voir* page 28) ou d'un filet (*voir* ci-dessous). En l'absence d'eau douce, évitez de manger, votre corps épuiserait ses précieuses ressources en eau pour la digestion. Restez immobile afin de ne pas transpirer. Prévoyez des tours de guet pour collecter de l'eau et guetter une terre où accoster.

Se nourrir
Attachez une chemise ou un autre vêtement à une pagaie fixée au radeau. Ce filet dérivant improvisé permettra de pêcher les poissons évoluant en surface. Attention à ne pas tomber à l'eau ou à perdre la pagaie. Essayez également de récupérer crabes et mollusques arrimés aux bois flottants et autres débris.

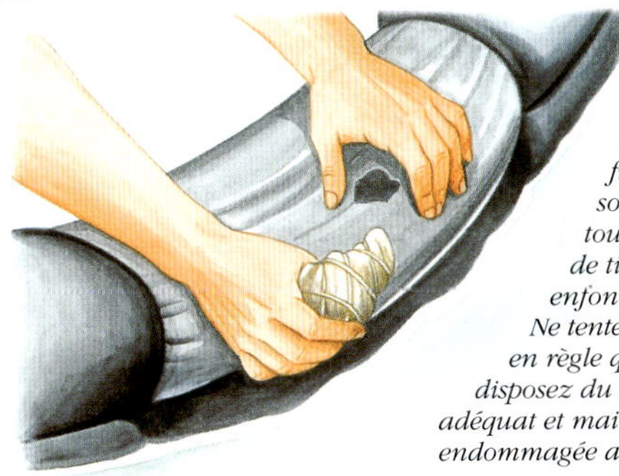

Colmatez les fuites
Colmatez une fuite avec un objet solide, comme un tournevis, enveloppé de tissu et ficelé, puis enfoncé dans le trou. Ne tentez une réparation en règle que si vous disposez du kit de réparation adéquat et maintenez la zone endommagée au sec.

SE SIGNALER

Un radeau de survie passe facilement inaperçu. Les fusées vous signaleront aux bateaux et avions. Certaines sont conçues pour la nuit, au large et par brouillard, d'autres pour le jour. Parmi les signaux pyrotechniques, on distingue entre autres feux à main, fusées tirées manuellement et d'autres au pistolet.

DE NUIT

Fusée éclairante rouge avec parachute
Elle s'éclaire à 91 m et se voit jusqu'à 11 km. Reste visible plus longtemps que les autres.

Feu à main rouge
Tenez l'engin aussi haut que possible, à la main ou fixé à une pagaie. Visible jusqu'à 5 km. S'utilise en condition de visibilité médiocre, de nuit ou par vent violent.

DE JOUR

Fumée orange
Pour la journée uniquement, par vent faible et bonne visibilité. Tenir l'engin sous le vent.

Mouvements des bras
À la vue des secours, levez-vous au centre du radeau, et agitez les bras tendus de haut en bas.

Fumée blanche anticollision
Ce fumigène permet de se signaler et d'éviter les risques de collision. À n'utiliser qu'une fois les autres fusées épuisées. Plus efficace la nuit ou à faible portée.

SIGNES DE TERRE

Accoutumé à inspecter l'horizon, vous serez en mesure de repérer tout signe indiquant la proximité de la terre. Des cumulus (*voir* page 132) dans un ciel dégagé se forment généralement au-dessus de la terre. Ils offrent alors une teinte bleu-vert née du reflet du soleil sur les eaux peu profondes. Si un seul oiseau marin peut évoluer loin de la terre, une colonie ne s'éloigne en principe jamais à plus de 100 km du rivage et rejoint la côte en fin d'après-midi pour nicher sur les falaises, les roches ou les champs.

Phoque
La présence de phoques signale la proximité de la terre, l'espèce ne s'aventurant jamais très loin du rivage.

ENNUIS DE SANTÉ

Coups de soleil, brûlures dues au vent et cloques constituent l'essentiel des problèmes du naufragé. Restez habillé et protégé du soleil, lavez toute trace de sel et tentez de garder le radeau au sec. Si possible, lavez-vous à l'eau douce et appliquez crème ou lotion contre les cloques. Un régime de poisson cru déséquilibrerait votre fonctionnement intestinal et entraînerait une constipation. Seule solution : manger moins, surtout si vos provisions d'eau douce sont limitées.

Animaux dangereux

Un animal sauvage évite généralement l'homme, à moins d'être provoqué, affamé ou dérangé. La provocation peut être le fait d'une maladresse ; en présence de jeunes, un herbivore d'habitude placide peut devenir féroce. Vous êtes un intrus dans leur univers, ne l'oubliez pas et respectez leur territoire. Espèces venimeuses ou animaux dangereux, la survie est une vigilance de tous les instants.

Grizzly (Ursus)
Plutôt inoffensif, le grizzly aura plus tendance à fuir l'homme qu'à l'attaquer. Seule exception à cette règle, une femelle accompagnée de ses oursons. Dans ce cas, évitez de croiser leur chemin.

Amérique du Nord

L'Amérique du Nord compte encore d'immenses espaces sauvages. Dans cette région essentiellement tempérée se succèdent paysages de montagnes, plaines et déserts arides. Les forêts reculées abritent de grands prédateurs, comme le grizzly ou le loup gris *(Canis)*, et de petites créatures venimeuses comme le serpent à sonnette *(Crotalus)* ou l'araignée anachorète *(Loxoscees reclusa)* évoluant dans les régions plus chaudes. La plupart des animaux dangereux entrent en léthargie ou hibernent l'hiver venu.

Serpent corail (Micrurus)
Il en existe de nombreuses espèces en Asie du Sud-Est, Amérique du Sud et Amérique du Nord, toutes dotées de couleurs éclatantes. Le serpent corail peut mesurer jusqu'à 1 m de long. Bien que venimeux, ses crochets courts ne peuvent traverser les vêtements.

Alligator américain (Alligator)
Hante les marécages du sud-est des États-Unis. Extrêmement vif en cas d'attaque, il se camoufle et reste immobile des heures dans l'attente d'une proie.

Amérique du Sud

Recouverte en grande partie de forêt tropicale humide (*voir* page 145), l'Amérique du Sud abrite des milliers d'espèces animales, la plupart venimeuses. Insectes et serpents, majoritaires, trouvent refuge dans la végétation. Des espèces plus imposantes, cochons sauvages, jaguars et des amphibiens représentent un danger pour l'homme. La pointe de l'extrême sud du continent est le repaire de l'éléphant de mer *(Mirounga)*, très agressif en période de rut.

Piranha (Serrasalmus)
Carnassiers redoutables d'Amérique du Sud aux dents tranchantes comme des rasoirs, ces poissons évoluent en bancs pour attaquer une proie blessée.

Poisson-scorpion (Scorpaenidae)
Poisson de l'océan Indien et du Pacifique, aussi présent en Atlantique et mer Méditerranée. Venimeuses, leurs longues nageoires hérissées d'épines provoquent des piqûres douloureuses (voir page 180).

Serpent de mer (Laticauda)
Ceux de la zone indo-pacifique sont très venimeux, mais non agressifs.

Dendrobate (Sminthillus)
La peau de cette grenouille arboricole d'Amérique du Sud sécrète l'une des substances les plus toxiques, mortelle en moins d'une minute.

EUROPE

Les vastes forêts européennes d'autrefois sont aujourd'hui urbanisées, reléguant le marcassin dans des zones reculées. Frelon *(Vespa)* et vipère *(Vipera)* restent des espèces dangereuses, au venin pouvant entraîner un choc anaphylactique (*voir* page 80).

Veuve noire (Lactrodectus)
Présente dans les régions chaudes de Méditerranée comme d'Amérique du Nord, la veuve noire est l'une des araignées les plus redoutées du monde. Si sa morsure n'est pas toujours mortelle, la panique peut accélérer la propagation du venin dans le corps et entraîner difficultés respiratoires et complications cardiaques.

AFRIQUE

Provoquées, de nombreuses espèces animales africaines représentent une réelle menace pour l'homme et mieux vaut ne pas les déranger. Le continent abrite aussi serpents mortels, dont le mamba noir *(Dendroaspis)* et la vipère arboricole *(Dispholidus)*. Mais la principale menace demeure le moustique vecteur de la malaria *(Anopheles)*.

Vipère clotho (Bitis)
Vit dans les zones semi-arides d'Afrique et dans la péninsule Arabe. La clotho a un corps massif, une tête large aplatie et une queue courte. Le plus souvent de couleur jaune-paille, marquée de motifs noirs, elle possède de longs crochets qui traversent facilement les vêtements. Sa morsure peut être fatale.

ASIE

L'Asie du Sud-Est offre principalement une forêt tropicale où seules quelques tribus primitives vivent. La zone abrite plusieurs espèces animales dangereuses, dont le crocodile *(Crocodilus)*, le terrifiant serpent krait *(Bungarus)* et la veuve noire *(Lactrodectus)*.

Tigre (Panthera)
Vit en Asie du Sud-Est, généralement en solitaire dans des zones reculées, loin des humains. Provoqué, le tigre peut se révéler féroce, surtout s'il s'agit d'une femelle défendant ses petits.

Hippopotame (Hippopotamus)
Un des animaux les plus dangereux d'Afrique. L'hippopotame vit dans les rivières et quoique généralement inoffensif, il n'hésite pas attaquer s'il se sent piégé ou si ses jeunes sont menacés.

Mygale (Atrax)
La morsure de cette araignée d'Australie peut être mortelle. Présente dans les zones humides et fraîches, la mygale construit une toile en forme de tunnel et s'active surtout la nuit.

AUSTRALIE

Le continent abrite quelques-unes des créatures les plus venimeuses et les plus agressives du monde. Entre autres, le serpent taipan à tête noire *(Parademansia)* au venin mortel, le grand requin blanc, le poisson-pierre *(Synanceidae)* et le poisson-ballon *(Arothron)*.

Grand requin blanc
(Carcharodon)
Hante les eaux tropicales et tempérées. Certains individus peuvent se révéler très agressifs (voir *page 164).*

FACE À UN ANIMAL DANGEREUX

Mieux vaut éviter le danger que d'avoir à l'affronter. Avancez en faisant le plus de bruit possible, les animaux fuiront. Attention aux femelles accompagnées de leur progéniture. Si vous tombez nez-à-nez avec un prédateur, restez immobile puis reculez lentement. Ne courez pas, vous exciteriez son instinct de chasseur. Si l'animal charge, courez en zigzag ou précipitez-vous sur lui en criant et en gesticulant. Initiez-vous aux mœurs de la faune locale de façon à pouvoir l'éviter. En cas de morsure, ne paniquez pas (*voir* page 180). Contre les insectes dangereux et les moustiques, utilisez un filet. Le matin, secouez vêtements et chaussures avant de vous habiller, scorpions et araignées pourraient y avoir trouvé refuge.

Catastrophes naturelles

Les images de catastrophes naturelles régulièrement diffusées sur les écrans finissent par banaliser ces événements pourtant dramatiques. Nous nous croyons souvent à l'abri, mais certaines régions du globe voient ces catastrophes survenir couramment. Tenez compte des mises en garde des autochtones, respectez les mesures de précaution et écoutez la radio locale.

Feux de forêts

Les causes

Forêt, brousse et maquis s'embrasent rapidement suite à une longue période de sécheresse. Le risque peut venir d'un feu de camp qui échappe à tout contrôle ou du soleil qui se reflète sur un morceau de verre. Tentez d'étouffer sans attendre un début d'incendie à l'aide d'un sac de couchage ou fouettez les flammes avec une couverture avant qu'il ne s'étende.

Signes et précautions

Premiers signes annonciateurs d'un feu : l'odeur puis la nervosité des animaux. Si le vent souffle en direction du feu, avancez contre le vent. Si le vent pousse le feu, les flammes avanceront rapidement. Cherchez route, rivière ou abri entre les arbres, et laissez passer le feu. Ne vous réfugiez pas en hauteur. Sans autres choix, courez à travers les flammes et réfugiez-vous sur un secteur déjà brûlé.

Avalanche

Coulée de neige

Une avalanche peut se produire sur tous les versants enneigés. Ne vous aventurez pas dans une zone enneigée sans demander conseil à la population locale. Le bon sens suffit à minimiser les risques, qui ont tendance à croître au fur et à mesure que la journée avance, alors que la neige se réchauffe sur les versants exposés au sud (au nord dans l'hémisphère Sud). Un séisme, un bruit, comme un cri, ou la présence de skieurs suffisent à déclencher une avalanche.

Conduite à tenir

Si une avalanche se déclenche en amont, rejoignez vite le bas du versant. Cachez-vous derrière un surplomb rocheux ou dans un abri sûr. Si vous êtes rattrapé, laissez sac à dos et équipement, couvrez-vous la bouche et le nez avec vos bras. Couchez-vous en tentant de garder la tête à l'air libre ou dégagez un espace autour de votre tête pour pouvoir respirer. Criez dès que vous entendez les secours.

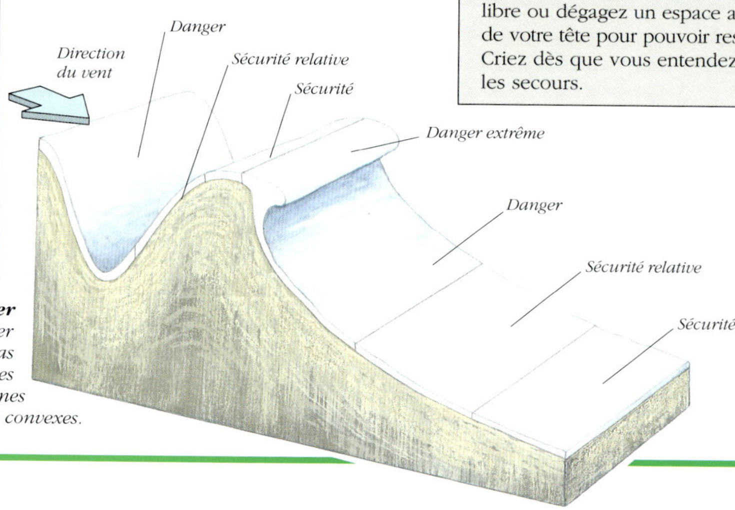

Zones de danger

C'est la force de gravité qui fait dévaler la neige, plus dense et plus stable au bas d'une pente qu'au sommet. Les avalanches surviennent donc plus souvent dans les zones d'altitude, surtout sur des pentes convexes.

Tectonique des plaques

Séismes et activité volcanique suivent les lignes séparant les plaques tectoniques dont les mouvements engendrent des zones de tension extrême. La libération de cette tension entraîne un séisme, souvent le long d'une ligne de faille, produisant une secousse brusque avec déplacement de quelques centimètres à plusieurs mètres. Les éruptions volcaniques surviennent dans des zones géologiques sensibles, lors de l'éjection de magma en fusion.

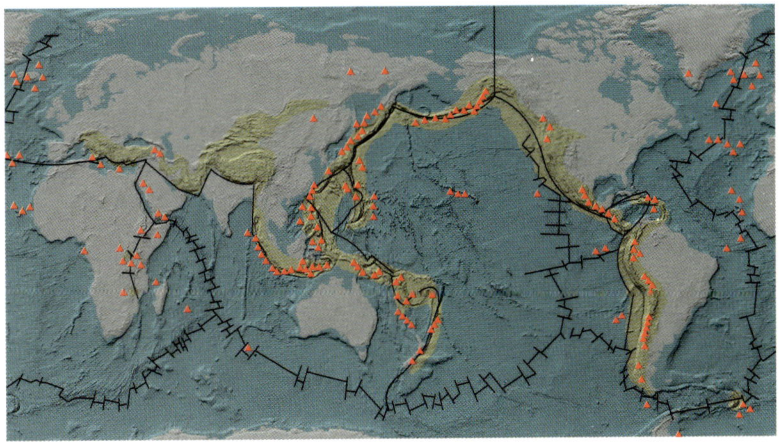

Ceinture de feu du Pacifique
La plupart des séismes et des éruptions volcaniques ceinturent la plaque Pacifique.

▲ Volcans — Zone de forte sismicité

Séisme

Effets destructeurs
Le séisme est redouté car ses effets sont imprévisibles. En pleine nature, montez au sommet d'une colline ou réfugiez-vous sur une plage, loin de falaises. En ville, éloignez-vous des immeubles et couchez-vous sur un terrain dégagé. Restez dans votre véhicule à l'arrêt. Dans une cave ou en sous-sol, restez près des murs ou sous une table solide.

Suites d'un séisme

Un séisme est souvent suivi de répliques. Après la secousse principale, éloignez-vous des structures endommagées qui peuvent s'effondrer. Attention aux câbles électriques sous tension à terre. La rupture des canalisations entraîne une pollution de l'eau. Faites-la bouillir et filtrez-la avant de la consommer (*voir* page 74). Écoutez la radio locale et suivez les instructions données.

Tsunami

Un séisme sous-marin engendre une vague géante susceptible de dépasser 30 m de haut, pouvant frapper les zones côtières et submerger l'intérieur des terres.

Vague géante

Volcans

Éruptions
L'activité des volcans est liée à la tectonique des plaques. Lors d'une éruption, un volcan crache lave, cendres, gaz brûlant, coulées de boue et débris (bombes volcaniques), tous pouvant être mortels, même si la coulée de lave rattrape rarement un individu. Le dioxyde de soufre brûle la peau et les poumons. Éloignez-vous sans attendre des couloirs susceptibles d'être empruntés par la lave, comme le lit d'une rivière.

Conduite à tenir

En cas de signes précurseurs d'une activité volcanique, quittez la zone sans attendre. Au moment de l'éruption, cendres et coulées de boues peuvent rendre les routes glissantes, détruire les habitations et empêcher toute retraite. Conservez un masque respiratoire (ou un linge humide) à portée de main. Retirez les cendres qui couvrent votre peau.

MÉTÉO EXTRÊME

LES CHANGEMENTS MÉTÉOROLOGIQUES résultent des différences de température et de pression atmosphérique. Lorsque cet écart se creuse de façon inhabituelle, on parle de phénomènes extrêmes. Les prévisionnistes s'appuient sur l'étude de cartes synoptiques mettant en évidence des valeurs de référence sur une région donnée. La comparaison de ces données permet de détecter ou de prévoir une tempête par exemple. Le déclenchement d'une alerte météo et la mise en place de mesures limitent dégâts matériel et humain. Ces phénomènes extrêmes sont souvent saisonniers et localisés.

MÉTÉO À L'ÉCHELLE MONDIALE

La prévision de phénomènes météorologiques extrêmes s'appuie sur l'évolution et l'interaction de masses d'air gigantesques. Les systèmes de hautes pressions stables au niveau des continents sont perturbées par des systèmes de basses pressions dits dépressionnaires. La carte synoptique ci-dessous montre ces phénomènes.

Prévision météorologique

Sur une carte synoptique apparaissent les états successifs de l'atmosphère au-dessus de la terre. Les données recueillies par les stations météo et les satellites sont reportées en temps réel, puis analysées pour établir des prévisions jusqu'à plus d'une semaine.

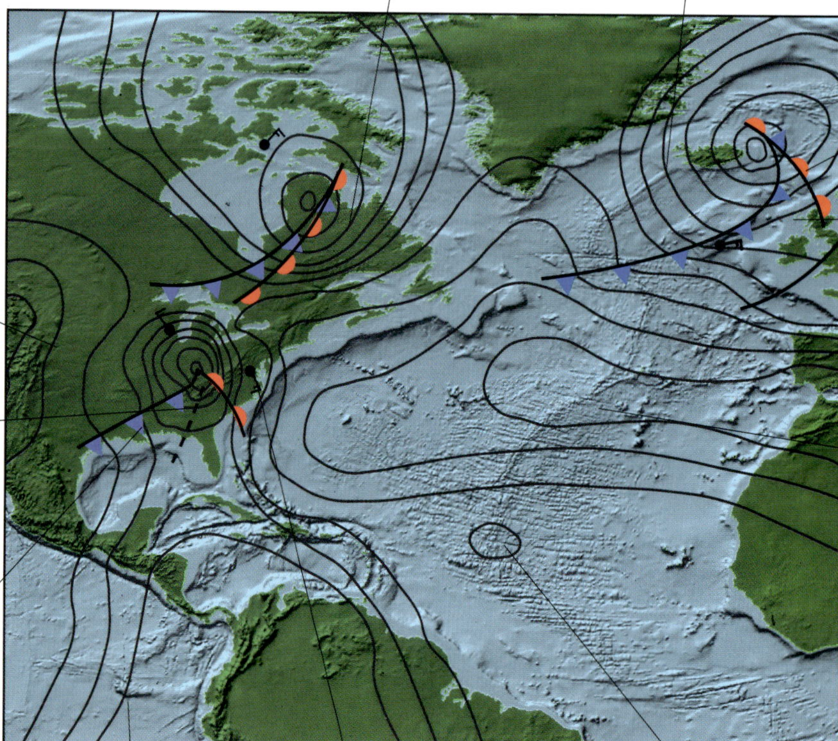

TEMPÊTES DE VENT

Une tempête de vent peut affecter toutes les régions du monde, à tout moment de l'année, sans que personne puisse la prévoir et s'y préparer. Ouragans et tornades déracinent les arbres et détruisent les constructions et les moyens de transport. En mer des vagues géantes se forment, susceptibles de couler un bateau.

Tornade
Tempête tourbillonnante avec un vent pouvant atteindre 620 km/h qui se forme sous un nuage d'orage et prend la forme d'une cheminée aspirant en altitude une masse d'air chaud à très basse pression.

SIGNES ET PRÉCAUTIONS

On peut voir et entendre une tornade approcher. Cherchez à vous abriter dans une grotte ou allongez-vous au fond d'une tranchée, bras sur la tête. Dans une maison, fermez portes et fenêtres exposées, mais ouvrez les autres. Sortez des véhicules ou des caravanes.

Ouragan
Tempête tropicale avec vents tourbillonnants et pluies torrentielles, créée par un système dépressionnaire dû à l'air chaud s'élevant au-dessus des océans.

SIGNES ET PRÉCAUTIONS

Une hausse anormale du baromètre suivie d'une chute brutale peut signaler l'approche d'un ouragan. Évacuez la zone concernée. Éloignez-vous du littoral et des cours d'eau. Abritez-vous dans une grotte ou une profonde crevasse. Dans une maison, rangez les objets pouvant s'envoler. Calfeutrez les fenêtres. Abritez-vous sous une table solide ou dans la cave.

TEMPÊTES DE PLUIE

Des pluies torrentielles et soudaines peuvent saturer le sol, lorsque l'eau ne parvient plus à s'infiltrer dans le sol et les couches rocheuses souterraines. Le phénomène se traduit par un lessivage du sol et de la végétation, mais aussi par des inondations, le débordement des canalisations et l'arrêt des installations électriques.

Inondation
Une rivière peut sortir de son lit sous l'effet de pluies torrentielles en entraînant crues et inondations. Le phénomène est plus dangereux dans les régions sèches où le sol en surface est vite saturé alors que le sous-sol est lessivé. Les zones inondables situées à basse altitude sont faciles à repérer. Mieux vaut s'en éloigner en cas de fortes pluies, avant l'amorce d'une crue.

PRÉCAUTIONS

Si vous prévoyez l'imminence d'une inondation, stockez le plus d'eau potable possible. Transportez nourriture, allumettes et matériel de couchage sur un point élevé ou à l'étage d'une maison. En l'absence de danger d'effondrement ou de montée des eaux, restez à l'abri pour attendre les secours ou la décrue. Ne vous aventurez jamais dans l'eau, à pied ou à bord d'un véhicule.

PRÉCAUTIONS

Mettez des chaussures à semelle en caoutchouc et tenez-vous sur une zone sèche non conductrice d'électricité. Accroupissez-vous afin d'exposer le moins de surface possible. Tenez-vous à l'écart des objets hauts ou métalliques. Un éclair est un arc électrique libérant une chaleur intense pouvant brûler une personne à distance.

Foudre et éclairs
Par temps d'orage, l'air chaud rencontre de l'air froid en s'élevant et crée une zone de turbulence chargée en électricité statique où les gouttes d'eau s'entrechoquent. Ces chocs entraînent l'électrisation du nuage d'orage dont la charge élevée est parcourue d'arcs électriques qui établissent une liaison avec le sol.

Signalisation

Ne partez jamais sans alerter vos proches de vos intentions, de votre itinéraire et de la date escomptée de votre retour. En cas de problème, les secours alertés vous localiseront plus facilement. Pour signaler votre position, rien de plus simple ! Utilisez le signal de détresse S.O.S., transmis par code morse à l'aide d'un miroir, d'une torche, de signaux de fumée ou du code sémaphore et lancez le signal *Mayday* par radio. À utiliser uniquement si vous êtes en situation de détresse.

Sémaphore

Émetteur et receveur doivent être positionnés de façon à bien se voir. L'utilisation de jumelle facilite la lecture des signaux. Comptez cinq secondes entre l'émission de chaque signaux correspondant à une lettre. Le récepteur note les positions des bras et leur attribue leur lettre correspondante en fin d'émission du message.

Signaux sol-air

Attirez l'attention des secours aériens et signalez vos besoins. Si votre situation se limite à un simple ravitaillement, faites-vous clairement comprendre (*voir* ci-dessous). Les pilotes risquent souvent leur vie et celle de l'équipage en tentant d'atterrir sur des pistes improbables. N'abusez pas de leur dévouement !

Marquages au sol

Signaux au sol
Ce code international de signaux à l'usage des survivants est destiné aux pilotes. Formez des signes aussi grands que possible, se détachant visiblement du fond, avec des morceaux de bois, de pierres ou d'empreintes tracées du pied.

Besoin de nourriture et d'eau

Montre la direction à prendre

Atterrir sans danger

Affirmatif

Blessure, besoin médecin

Besoin carte et boussole

Je prends cette direction

Négatif

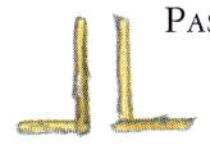
Pas compris

Tout va bien

Signalisation corporelle

Signaux de guidage d'un avion
Signaux utilisés pour guider l'atterrissage d'un hélicoptère ou communiquer avec un équipage. Tenez-vous droit et accentuez les gestes. Ancrez-vous au sol lors de l'atterrissage pour ne pas être déséquilibré par le déplacement d'air par les pâles.

Volez vers moi/ Hélitreuillez-moi

Vol stationnaire/ Besoin mécanicien

Descendez

(En agitant le bras droit) Déplacez-vous sur ma gauche

(En agitant le bras gauche) Déplacez-vous sur ma droite

Volez vers moi

Indique la direction d'une aire de secours

Utiliser le soleil

Prenez un morceau de matériau réfléchissant percé d'un trou au centre. Regardez à travers le trou en direction du soleil. Inclinez le réflecteur vers le bas pour faire apparaître un éclat de lumière au sol. Dirigez l'éclat en direction de l'avion à alerter. Inclinez le réflecteur pour déplacer le halo et attirer l'attention du pilote, sans l'aveugler.

Héliographe
Réfléchit la lumière du soleil et permet d'attirer l'attention.

Code morse

Le code morse basé sur une combinaison de points et de tirets peut être transmis par signal radio, flash lumineux, héliographe ou signaux de fumée. Procédez lentement en faisant une pause après chaque mot. Le signal AAAAAA signifie « j'ai un message », TTTT : « je vous reçois » et R (Roger) : « message reçu ».

A	• —	N	— •	1	• — — — —
B	— •••	O	— — —	2	•• — — —
C	— • — •	P	• — — •	3	••• — —
D	— ••	Q	— — • —	4	•••• —
E	•	R	• — •	5	•••••
F	•• — •	S	•••	6	— ••••
G	— — •	T	—	7	— — •••
H	••••	U	•• —	8	— — — ••
I	••	V	••• —	9	— — — — •
J	• — — —	W	• — —	0	— — — — —
K	— • —	X	— •• —		
L	• — ••	Y	— • — —		
M	— —	Z	— — ••	SOS	••• — — — •••

Annexe B

Premiers secours

En situation de survie, un blessé doit être secouru sans attendre pour avoir des chances de rester en vie. Tous les membres du groupe doivent connaître les gestes de premiers secours et être suffisamment préparés pour agir dans l'urgence. En l'absence de structures médicales adaptées, le suivi d'une personne gravement blessée pose un problème évident, mais vous pourrez traiter les petites blessures et stabiliser l'état d'une victime dans l'attente des secours. Si chaque blessure et chaque affection représente un cas particulier, l'apprentissage des gestes de premiers secours vous permettra d'intervenir dans la plupart des situations.

Trousse de premiers secours

Emportez des accessoires et des équipements vous permettant de traiter la plupart des urgences et de stabiliser l'état d'un blessé dans l'attente d'un médecin. Différents kits prêts à l'emploi sont vendus sur le marché, mais constituez plutôt votre propre trousse de secours, incluant le matériel ci-dessous.

Grand pansement

Pansement étroit

Petit pansement

Pansements
Pour protéger de l'infection les petites coupures et couvrir les ampoules (voir *page 181*).

Gaze stérile en bande ou en rouleau

Crêpe Velpeau

Bandes et bandages
Un matériel polyvalent pour maintenir un pansement, protéger une blessure ou encore pour faciliter l'immobilisation d'une fracture.

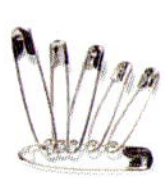

Épingles de sûreté
Pratiques pour fixer un bandage ou réaliser une suture temporaire.

Analgésiques
Conservez les analgésiques pour les cas d'urgence, notamment pour le transport d'un blessé grave.

Gaze stérile
Pour comprimer une hémorragie et garder une blessure propre.

Crème antiseptique

Bandage triangulaire
Pour confectionner une écharpe et soutenir un bras cassé ou faire un large bandage, au pied par exemple. Peut servir de foulard de protection (voir *page 142*).

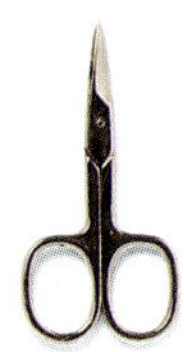

Paire de ciseaux
Un accessoire incontournable ! Optez pour un modèle de qualité à bouts ronds.

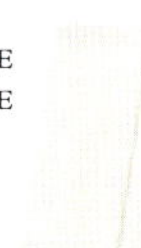

Lingette antiseptique

Antiseptique
Utilisez une lingette antiseptique pour nettoyer une blessure. L'application de crème antiseptique sur une petite lésion aide à cicatriser et évite l'infection.

Pansements pour protéger le pied
Ampoules et lésions affectent souvent les randonneurs. Pansements et protections conçus pour le pied préviennent le développement des blessures. Découpez le feutre à la taille de la zone lésée et maintenez avec un pansement.

Pansements pour cors

Protection feutre

ÉVALUER L'ÉTAT D'UN BLESSÉ

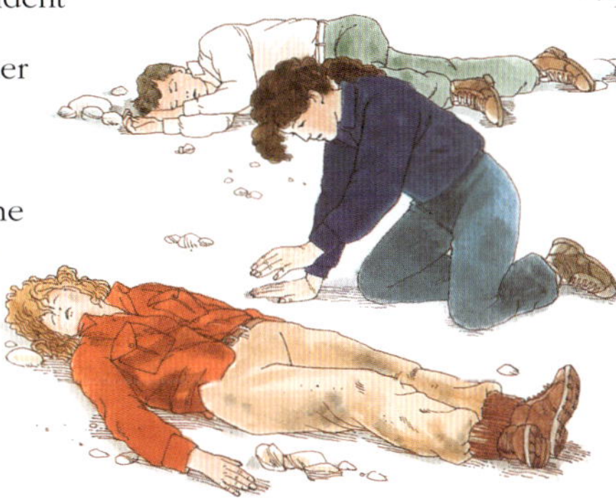

Avant d'approcher de la scène d'un accident de voiture, prenez le temps d'évaluer la situation. Coupez le contact pour éviter tout risque d'incendie et veillez à ce que rien ne vienne aggraver l'état de la victime. Faites rapidement le tour des blessés et assurez-vous que personne ne soit encore dans le véhicule ou hors de vue. Évaluez l'état de chaque blessé, en sachant reconnaître les victimes à traiter en priorité et les cas plus désespérés. Restez maître de vous et agissez, des vies en dépendent.

ATTENTION

À moins d'un danger imminent, ne déplacez pas un blessé avant de savoir de quoi il souffre. Déplacer un blessé atteint d'une lésion de la colonne vertébrale peut entraîner une paralysie (*voir* page 178).

BASES DE LA RÉANIMATION

1 Si la victime est inconsciente, posez une main sur son front et deux doigts sous son menton. Inclinez sa tête en arrière pour dégager **les voies respiratoires**. Retirez de la bouche tout corps étranger.

2 Guettez tout signe de **respiration**. Si la victime respire, placez-la en position de sécurité. Sinon, pratiquez la respiration artificielle.

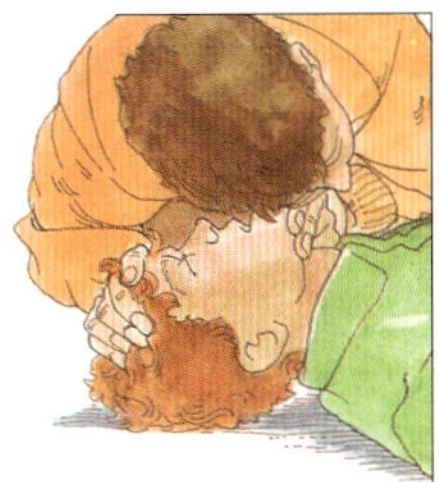

3 Vérifiez la **circulation** en prenant le pouls sur le côté de la trachée, au niveau de la carotide. En l'absence de pouls, pratiquez immédiatement un massage cardiaque (*voir* page 176).

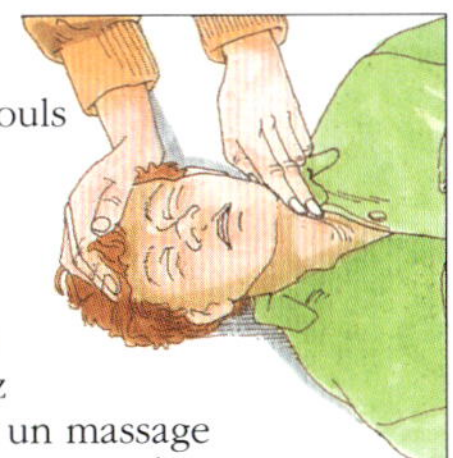

POSITION DE SÉCURITÉ

1 Si la victime est inconsciente mais respire, repliez son bras le plus proche à angle droit du corps. Glissez la main de l'autre bras sous sa joue. Allongez sa jambe la plus proche et ramenez l'autre vers vous.

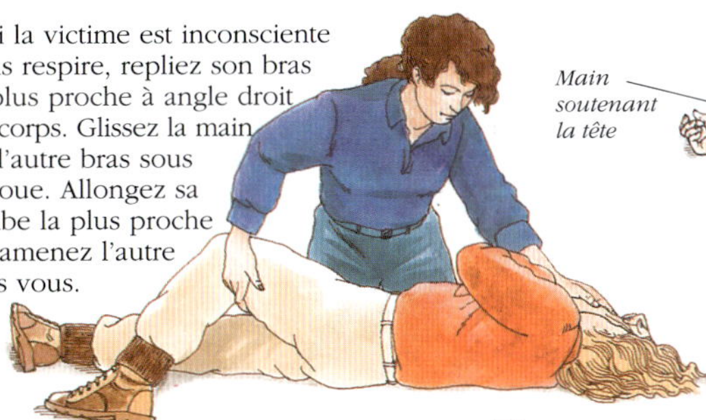

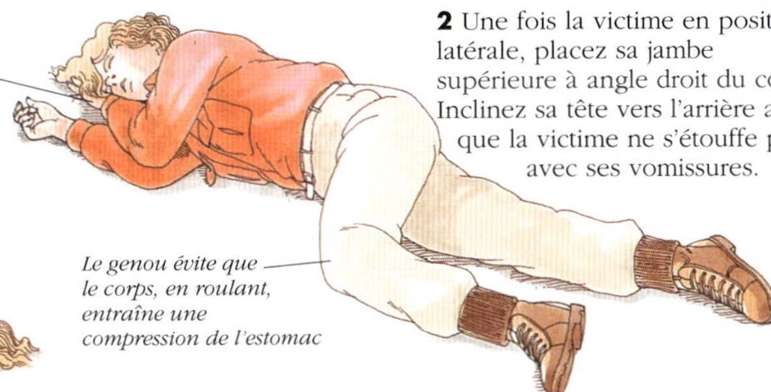

2 Une fois la victime en position latérale, placez sa jambe supérieure à angle droit du corps. Inclinez sa tête vers l'arrière afin que la victime ne s'étouffe pas avec ses vomissures.

RESPIRATION ARTIFICIELLE

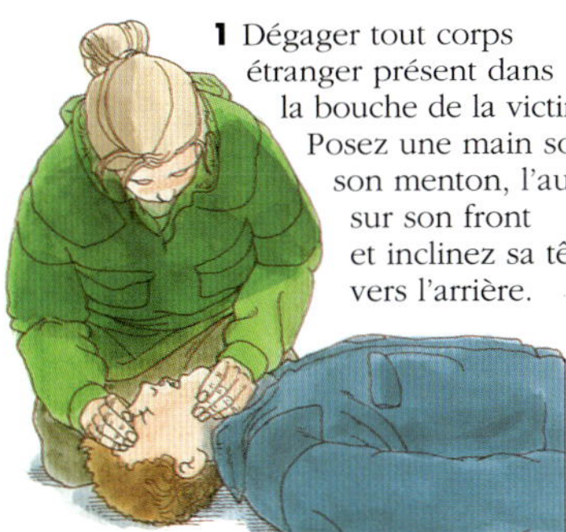

1 Dégager tout corps étranger présent dans la bouche de la victime. Posez une main sous son menton, l'autre sur son front et inclinez sa tête vers l'arrière.

2 Pincez ses narines, placez votre bouche sur la sienne et soufflez doucement deux secondes, le temps que sa poitrine se soulève. Arrêtez et laissez sa poitrine s'affaisser. Recommencez.

3 Écoutez sa respiration et surveillez son pouls. En cas de battements, procédez à 10 insufflations par minute, en attendant les secours. En l'absence de pouls, pratiquez la respiration artificielle avec massage cardiaque (*voir* page 176).

Massage cardiaque

Lorsque le cœur s'arrête, faites un massage cardiaque. Ces compressions de la poitrine permettent de maintenir la circulation sanguine au niveau du cerveau et seront associées à la respiration artificielle (*voir* page 175), qui oxygène le sang. Pratiquez 80 compressions par minute.

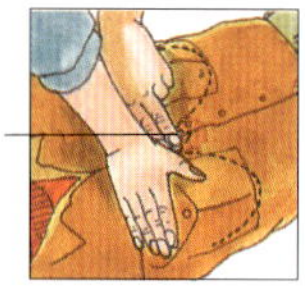

Localisez la partie inférieure du sternum avec deux doigts. Posez la paume de l'autre main, calée sur l'index.

1 Placez le talon de la paume un peu en dessus (largeur de deux doigts) de l'extrémité du sternum. Posez l'autre main dessus. Pressez fermement et relâchez.

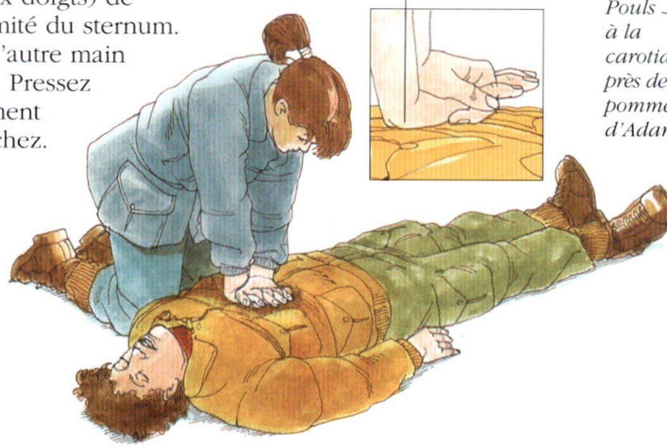

Pressez du talon de la paume sans poser les doigts sur la poitrine

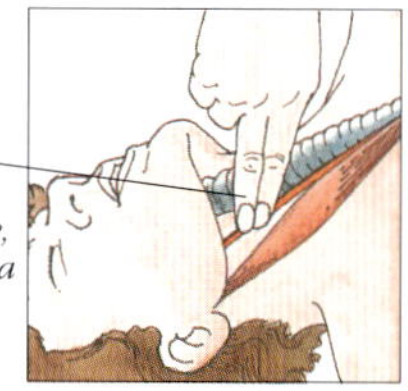

Pouls à la carotide, près de la pomme d'Adam

2 Tâtez le pouls. Après 15 compressions, pratiquez 2 insufflations (*voir* page 175). Recommencez jusqu'à ce que le pouls reparte ou que les secours arrivent. Faites-vous remplacer si vous commencez à fatiguer.

Étouffement

Tape dans le dos
Si un corps étranger obstrue sa gorge, la victime doit s'asseoir, tête baissée vers les genoux. Tapez du talon de la paume cinq fois entre ses omoplates pendant qu'elle tousse.

Compression abdominale
En cas d'échec, placez-vous derrière la victime et croisez vos mains, juste en dessous de ses côtes. Tirez vivement vers le haut. Cette pression brusque doit dégager le corps étranger coincé dans la gorge.

ATTENTION

Allongez la victime inconsciente. Alternez les tapes dans le dos avec cinq compressions abdominales, avant la réanimation (p. 175).

Enfants et étouffement

Couchez l'enfant sur vos genoux, tête en bas, tapez du talon de la paume entre ses omoplates. Courbez un bébé sur votre avant-bras. Évitez les compressions abdominales.

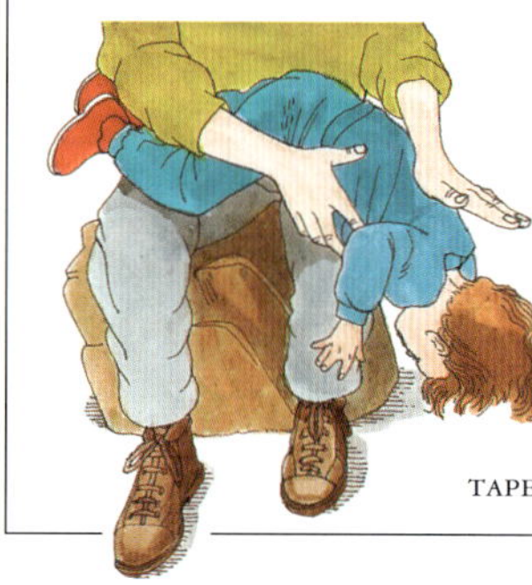

TAPE

Perte de connaissance

1 Allongez la victime sur une couverture ou un sac de couchage. Surélevez ses pieds. Desserrez ses vêtements, rassurez-la et contrôlez son pouls.

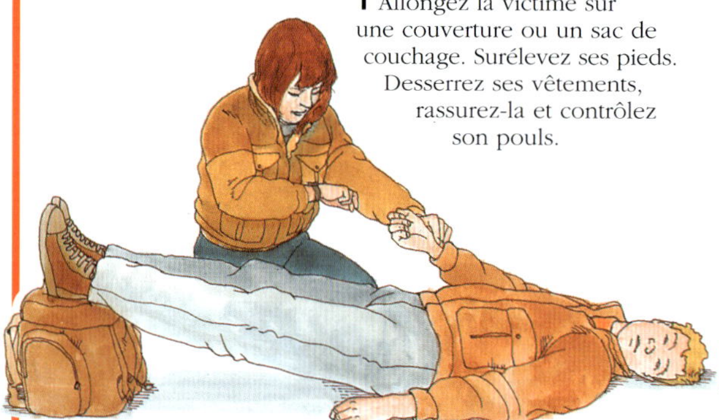

2 Recouvrez-la d'une couverture. Contrôlez sa respiration et son pouls, surtout si elle est inconsciente. Préparez-vous à la réanimer si sa température baisse.

Couverture pour garder la victime au chaud

Hémorragie externe sévère

1 Rapprochez les lèvres de la blessure. Si vous n'arrivez pas à retirer un corps étranger de la blessure, pressez sur la peau de chaque côté du corps étranger.

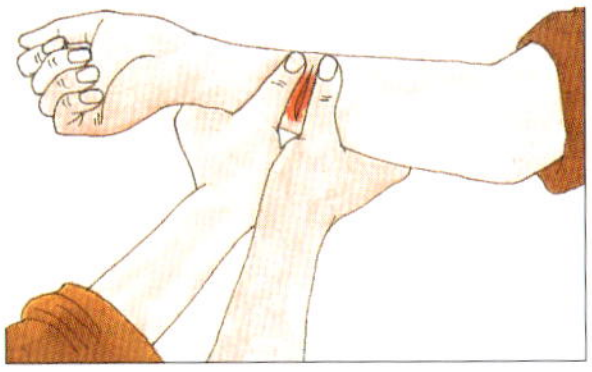

2 Allongez la victime. Vérifiez l'absence de fracture, soulevez le membre blessé et appliquez une compresse de gaze sur la plaie pour arrêter le saignement.

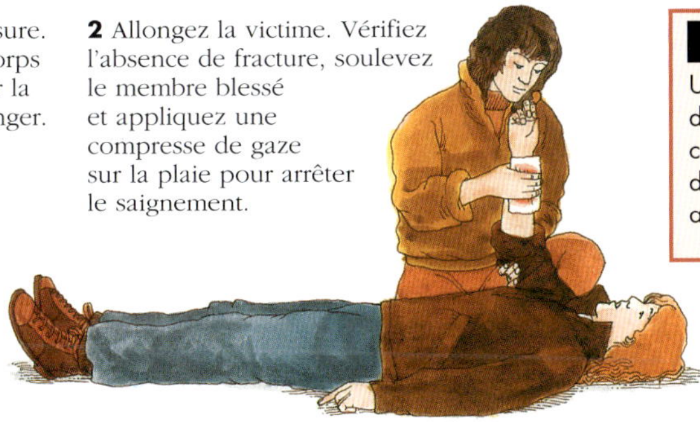

ATTENTION

Une hémorragie interne est un cas d'urgence entraînant perte de connaissance et compression des organes. Intervenez sans attendre et alertez les secours.

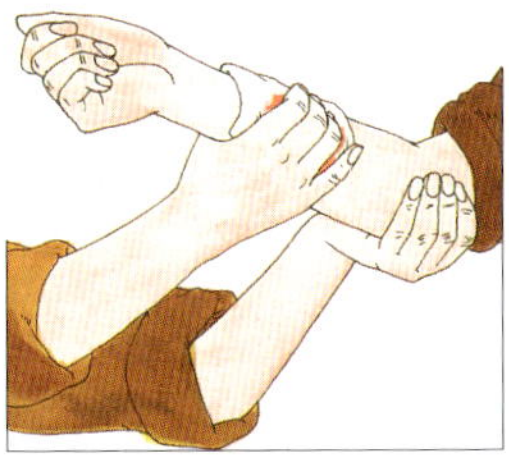

3 Appliquez un pansement stérile sur la blessure, en protégeant chaque côté du corps étranger.

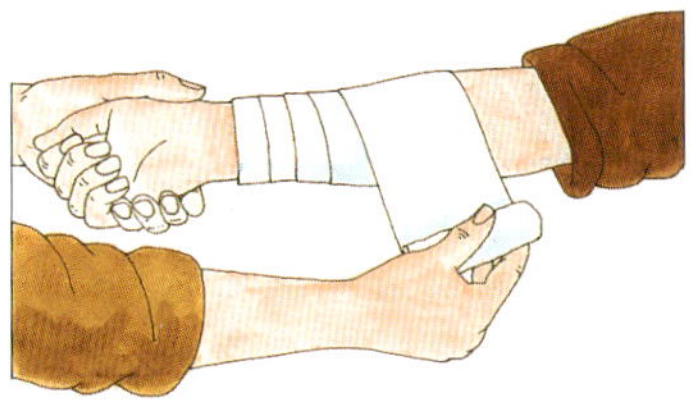

4 Bandez la blessure, en serrant sans bloquer la circulation. Ne serrez pas trop sur le corps étranger.

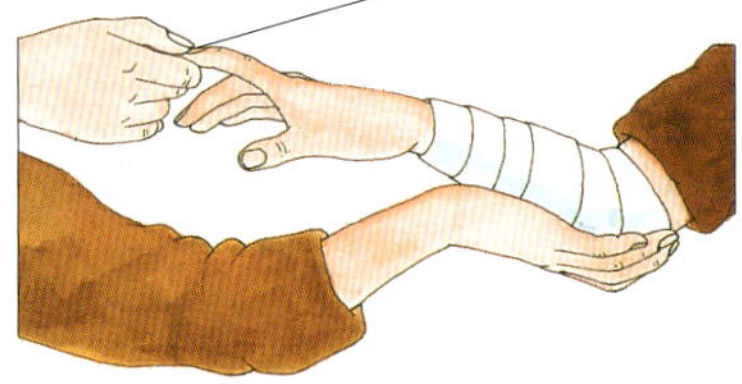

5 Pressez le bout du membre blessé (doigt ou orteil). S'il ne retrouve pas vite sa couleur, desserrez le bandage.

Saignement de nez

L'altitude peut entraîner des saignements de nez. La victime doit s'asseoir, tête penchée en avant, et presser l'arête nasale, là où les vaisseaux sanguins chevauchent l'os.

Intervention
Pincez l'arête nasale pour arrêter le saignement.

Dent arrachée

Replacez la dent dans son alvéole et maintenez-la avec une compresse stérile. Rincez une dent sale dans du lait, en évitant de toucher la racine avec les doigts. En cas d'échec, la victime conservera sa dent au creux de la joue, le temps de recevoir des soins.

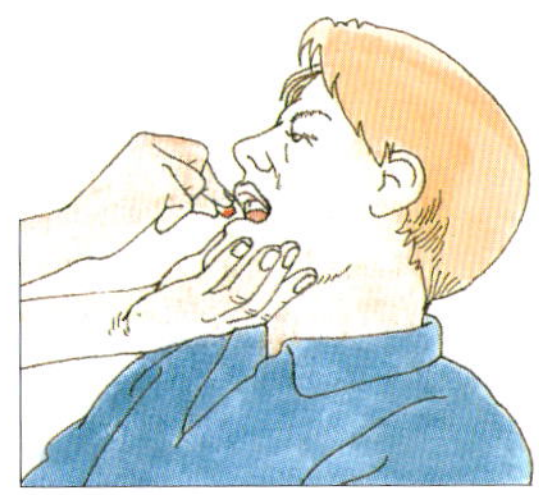

Replacer une dent
Replacez la dent dans son alvéole en attendant de recevoir les soins adaptés.

Saignement de varices

1 Les varices des jambes peuvent se rompre et saigner abondamment. Soulevez la jambe et comprimez la plaie.

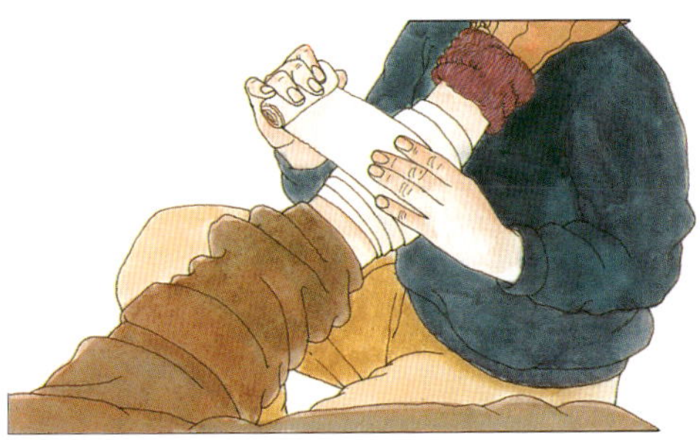

2 Lorsque le saignement cesse, bandez la jambe après avoir posé une compresse propre. Veillez à ne pas bloquer la circulation (*voir* ci-dessus).

ATTENTION

Ne faites jamais un garrot sur une plaie, au risque d'interrompre la circulation et d'endommager les tissus. Si vous ne parvenez pas à exercer une pression directe sur une rupture de varice, pressez des deux pouces sur le point de compression au creux du genou (artère fémorale). Relâchez toutes les 10 minutes.

Fracture de la jambe

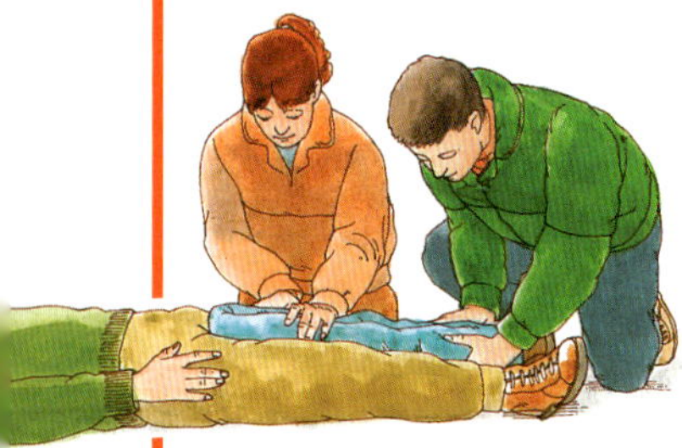

1 Commencez par panser les plaies. Placez un rembourrage entre les jambes. Si vous devez bouger la victime, tirez délicatement mais fermement sur la jambe maintenue droite, à partir de la cheville, tout en soutenant le genou afin de minimiser la douleur.

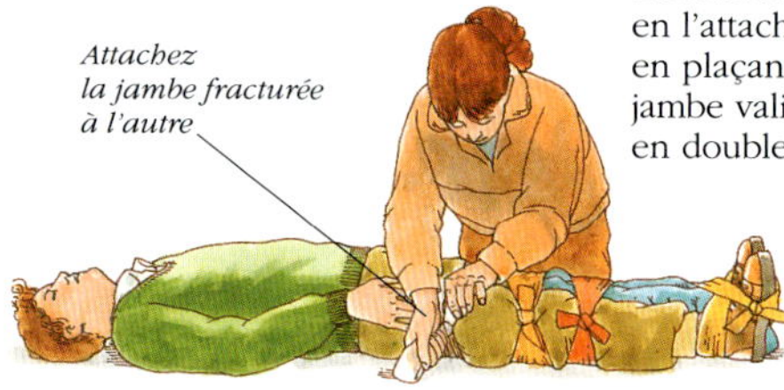

2 Immobilisez la jambe fracturée en l'attachant à l'autre jambe et en plaçant les nœuds sur la jambe valide. Faites un nœud en double-huit au niveau des pieds et des chevilles pour maintenir les jambes.

3 Pour déplacer la victime, faites une civière en enfilant deux longues branches dans les manches d'une veste boutonnée ou zippée.

Transporter une victime

Le transport d'un blessé grave sur terrain accidenté peut se transformer en une véritable épreuve de force pour les porteurs. Afin de ne pas aggraver l'état de la victime durant le transport, protégez et immobilisez la région atteinte.

Cheville fracturée *Protégez la cheville avec des habits maintenus par des bandes.*

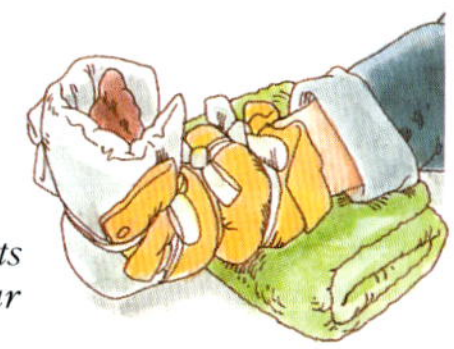

4 Testez la solidité de la civière, qui doit supporter le poids du corps. Faites doucement pivoter la victime en position latérale et glissez la civière sous son dos.

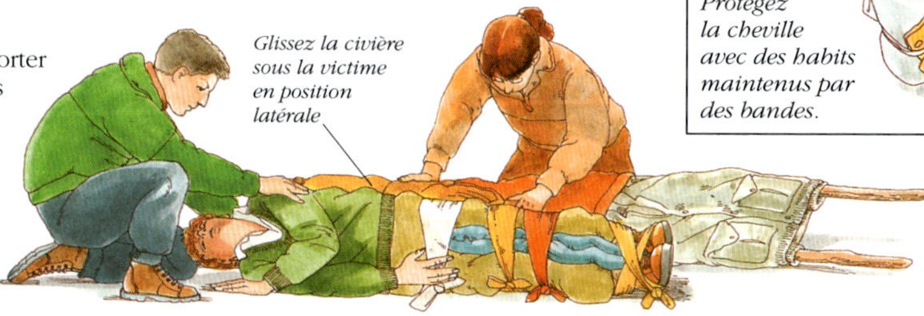

Transporter une victime consciente

1 Protégez la blessure avec un bandage rembourré. Attrapez la victime debout par un bras et tendez l'autre bras entre ses jambes. Vous pouvez procéder de même avec une victime inconsciente, seulement si vous pouvez la maintenir debout.

ATTENTION

Ne transportez jamais une victime ayant une blessure à la poitrine ou au niveau du dos, au risque d'aggraver son état. Attachez une victime inconsciente à une civière afin de la transporter en toute sécurité.

2 Placez la victime sur vos épaules puis relevez-vous, en forçant sur les jambes et non au niveau du dos. La victime doit être confortablement placée sur vos épaules. Enserrez sa jambe au niveau du genou et maintenez-lui la main. Votre bras libre vous sert à garder l'équilibre.

Soulever une victime inconsciente

1 Utilisez cette technique si personne ne peut vous aider. Faites une boucle de corde fermée et glissez-la sous la victime.

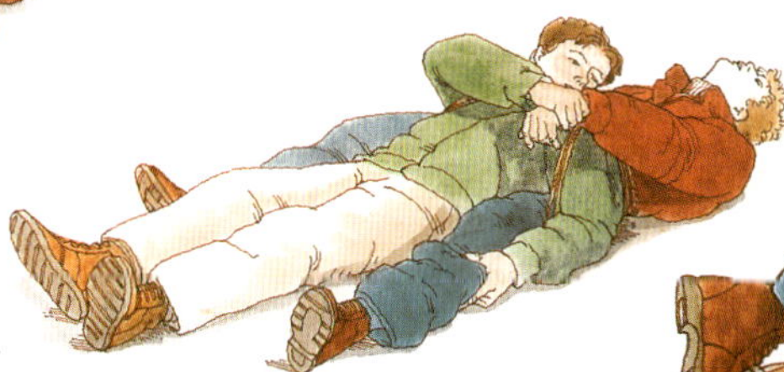

2 Allongez-vous entre ses jambes et ramenez les boucles sur vos épaules. Sans corde, utilisez une longue ceinture attachée.

3 Les boucles ajustées, retournez-vous pour ramener la victime sur votre dos.

4 Lorsque la victime est installée, mettez un genou à terre et relevez-vous prudemment. Vous pouvez ainsi transporter la victime sur de courtes distances.

Fracture du bras

1 Immobilisez le bras fracturé avec un morceau d'écorce ou de bois en guise d'attelle.

2 Glissez un bandage triangulaire à l'arrière du bras blessé. Si la fracture est proche de l'épaule, la douleur empêchera de plier le bras. Dans ce cas, bandez le bras en le plaquant au torse afin de l'immobiliser.

3 Enveloppez le bras fracturé avec du bandage et nouez les deux extrémités au niveau de l'épaule valide.

4 Repliez le bout du bandage sur le coude pour former une écharpe et épinglez-le. Surélevez délicatement le bras au niveau de la poitrine et glissez un rembourrage à l'arrière, ainsi qu'entre la nuque et l'écharpe pour éviter les frottements.

Fracture de la main

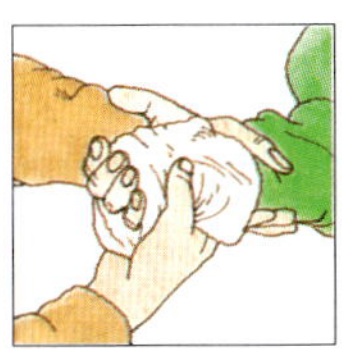

1 Enveloppez la main de gaze pour former un rembourrage protecteur.

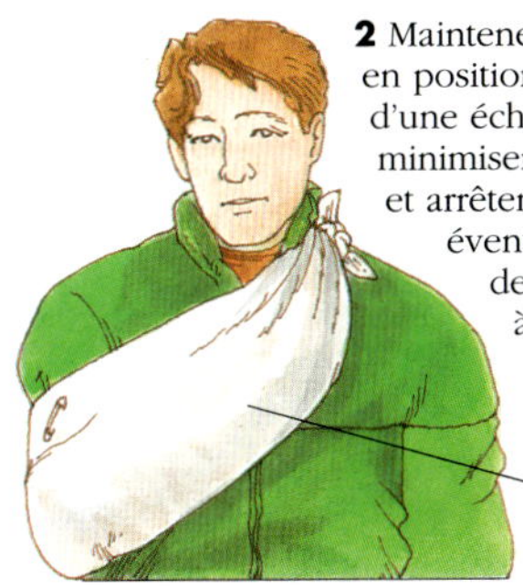

2 Maintenez la main en position haute à l'aide d'une écharpe pour minimiser son gonflement et arrêter un saignement éventuel. Immobilisez des doigts fracturés à l'aide d'attelles en écorce.

Morsures d'animaux

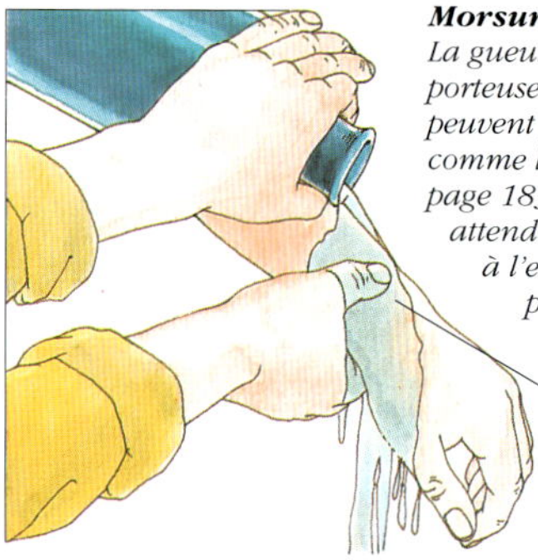

Morsures bénignes
La gueule des animaux est porteuse de bactéries. Celles-ci peuvent provoquer des infections, comme le tétanos ou la rage (voir page 183). Rincez la plaie sans attendre, 5 minutes minimum, à l'eau claire. Recouvrez la plaie d'un pansement stérile.

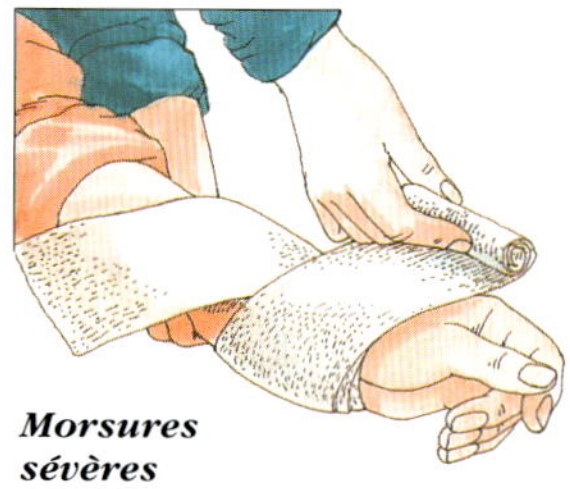

Morsures sévères
Lavez la plaie à l'eau froide et appliquez une compresse de gaze. Surélevez la région blessée au-dessus du cœur. Bandez la plaie et alertez les secours.

ATTENTION

Dans certains pays, comme en Australie, les araignées peuvent être venimeuses. En cas de morsure de mygale, comprimez la région touchée et alertez les secours. Traitez une morsure de veuve noire avec une compresse glacée, sans opérer de pression.

Morsures de serpents

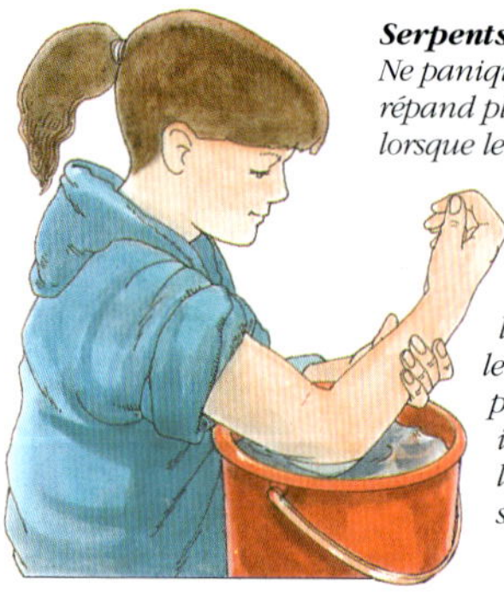

Serpents venimeux non mortels
Ne paniquez pas car le venin se répand plus vite dans le corps lorsque le rythme cardiaque s'accélère. Si vous avez identifié l'espèce et que celle-ci n'est pas mortelle, lavez et bandez la plaie en serrant. Dans le cas contraire, ne lavez pas la plaie. Un serpent est identifiable à son venin et la morsure sera traitée selon l'espèce.

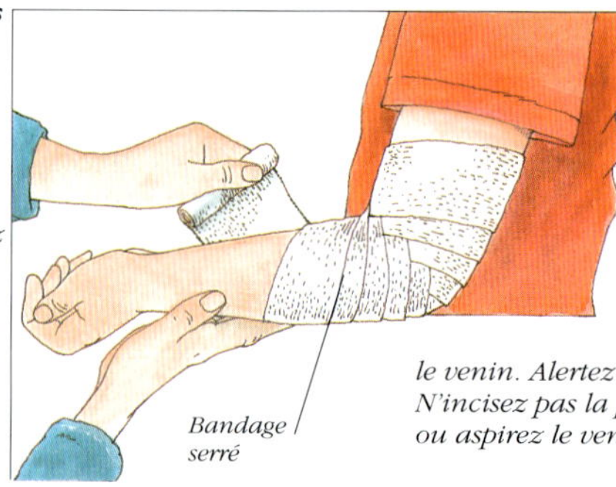

Comprimer la plaie
Si vous avez été mordu par un serpent pouvant être mortel mais que vous n'êtes pas parvenu à identifier l'espèce, comprimez la plaie sans attendre. Bandez en serrant au-dessus et en dessous de la plaie afin de bien localiser le venin. Alertez les secours sans attendre. N'incisez pas la plaie mais faites un garrot ou aspirez le venin.

Piqûres d'insectes et de tiques

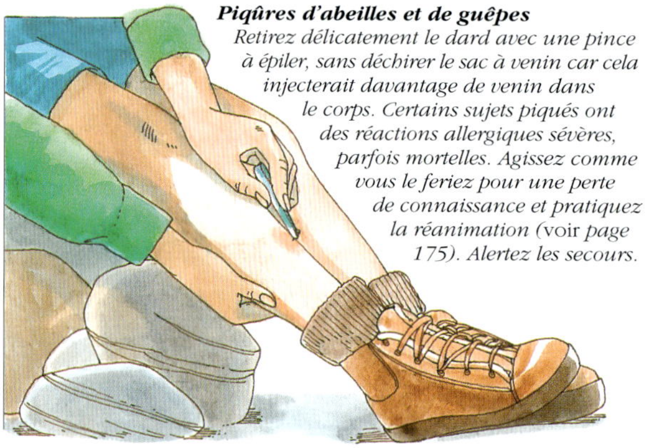

Piqûres d'abeilles et de guêpes
Retirez délicatement le dard avec une pince à épiler, sans déchirer le sac à venin car cela injecterait davantage de venin dans le corps. Certains sujets piqués ont des réactions allergiques sévères, parfois mortelles. Agissez comme vous le feriez pour une perte de connaissance et pratiquez la réanimation (voir page 175). Alertez les secours.

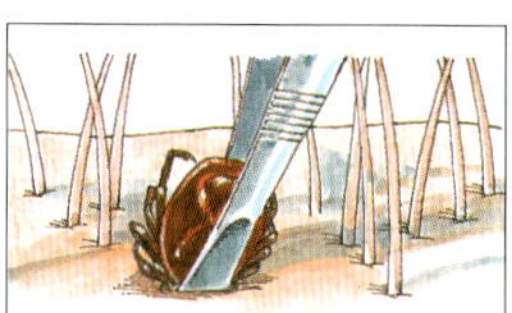

Retirer une tique
Leurs crochets sont responsables d'infection lorsqu'ils restent accrochés à la peau. Tamponnez la tique de produit répulsif ou approchez le bout incandescent d'une cigarette pour lui faire lâcher prise. Ôtez-la avec une pince à épiler.

Faune marine et blessures

Piqûres
Au contact, anémones, méduses et corail libèrent des cellules urticantes qui s'accrochent à la peau en laissant échapper leur venin. Rincez abondamment la zone touchée au vinaigre ou à l'alcool. Retirez les filaments en mettant des gants.

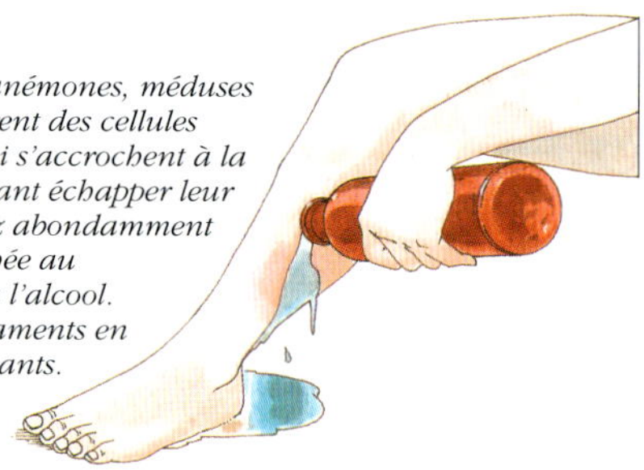

Épines
Si vous marchez sur un animal hérissé de piquants, comme un oursin, les piquants resteront enfoncés dans la peau, générant douleurs et infection. Immergez la région blessée dans de l'eau très chaude afin de neutraliser le venin et diminuer la douleur. Retirez les piquants et alertez les secours.

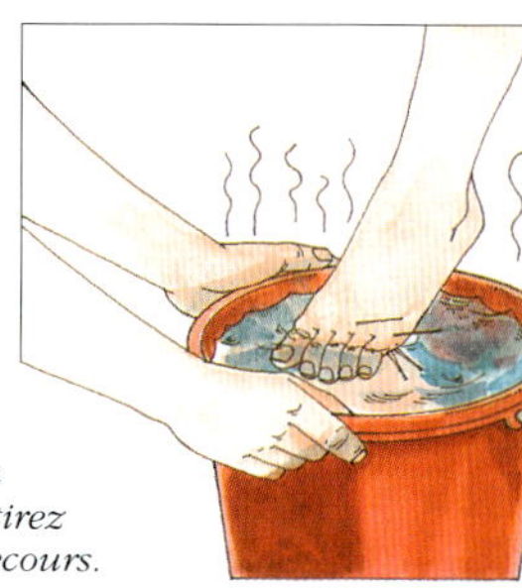

Empoisonnement

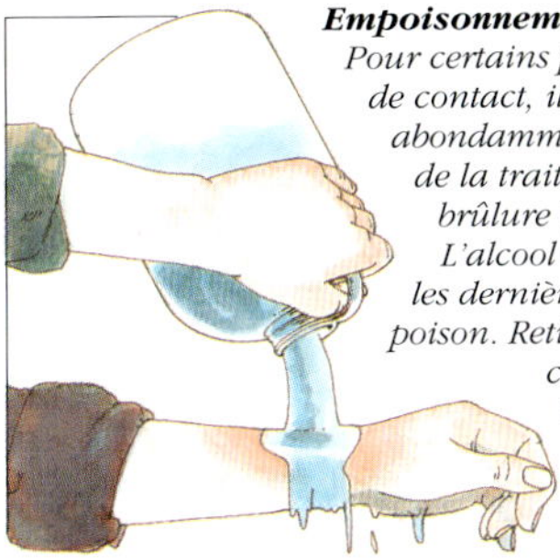

Empoisonnement par contact
Pour certains poisons, dits de contact, il faut rincer abondamment la peau avant de la traiter comme une brûlure (voir *page 182*). *L'alcool éliminera les dernières traces de poison. Retirez les vêtements contaminés, lavez-les bien ou jetez-les.*

ATTENTION

Ne cherchez pas à faire vomir la victime afin d'éviter que le poison se répande dans le sang, à moins d'avoir identifié la substance ingérée. Ce réflexe peut aggraver la situation en cas d'ingestion de produits caustiques.

Empoisonnement par ingestion
La priorité consiste à identifier l'agent responsable afin d'administrer un traitement adapté. Si la victime est inconsciente mais respire, placez-la en position de sécurité et alertez les secours sans attendre.

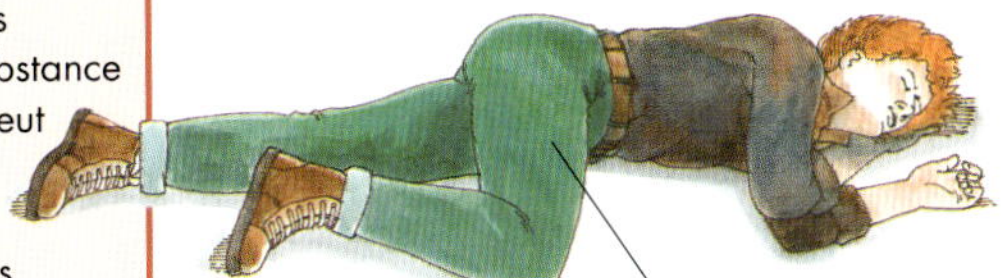

Victime en position de sécurité

Ampoules

1 Ne percez jamais une cloque faisant suite à une brûlure (*voir* page 182). Si vous devez percer une ampoule, nettoyez la zone à l'alcool à 90 °C. Stérilisez une aiguille à la flamme, attendez qu'elle refroidisse et glissez-la sous la peau, sur le côté de l'ampoule.

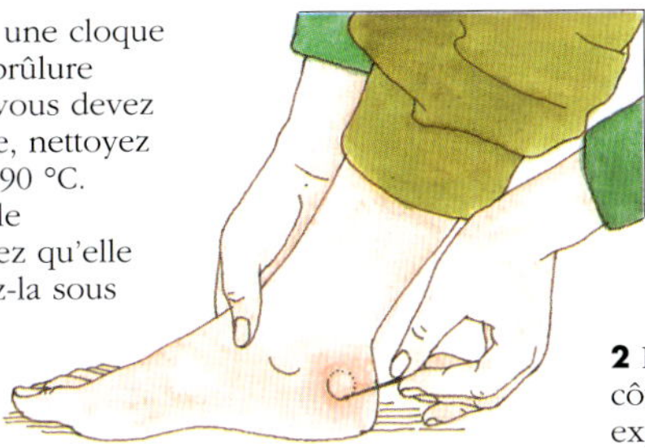

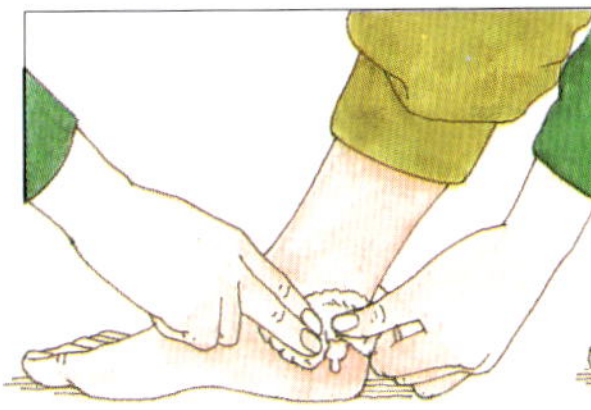

2 Pressez délicatement l'ampoule, côté opposé de la piqûre pour exprimer le liquide.

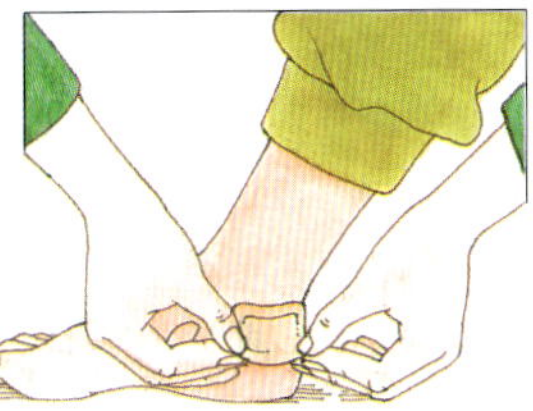

3 Mettez un pansement stérile sur l'ampoule, afin de protéger la peau de tout frottement.

Crampes musculaires

Massez le muscle pour le détendre

À la jambe
Une marche ou une course forcée et la perte de sels minéraux provoquée par une sudation excessive peuvent entraîner l'apparition de crampes. Pour les soulager, relevez la jambe affectée et massez le muscle.

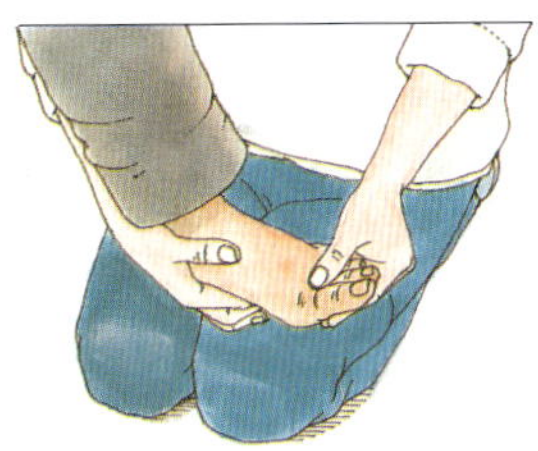

Au pied
Pour soulager une crampe au pied, massez doucement la pulpe en étirant les orteils.

ATTENTION

Assurez-vous que la crampe vient d'une tension musculaire et non d'un autre problème. Une morsure de serpent peut entraîner une paralysie musculaire, et le tétanos une contracture des mâchoires. En cas de doute et de douleurs sévères, consultez un médecin.

Diarrhées et vomissements

Diarrhées et vomissement sont les symptômes de nombreuses affections. En pleine nature, ces troubles peuvent entraîner une déshydratation parfois fatale (*voir* page 69). La nourriture et l'eau en sont les causes principales. N'écartez pas la possibilité d'une maladie infectieuse.

S'hydrater
Hydratez-vous bien en absorbant souvent une cuillerée à café de sel et une cuillerée à café de sucre, diluées dans un litre d'eau.

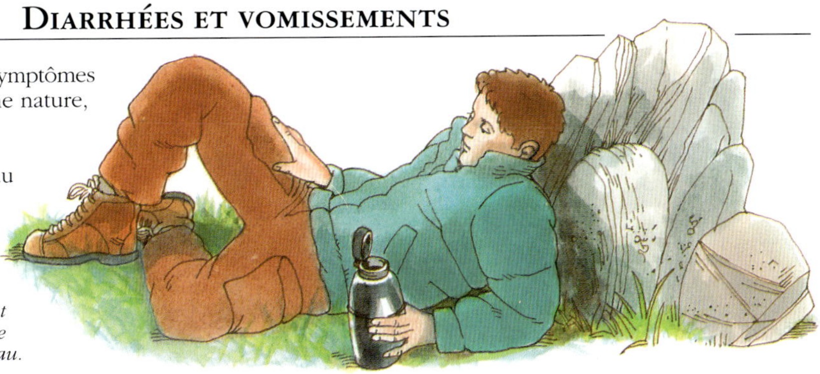

Brûlures

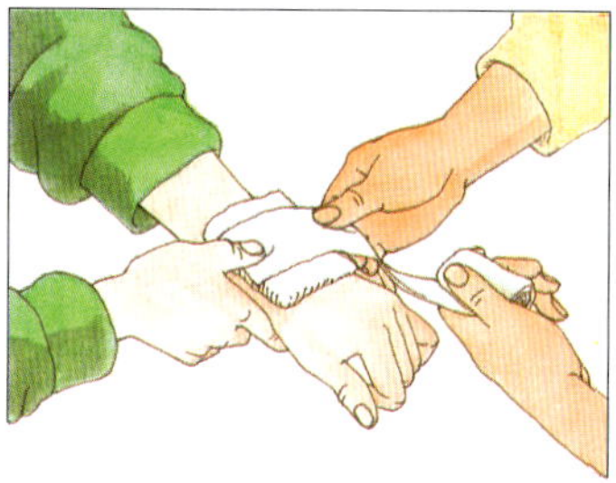

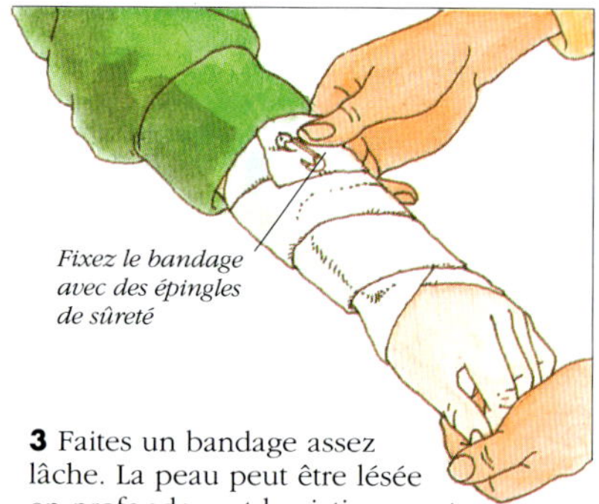

1 Limitez les lésions causées aux tissus en plongeant immédiatement la zone brûlée dans l'eau froide. Laissez la peau immergée, le temps qu'elle refroidisse.

2 Toutes les brûlures peuvent s'infecter. Protégez-les à l'aide d'un pansement stérile, non pelucheux. N'appliquez aucune crème sur la brûlure.

3 Faites un bandage assez lâche. La peau peut être lésée en profondeur et la victime peut perdre connaissance (*voir* page 176).

Coup de chaleur

Déshydratation
La perte progressive d'eau et de sels minéraux entraîne céphalées, vertiges, nausées et sudation. La victime présente une peau moite et pâle, souffre de crampes et de problèmes respiratoires. Mettez-la au frais et faites-lui boire beaucoup d'eau salée (1 pincée de sel pour 0,5 l d'eau).

> **ATTENTION**
> Une victime d'insolation plongée brutalement dans de l'eau froide peut se retrouver en état de choc, provoqué par la chute brutale de sa température. Rafraîchissez-la peu à peu.

Insolation
L'insolation vient d'une exposition prolongée au soleil. Elle peut s'accompagner de fébrilité, de céphalées sévères, de vomissements, d'absence de transpiration et de perte de connaissance. Faites descendre la température de la victime en la transportant à l'ombre, de préférence sous un sac de couchage trempé dans l'eau froide. Ventilez son visage. Ne plongez-pas la victime dans l'eau froide.

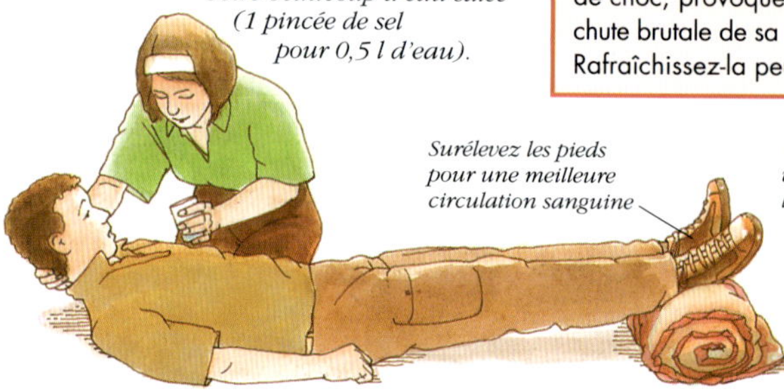

Corps étrangers

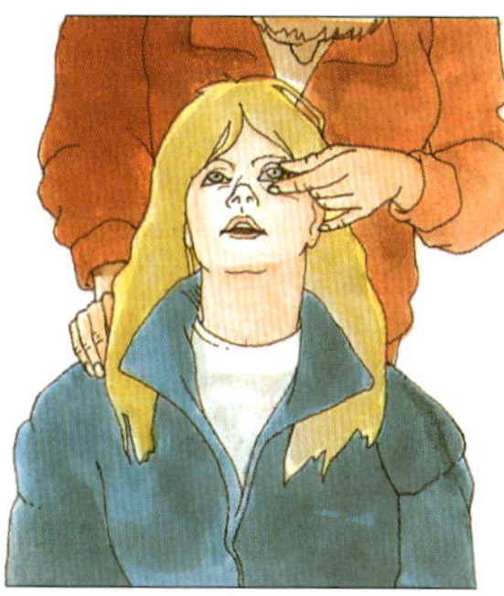

1 Pour retirer un corps étranger de l'œil, séparez bien les paupières et examinez l'œil. Ne retirez pas un corps étranger fiché dans l'œil, cela exige l'intervention d'un spécialiste.

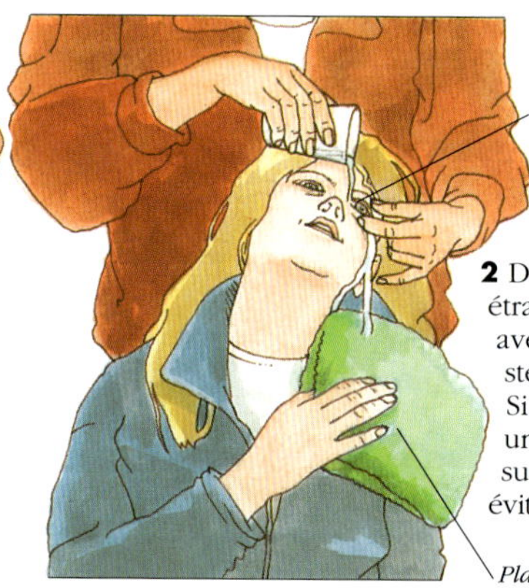

2 Délogez le corps étranger de l'œil avec de l'eau stérilisée. Si besoin, posez une compresse sur l'œil pour éviter une irritation.

Dans l'oreille

Versez délicatement de l'eau tiède dans le conduit auditif afin de déloger le corps étranger. En cas d'échec, couvrez l'oreille et adressez-vous à un spécialiste.

Déloger un corps étranger

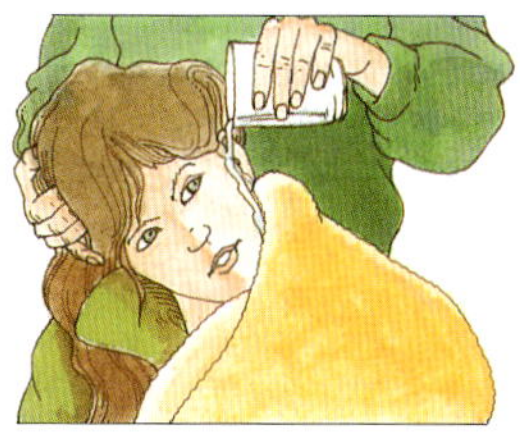

Retrait d'un hameçon

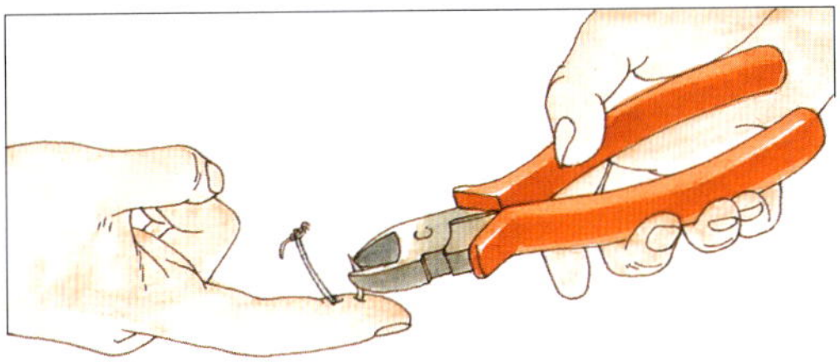

1 Si la pointe de l'hameçon est ressortie, coupez-la avec une pince d'électricien, le plus près possible de la peau. Si la pointe est fichée dans la peau, pressez la peau autour de l'hameçon et tirez sur la ligne pour le déloger.

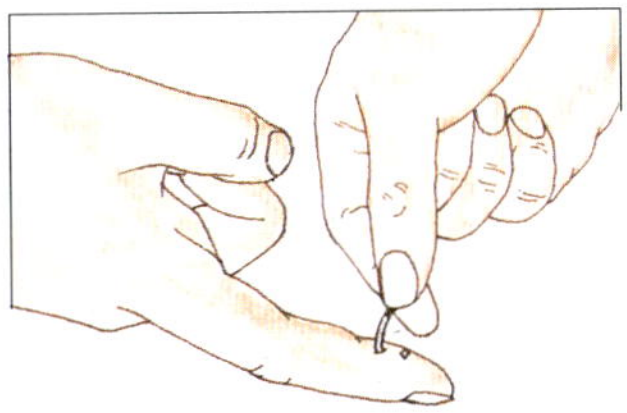

2 Tirez dans l'axe de pénétration de l'hameçon. Nettoyez la plaie avec un produit antiseptique et mettez un pansement.

ATTENTION

Ne retirez pas un hameçon profondément ancré dans la chair. Coupez la ligne le plus près possible de l'hameçon. Posez un tampon de coton ou une compresse de gaze en attendant de faire un bandage, sans enfoncer plus l'hameçon. Consultez un médecin.

Blessure à l'œil

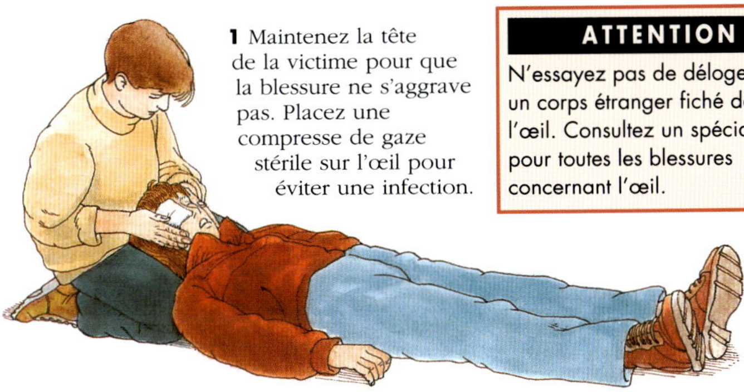

1 Maintenez la tête de la victime pour que la blessure ne s'aggrave pas. Placez une compresse de gaze stérile sur l'œil pour éviter une infection.

ATTENTION

N'essayez pas de déloger un corps étranger fiché dans l'œil. Consultez un spécialiste pour toutes les blessures concernant l'œil.

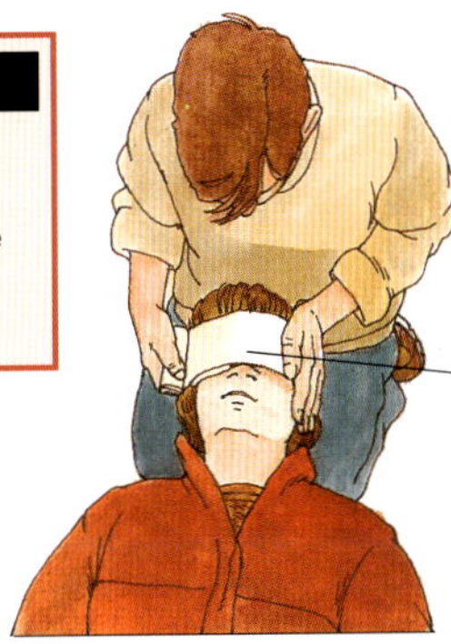

2 Bandez les deux yeux pour maintenir la compresse et éviter tout mouvement de l'œil.

Bandez les deux yeux pour éviter tout mouvement

MALADIES GRAVES

Maladie	Répartition	Transmission	Symptômes
VIH/Sida	Monde entier, surtout Afrique	Sang, sperme…	Grippe, rhume, maux de gorge, dégradation de l'état général, fatigue
Choléra	Afrique, Asie	Manque d'hygiène	Nausées, diarrhées, vomissements, perte de connaissance, déshydratation
Hépatite A	Monde entier	Matières fécales, personnes infectées	Fièvre, céphalées, douleurs osseuses, hypertrophie du foie et de la rate
Poliomyélite	Climats chauds	Eau contaminée par le virus	Paralysie
Fièvre typhoïde	Mexique, Extrême-Orient, Afrique	Eau contaminée par une salmonelle	Céphalées, douleurs abdominales, délire, fièvre
Fièvre jaune	Afrique occidentale, Amérique du Sud	Piqûre de moustique	Céphalées, fièvre, douleurs multiples, vomissements avec sang, constipation
Tétanos	Monde entier	Toxine pénétrant une blessure	Contractures du visage, fièvre, sudation abondante, asphyxie
Rage	Monde entier	Salive d'animaux contaminés	Fièvre, perte d'appétit, hyperactivité, impossibilité de déglutir, coma, mort
Peste bubonique	Monde entier	Piqûres de puces issues d'animaux contaminés	Toux, hypertrophie des ganglions lymphatiques
Peste pneumonique	Monde entier	Voie aérienne	Toux, dyspnée

Maladies universelles

On compte de multiples maladies à travers la planète et le voyageur mal préparé s'expose à de nombreux risques. Certaines maladies, causées par des virus ou des bactéries, se transmettent par la nourriture, l'eau ou les matières fécales des individus contaminés. D'autres, véhiculées par la salive d'animaux ou d'insectes, se transmettent par morsures ou piqûres. En situation de survie, beaucoup de ces maladies peuvent être fatales du fait de l'absence de soins adaptés. Renseignez-vous sur les vaccinations conseillées avant de partir. stérilisez toujours l'eau afin d'éviter les maladies qui se transmettent par celle-ci (voir *page 75*).

GLOSSAIRE

Aérobic Exercices d'endurance visant au développement cardio-pulmonaire et à une meilleure oxygénation du corps.
Allergène Substance étrangère à l'organisme humain pouvant provoquer une allergie quand elle y pénètre par ingestion, piqûre ou inhalation. Les aliments d'origine marine (crustacés, mollusques, poissons) contiennent des allergènes auxquels certains consommateurs sont sensibles.
Altimètre Instrument indiquant l'altitude, à partir de la pression atmosphérique.
Amadou Matière combustible, à base de fines poussières, utilisée pour démarrer un feu.
Amer Objet fixe et visible servant de point de repère sur une côte, par exemple un phare ou un clocher.
Anticyclone Vents tournoyants autour d'une zone de haute pression, généralement synonyme de beau temps.
Arête Ligne plus ou moins prononcée marquant l'intersection de deux versants d'une montagne ou de deux parois rocheuses.
Arva Appareil permettant de détecter des personnes ensevelies sous une avalanche, munies du même équipement.
Aussière Cordage formé de trois torons.
Aven Puits naturel qui se forme en région calcaire par dissolution ou effondrement de la voûte de cavités karstiques.

Baudrier Élément de la chaîne d'assurage d'une cordée. Cet équipement de protection individuelle est constitué de sangles cousues qui viennent serrer le bassin et sur lesquelles on attache la corde.
Bivouac Campement sommaire, avec ou sans tente, qui permet de passer la nuit en montagne.
Bombe volcanique Désigne tous les fragments de lave projetés suivant une trajectoire balistique lors d'une éruption volcanique.
Bout Courant ou brin libre d'une corde ou d'un cordage.

Cadran solaire Instrument utilisé pour indiquer l'heure ou une direction. Le principe en est le déplacement d'une ombre projetée sur la table graduée d'un cadran, en fonction de la course du soleil.
Cairn Petit ou grand tas de pierres en forme de cône matérialisant un sentier.
Calorie Unité de mesure de la quantité d'énergie contenue dans une certaine quantité d'aliment, en général 100 g. On compte le plus souvent en kilocalorie (Kcal) ou en kilojoule (kJ). La calorie est la quantité de chaleur nécessaire pour élever la température d'un litre d'eau de 14,5 °C à 15,5 °C.
Carte synoptique Carte d'une région géographique donnée synthétisant avec des symboles l'état de l'atmosphère à un moment donné. L'étude des conditions observées aide les météorologistes à établir leurs prévisions.
Carte topographique Carte à grande échelle représentant reliefs et aménagements de manière précise et détaillée.
Ceinture de feu du Pacifique Zone de subduction autour de l'océan Pacifique où se concentrent la majorité des volcans actifs du monde et où se produisent de nombreux séismes liés à la collision des plaques tectoniques.
Cheminée Passage vertical étroit entre deux parois.
Cheminement Série de lignes droites reliant des points définis situés autour ou tout au long de l'itinéraire d'un relevé topographique.
Choc anaphylactique Réaction allergique soudaine, violente et exacerbée.
Cirrus Nuage d'altitude formé de cristaux de glace.
Clinomètre Instrument servant à mesurer la pente d'un terrain. Il est souvent associé à une boussole.
Code morse Système de communication et de code de signaux utilisant des combinaisons de traits et de points. La transmission est assurée par un signal radio, une impulsion électrique, un signal mécanique ou visuel.
Coordonnées Valeurs numériques ou angulaires qui définissent le positionnement d'un point par rapport à une origine. Elles représentent les valeurs de la latitude et de la longitude d'un point dans un système de coordonnées géographiques.
Crampon Semelle articulée en métal avec de longues pointes qui se fixe sous la chaussure pour améliorer l'adhérence sur la glace.
Courant Partie du cordage utilisée pour former un nœud.
Courbes de niveau Lignes qui relient les points d'égale altitude sur une carte topographique. Plus les lignes sont serrées entre elles, plus la pente est forte.
Crête Ligne de faîte séparant deux versants d'une montagne.
Cumulonimbus Nuages denses et très hauts, formés de cumulus noirs, souvent responsables d'orages.
Cumulus Nuages denses bien délimités, à base horizontale mais bourgeonnant en partie supérieure. Ils sont la plupart du temps rencontrés dans des zones de hautes pressions et annonciateurs de beau temps.
Cyclone Mouvement giratoire convergent et ascendant du vent autour d'une zone de basse pression, synonyme de tempête.

Déclinaison magnétique Écart de visée entre le Nord magnétique et le Nord géographique.
Dénivelée Différence d'altitude entre deux points.
Descendeur Accessoire qui permet de stopper un grimpeur en train de glisser en rappel le long d'une corde.
Descente en rappel Descente d'une paroi rocheuse au moyen d'une corde.
Dormant Extrémité du cordage à laquelle on ne touche pas quand on fait un nœud.

Espar Terme générique désignant une pièce de bois ou de métal de forme allongée appartenant au gréement ou à l'équipement du bateau et permettant notamment d'établir, de maintenir ou de régler une voile.
Estran Bande côtière comprise entre les niveaux atteints par les plus hautes et les plus basses mers.

Fil à scier Scie formée de brins d'acier torsadés, terminée par un anneau à chaque extrémité.
Forêt primaire Forêt exempte de toute trace d'activité humaine.
Forêt secondaire Forêt née du reboisement après exploitation.
Fourneau indien Fourneau de terre cuite, présentant un conduit en forme de cône, au sommet duquel s'effectue la cuisson.
Front occlus Système frontal dans lequel une masse d'air froid liée à une dépression rattrape et cerne une masse d'air chaud avant de la forcer à s'élever.

Gaffe Perche munie d'un crochet à son extrémité pour attraper un cordage ou un anneau d'amarrage.
GPS Système de positionnement à l'échelle du globe basé sur les données radios fournies et retransmises par un ensemble de satellites artificiels.
Grésil Précipitation de particules de glace translucide, le plus souvent sphériques, parfois à pointes coniques, dont le diamètre peut atteindre 5 mm.
Gué Endroit d'une rivière où l'on peut traverser à pied.

Hypothermie Chute de la température corporelle après une exposition prolongée au froid. Fatale en l'absence d'intervention rapide.

Igloo Abri traditionnel des populations de l'Arctique en forme de dôme, généralement formé de blocs de neige ou de neige tassée.

Kukri Grand couteau traditionnellement utilisé par les Gurkhas népalais au service de l'armée britannique. Un outil polyvalent.

Ligne Cordage très fin servant à pêcher.
Ligne de visée Ligne imaginaire partant de l'œil de l'observateur et se dirigeant vers un point fixe ; il s'agit toujours d'une ligne droite.
Ligne isobare Sur une carte météorologique, ligne joignant des points de même pression atmosphérique à un moment donné.
Lover Enrouler un cordage pour le ranger.

Magnitude La magnitude mesure l'énergie libérée par un séisme au niveau du foyer. L'intensité mesure les conséquences du séisme en surface.
Main courante Barre en acier fixe ou corde tendue entre deux points d'ancrage pour que le grimpeur s'équilibre dans un passage délicat.
Mer de nuages Épisode météorologique au cours duquel les vallées se remplissent de brouillard pendant que les sommets en émergent.
Méridien Ligne de longitude. Un méridien est un grand cercle passant par les pôles Nord et Sud.
Mousqueton Boucle en métal dotée d'un cliquet à ressort se fermant seul ou d'une fermeture à vis. Le mousqueton assure la sécurité des randonneurs encordés.
Muscarine Substance toxique présente dans l'amanite tue-mouches, responsable de convulsions, d'hallucinations et parfois mortelle.

Navigation terrestre Technique consistant à se diriger vers une destination en suivant un itinéraire donné.
Nœud de chaise Nœud d'encordement ne glissant pas et se desserrant seul. Souvent utilisé pour sécuriser une boucle.
Nœud de Prussik Nœud autobloquant formé à l'aide d'un anneau de corde sur une corde tendue. Généralement utilisé en escalade.
Nord géographique Nord défini par le point de convergence des méridiens terrestres (pôle Nord).
Nord magnétique Direction indiquée par l'aiguille de la boussole.

Pemmican Pâte à base de viande séchée réduite en poudre et de graisse animale. Il s'agit d'une méthode de conservation de la viande à l'origine utilisée par les Indiens d'Amérique.
Point de référence Point fixe habituellement identifié sur le terrain par un repère placé à l'extrémité d'une ligne de visée.
Position latérale de sécurité En secourisme, position dans laquelle la victime est placée sur le côté, tête en arrière, bouche ouverte et dirigée vers le sol. Ainsi la victime ne risque pas d'avaler sa langue et de s'étouffer, et ses vomissements s'écoulent librement sur le sol.
Projection conique Représentation cartographique où l'image du globe terrestre est projetée sur un cône qui est déroulé pour obtenir une carte plane.
Projection cylindrique Représentation cartographique où l'image du globe terrestre est projetée sur un cylindre qui est déroulé pour obtenir une carte plane.

Ramonage Progression d'un grimpeur dans une cheminée à l'aide de différentes positions selon la largeur de la cheminée, à la manière d'un ramoneur.

Rapides Parties d'une rivière où les eaux sont peu profondes et le courant très rapide. Les rochers et la force du courant rendent les rapides dangereux ou impraticables pour toutes sortes de moyens de transport par voie d'eau.
Rappel Technique d'escalade qui permet de descendre, encordé, des passages abrupts.
Raquettes Équipement à chausser pour marcher sur la neige.
Relevé Mesure de la direction d'un repère par rapport à soi.
Replat Plate-forme ou terrasse succédant à un tronçon de montée ou de descente raide.
Résurgence Apparition des eaux en surface au terme d'une circulation entièrement souterraine.

Sac de survie Sac de couchage étanche et isolant qui peut être utilisé comme une tente.
Sémaphore Système de signalisation basé sur un alphabet visuel faisant appel à la position des bras ou des mains tenant deux drapeaux.
Stratocumulus Association de stratus (nappes) et de cumulus (dômes) formant une épaisse couche nuageuse.
Stratus Couche nuageuse fine et uniforme, formant parfois un brouillard ou donnant lieu à de la bruine.
Surplomb Saillie de la roche par rapport à la verticale.

Tipi Structure conique formée à l'aide trois piquets ou plus, dressés et pointant l'un vers l'autre pour s'assembler en leur sommet.
Tornade Tourbillon d'air violent se présentant sous la forme d'un nuage en entonnoir, résultant de l'aspiration de l'air chaud en surface par un cumulonimbus.
Tourbe Matière organique composée de débris végétaux plus ou moins transformés.
Travois Traîneau improvisé pour transporter une charge, consistant en deux longues traverses reliées par une plate-forme, tracté par un cheval ou un homme.
Triangulation Méthode d'orientation sur le terrain à l'aide d'une carte permettant de situer l'endroit où l'on se trouve à l'aide de trois repères choisis sur la carte.
Tsunami Vague géante engendrée par un séisme, une éruption volcanique ou un glissement de terrain sous-marin. La vague peut parcourir des milliers de kilomètres, gagnant en force, en vitesse et en puissance au fur et à mesure qu'elle s'approche des côtes, avant de pénétrer dans les terres.

Typhon Nom utilisé dans le Pacifique pour désigner les cyclones tropicaux.

Visée décalée Visée volontairement décalée par rapport au point de destination afin de retrouver plus facilement la direction à prendre pour rejoindre le point de chute de l'itinéraire.

Zénith Point imaginaire du ciel se trouvant à la verticale du lieu d'observation.

PANOPLIE DE SURVIE

La liste des équipements et accessoires présentée ci-dessous est loin d'être exhaustive, mais elle vous aidera à établir votre propre liste de matériel à emporter, quelle que soit l'activité que vous souhaitez pratiquer. Utilisez-la comme un aide-mémoire, pour rassembler l'équipement nécessaire sans rien oublier, mais aussi pour penser à ces petites choses qui vous sont indispensables, mais que vous ne trouverez pas forcément listées ci-dessous. Répertoriez tout le matériel réuni afin de gagner du temps dans la préparation de votre prochaine sortie.

Sacs et trousses
- Sac à dos
- Besace
- Porte-monnaie
- Trousse de toilette

Abris
- Tente avec piquets et sardines
- Sac de couchage
- Housse pour sac de couchage
- Sac de survie
- Tapis de sol
- Kit de réparation pour tente
- Trousse de couture

Outils
- Grand couteau
- Canif
- Kit de survie

Matériel pour cuisson, nourriture et boisson
- Réchaud
- Allumettes étanches
- Combustible
- Réserves de combustible
- Kit d'entretien du réchaud
- Gamelles
- Assiette
- Plat
- Couverts
- Gobelet en plastique
- Filtre à eau
- Comprimés pour purifier l'eau
- Bouteilles d'eau
- Grand bidon d'eau
- Ouvre-boîte
- Tampon à récurer
- Sacs plastique
- Nourriture

Affaires de toilette
- Serviette-éponge
- Lingettes pour le visage
- Écran solaire
- Répulsif insectes
- Savon
- Brosse à dents
- Dentifrice
- Baume à lèvres
- Shampoing
- Rasoir
- Papier toilette

Matériel d'orientation
- Boussole
- Jumelles
- Cartes dans un sac plastique
- Lampe torche
- Piles

Vêtements

Polyvalents
- Sous-vêtements
- Chaussettes
- Paire de chaussures
- Paire de baskets
- Pantalon
- Chemise
- Veste
- Chapeau
- Lunettes de soleil
- Ceinture

Régions tropicales
- Sous-vêtements en coton
- Chemise manches longues en coton
- Pantalon à pattes de serrage
- Coupe-vent
- Chapeau
- Moustiquaire pour visage
- Moustiquaire
- Répulsif à insectes
- Bandes de maintien
- Ceinture
- Lunettes de soleil
- Bottes de jungles

Régions désertiques
- Sous-vêtements en coton
- Chemise manches longues
- Pantalon en coton
- Coupe-vent
- Chaussures de randonnée
- Lunettes de soleil
- Chapeau
- Foulard/bandana

Régions polaires
- Sous-vêtements thermiques
- Chemise épaisse
- Veste en laine polaire
- Parka à capuche
- Salopette isolante
- Chaussons thermiques
- Chaussettes en laine
- Chaussures de montagne
- Sous-gants
- Moufles intermédiaires
- Passe-montagne
- Surmoufles
- Lunettes
- Lunettes de glacier
- Chaussures de ski
- Crampons
- Skis de randonnée
- Bâtons de ski
- Piolet
- Marteau brise-glace

Signalisation
- Sifflet
- Réflecteur
- Papier
- Crayons à papier et stylos

Divers
- Corde
- Filin ou ficelle
- Casque d'escalade
- Trousse de premiers secours
- Bougies
- Loupe
- Pierre à feu
- Allume feu
- Briquet jetable

Facultatif
- Livres
- Jeux
- Radio
- Appareil photo
- Caméra
- Gilet de sauvetage

INDEX

A

B

C

REMERCIEMENTS

REMERCIEMENTS DE L'AUTEUR

Ces pages sont le fruit de la collaboration de très nombreux intervenants, à commencer par celle de l'éditeur, Dorling Kindersley. Un travail d'équipe associant illustrateurs, photographes et équipementiers aux professionnels de l'édition. Cet ouvrage est porté par le talent de l'éditrice Lynn Parker et du concepteur Lee Griffiths, associé à la créativité et à l'humour des photographes Tim Ridley, Andy Crawford et Steve Gorton. Toute notre gratitude va à l'équipe dirigeante de Dorling Kindersley, à son éditeur Christopher Davis, à son directeur éditorial David Lamb, à sa directrice de la rédaction Krystyna Mayer et à son directeur de la rédaction artistique Derek Coombes étroitement impliqués à l'aboutissement de cette aventure. À mesure de l'avancée du projet, Krystyna Meyer a su diriger l'équipe tout en lui prodigant encouragements et conseils, et Derek Coombes s'investir personnellement sur le terrain. De mon côté, j'ai pu bénéficier des remarques pertinentes de Peter Kindersley. Je tiens également à remercier les Commando Forces et les Royal Marines pour m'avoir formé et offert l'opportunité d'apprendre et de perfectionner les techniques présentées dans cet ouvrage.

REMERCIEMENTS DE L'ÉDITEUR

Équipement et matériel

Airborne Industries Ltd. ; Armory Fitness Centre ; *Cotswold : The Outdoor People* (page 192 du catalogue, 0285 860612) ; Cruisermart Discount Marine ; Dr. T.J. Dean, Institute of Hydrology, National Environmental Research Council ; Ellis Brigham Mountain Sports ; Europa Sport ; Sally Gilbert ; Goodlife Foods Ltd. ; Sheila Metcalf ; Paul Goodyear, Nomad Pharmacy Ltd. ; Olympus ; Plastimo Manufacturing UK Ltd. ; Jim Sharp, Aberdeen Weather Centre ; Roger Daynes et Richard Olivier, Snowsled ; Survival Group Ltd. ; The Colt Car Company Ltd. ; Zamberlan; Zodiak UK Ltd.

Recherches et conseils

Shane Winser, Royal Geographical Society Expedition Advisory Centre ; Tom Sheppard, Royal Geographical Society ; Deborah McManners, M.D.

Recherche iconographique

Anna Lord, Catherine O'Rourke et Joanna Thomas.

Mise en page

Jonathan Harris et Chris Clarke.

Illustrations

Légende : h haut, b bas, c centre, g gauche, d droite.

Coral Mula : 25 b, 30 b, 34 b, 42 h, 50, 51 h, 51 c, 53, 54, 55 h, 55 c, 56 h, 56 bg, 57 b, 64, 65, 70, 71, 73 h, 77, 91 bg, 92, 93, 96, 97, 104, 105, 106, 108, 109, 110, 111, 115, 117, 118 hg, 123 h, 126, 127 hd, 132, 133, 129, 131, 134 h, 143 bg, 145, 146, 147, 148, 149, 150, 151, 152, 153, 156, 159, 160, 162, 163, 164, 165, 168, 173

John Woodcock : 33, 51 b, 55 b, 56 bd, 57 cd, 61 cd, 71 bd, 73 bd, 75 hd, 77 hd, 97 bg, 107 bd, 111, 113 bd, 115 bd, 116 bd, 118 cd, 123 hd, 128 bd, 143 bd

Jim Robins : 175-183

Colin Newman : 198-101

Cartographie

James Anderson, **James Mills-Hicks**, et **John Plumer** de **Dorling Kindersley Cartography** : 16-17, 136-137, 166-167, 169, 170

Casting

Peter Griffiths : 40-41, 68-69, 100-101, 122-123

David Donkin : 132

Photographies

Toutes les photographies sont de **Steve Gorton**, **Tim Ridley**, et **Andy Crawford** avec l'assistance de **Nicholas Goodall**, **Sarah Ashun** et **Gary Ombler**, sauf :

Charles Badby : 157 hd ; **BMW** : 161 h ; **Buzz Pictures/Doug Blane** : 136 h ; **Bruce Coleman Ltd.** : David Austen 139 cg ; Jen & Des Bartlett 125 bd ; Erwin & Peggy Bauer 16 cg, 43 cg ; N. G. Blake 91 hg ; Bob & Clara Calhoun 84 c ; John Cancalosi 88 c ; Alain Compost 167 cd ; Gerald Cubitt 17 cd, 169 bc ; Adrian Davies 90 hc, 90 bc ; Jack Dermid 84 cd ; Nicholas Devore III 143 cg ; Hans & Joachim Flugel 69 cg ; Michael & Patricia Fogden 130 hc, 133 cg, 145 c ; Jeff Foott 13 hd, 95 c, 133 c ; Christer Fredriksson 20-21, 160 hd ; Michael Freeman 103 bd, 167 c ; C. B. & D. W. Frith 166 bd ; R. Glover 120-121 ; Keith Gunnar 2, 38-39, 139 bc, 139 bd, 160 cd, 168 bg ; Pekka Helo 89 hg ; Carol Hughes 69 hd, 75 c, 143 hd ; Johnny Johnson 166 hc ; Steven C. Kaufman 43 bg ; Stephen J. Krasemann 91 bc, 145 hd ; Harald Lange 17 bd ; Olivier Langrand 69 hg ; Wayne Lankinen 166 c ; Luiz Claudio Marigo 168 hg ; George McCarthy 90 cd ; 91 c ; 165 bc ; John Murray 15 cg ; Charlie Ott 89 cd, 143 cd ; Robert Perron 15 hc ; Dieter & Mary Plage 17 hg, 66-67, 122 hc, 169 bg, 171 c ; Dr. Sandro Prato 17 bg ; Andy Purcell 13 cg, 90 hd, 91 hc ; Hans Reinhard 13 bd, 75 cd, 89 hd, 91 hd, 125 bc, 133 hg, 166 cb, 171 hd ; Gary Retherford 145 hg ; Norbert Rosing 140 bd ; Leonard Lee Rue III 160 cg ; Frieder Sauer 91 bd ; John Shaw 90 hg, 143 hc ; Kim Taylor 13 hg, 69 cd ; 90 bd ; Peter Ward 145 bc ; Bill Wood 95 hc Joe van Wormer 13 hc ; **Corbis/John Henley** : 20-21 ; **John Dittli Photography** : 66-67; **Cotswold Camping** : 24 bd ; **Getty Images/Per Breiehagen** : 140 h ; **Getty Images/ The Image Bank/Terje Rakke** : 2 ; **Getty Images/Rex Ziak** : 10-11 ; **Michael & Patricia Fogden** : Endpapers ; **Hutchison Library** : Christina Dodwell 157 bg ; John Egan 171 bc ; Brian Moser 169 cg ; Dr. Nigel Smith 15 hg ; J. Wright 16 bc ; **Images Colour Library Ltd./Horizon International** : Andris Apse 78-79 ; **Land Rover UK Ltd.** 158 bc, 159 hg, 159 hd, 159 c ; **Hugh McManners** : 160 hg ; **Lynn Parr** : 84 hc ; **Phoenix Mountaineering Ltd.** : J. Timper 43 c ; **Planet Earth** : Jack Jackson 164 hc ; Marty Snyderman 167 bg ; **Plastimo Manufacturing UK Ltd.** : 162 hc ; **Dave Reede Photography** : 78-79 ; **Lee Rentz Photography** : 38-39, 120-121 ; **The Royal Geographical Society** : Martha Holmes 157 hg ; Nigel Winser 157 c ; **The Harry Smith Collection** : 85 hg, 85 hc, 85 cg, 85 c, 85 bg, 87 hg, 87 cg, 87 bc, 87 cd, 88 hg, 88 bg, 88 hd, 88 hc, 88 bc, 89 bg, 89 bd ; **Stockfile** : F. Witmer 161 bg ; **Tony Stone Images** : 132 hc, 171 hc ; **Vango Scotland Ltd.** : Tim Greening 43 hd ; **Tony West** : 10–11 ; **Wild Country** : 41 hd, 43 hc

Photographies additionnelles

Beth Chatto 82 hd, 82 cd, 84 hg, 86 cd, 87 hd, 87 hc ; Eric Crichton 82 hg, 84 cg, 89 bc ; Andrew de Lory, 82 bg, 83 cd, 85 cd, 89 ch ; Andrew Lawson 86 ch ; Edrom Nurseries, Berwickshire 84 bd ; Royal Botanic Gardens, Kew 87 bd ; Jerry Young 166 bd, 166 hg, 166 bg, 167 h, 167 bd, 167 hd